서울대 권장도서로

인문고전 100선 읽기

❸

"아는 것이 힘이다. 모르는 것은 배워야 한다!"
어린 시절 이 문장을 마치 주술처럼 들려주시던 선친께
이 시리즈를 바칩니다.

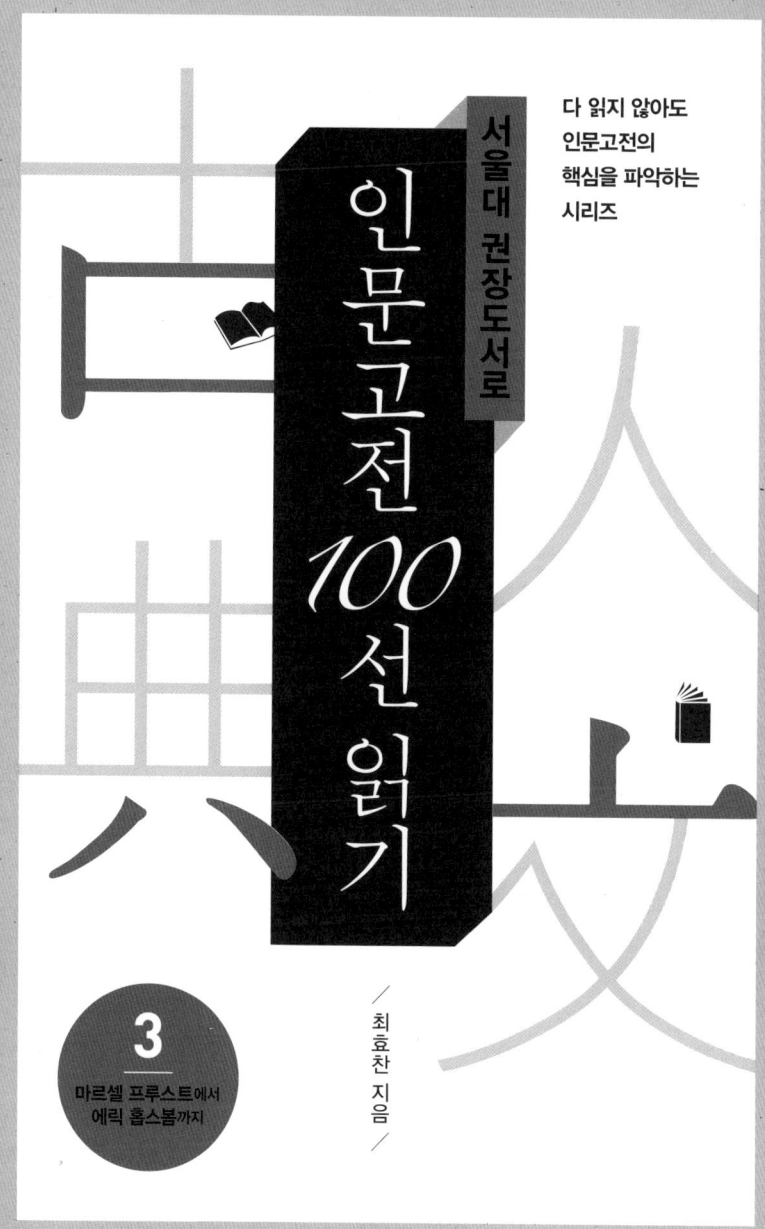

서울대 권장도서로

인문고전 100선 읽기

다 읽지 않아도
인문고전의
핵심을 파악하는
시리즈

3
마르셀 프루스트에서
에릭 홉스봄까지

／ 최효찬 지음 ／

위즈덤하우스

기계론적 세계관은 가라

이제 '저엔트로피 세계관'으로
지속 가능한 인류의 미래를 논할 때다!

 T. S. 엘리엇에 따르면, "세상이 끝나는 소리는 쾅 하는 소리가 아니라 흐느끼는 소리"이다. 에릭 홉스봄은 20세기를 진단한 『극단의 시대』를 T. S. 엘리엇의 말로 시작한다. 서울대 권장도서 100선 시리즈를 연대기 순으로 읽다 보면 산업혁명이 일어난 지 채 200년도 안 된 20세기 후반에 이르러 인류의 미래를 염려하는 전망과 분석이 활발해짐을 알 수 있다. 우선 과학서로는 제러미 리프킨이 1989년에 쓴 『엔트로피』가 눈에 띈다. 그는 이른바 '엔트로피 형이상학'의 담론을 시작해야 한다면서 산업혁명 이후 인류의 진보를 이끌어온 기계론적 세계관을 통박하고 있다.

 찰스 길리스피가 쓴 『객관성의 칼날』을 통해서는 서구 과학의 계보를 알 수 있다. 기원전 6세기 피타고라스에서 시작해 20세기 아인슈타인에 이르기까지 서구 과학사를 빛낸 과학자들과 그들의 업적을 보여준다. 길리스피는 이 책에서 80명이 넘는 과학자를 소개하고 있지만 동양의 과학자는 단 한 명도 언급되지 않았다. 기술로 인해 사회가 진보한다는 서구의 기계론적 세계관은 바로 이들에 의해 탄생했다.

기계론적 세계관에 의하면 역사는 꾸준히 일직선으로 진보해왔다. 인류가 수렵·채취를 포기하고 농업에 착수하기까지는 수백만 년이 걸렸다. 농경이 시작된 시점에서 산업사회로 옮겨가기까지는 수천 년이 걸렸다. 이 '진보'의 속도는 걷잡을 수 없이 빨라져, 산업혁명 후 불과 300년도 되기 전에 현대인들은 재생 불가능한 자원을 상당히 소진해버렸다.

에릭 홉스봄은 "우리는 지난 2~3세기를 지배해온 자본주의 발전의 거대한 경제적·과학기술적 작용에 의해서 장악되고 뿌리가 뽑히고 변화된 세계에 살고 있다"라면서 이렇게 강조한다. "과학기술적 경제가 낳은 힘은 오늘날 환경을, 즉 인류 생활의 물질적 토대를 파괴할 정도로 커졌다. 우리의 세계는 외적 폭발과 내적 폭발 둘 다의 위험에 처해 있다. 세계는 바뀌어야만 한다."

아우구스티누스는 『고백록』에서, 미래는 아직 오지 않았지만 앞으로 다가올 것에 대한 우리의 기대 속에 현존해 있다면서 이를 '미래적인 현재'라고 불렀다. 우리 시대에서도 아우구스티누스가 말한 '미래적인 현재'를 그려본다면 어떨까? 지구온난화로 자연재해의 규모가 매년 커지고 있지만 지구온난화라는 현상을 날조라고 말하는 인물이 세계의 지도자가 되고, 소수자 혐오와 증오를 부추기는 극단적·반지성적 세력들이 득세해가는 현재. 이 안에서 낙관을 찾기란 쉽지 않아 보인다.

산업혁명 이전까지 서구 사상사는 사실상 플라톤(BC 427~347)과 아리스토텔레스(BC 384~322)로 양분되어 있었다. 중세시대를 주도한 것은 이들 사상을 계승한 아우구스티누스(354~430)와 토마스 아퀴나스

(1224~1274)였다. 스콜라철학은 "인간의 모든 활동 가운데서 신의 활동을 가장 많이 닮은 것이 가장 행복한 것이라 할 수 있다"라고 한 아리스토텔레스의 말을 구현한 것이다. 하지만 16세기에 이르러 아리스토텔레스의 삼단논법을 비판하며 '학문으로서의 과학'을 주창한 베이컨(1561~1626) 이후 서구는 과학기술에 의한 산업혁명으로 질주한다.

역설적으로 산업혁명기의 서구 사상사를 지배한 이는 과학문명의 대척점에 서 있던 장 자크 루소(1712~1778)였다. 아르놀트 하우저는 『문학과 예술의 사회사』에서 숭배에 가까울 정도로 루소를 비중 있게 다룬다. 소설가나 시인, 화가나 음악가 등 루소의 영향을 받지 않은 이가 드물다고 주장한다. 칸트, 괴테, 도스토예프스키, 톨스토이 등도 예외가 아니다.

산업혁명으로 사회적 불평등과 환경파괴가 심각해지자 루소는 "자연으로 돌아가라"라고 외쳤다. 사회적 불평등을 초래한 산업혁명 시대의 발전에 저항하라는 의미였다. 루소는 당시 계몽주의가 내세운 이성, 즉 기계론적 세계관에 반기를 들었다. 계몽주의에서 말하는 이성과 진보란 미신에 불과하다는 충격적인 선언은 당시로서는 매우 독창적인 것이었다. 루소의 자연주의는 물질문명에 의한 끝없는 진보를 주장하는 기계론적 세계관과 정면으로 배치되었고, 이는 인류가 궁극적으로 지향해야 할 '저엔트로피' 세계관(97선 참고)에 잇닿아 있다.

루소는 근대 소설을 주도적인 문학 장르로 자리 잡게 만든 절대적인 공헌자이기도 하다. 아르놀트 하우저는 낭만주의는 그 기원으로 볼 때 산업혁명의 진원지인 영국에서 시작된 '영국적인 운동'이며 그 중심에는 루소가 있다고 말한다. 당시 산업혁명은 막 여명기에 진입하는 단계였음에도 낭만주의는 이미 과학기술 문명의 그림자에 대해 경고하기 시작했다. 낭만주의자들의 문장 속에 늘 '향수'나 '고향 상실'이 들어가게 된 이유를 이러한 측면에서 고찰할 수 있을 것이다.

『서울대 권장도서로 인문고전 100선 읽기 3』은 서울대 권장도서 100선에서 연대기 순으로 20세기 초부터 20세기 말까지 발표된 동서양의 고전 40선을 소개한다. 여기에는 마르셀 프루스트의『잃어버린 시간을 찾아서』를 비롯해 서양문학 10선이 소개된다. 동양문학으로는 16선이 소개되는데 이광수의『무정』과 최인훈의『광장』, 박경리의『토지』를 포함해 한국문학 11선이, 루쉰과 왕멍의 작품 등 중국문학 2선이, 나쓰메 소세키의『마음』과 가와바타 야스나리의『설국』등 일본문학 2선이,『간디 자서전』으로 인도문학 1선이 소개된다.

또한 역사 고전으로는 페르낭 브로델의『물질문명과 자본주의』와 에릭 홉스봄의『혁명의 시대』등 4부작이, 예술사 고전으로는 아르놀트 하우저의『문학과 예술의 사회사』가 소개된다. 이들 대작들은 인류 전체 문명과 문화를, 즉 인류사 전체를 다룬다고 할 수 있다. 아울러 찰스 길리스피의『객관성의 칼날』을 비롯해 과학 고전 4선이 다루어지는데 이들 과학서는 다른 문학·역사·철학 고전들과 함께 읽어야만 더 잘 이해할 수 있다.

왕멍은『변신 인형』에서 "이상은 현실을 개조하지만, 현실도 이상을 개조한다"라고 말했다. 또『양철북』을 쓴 귄터 그라스는 이렇게 말했다. "작가란 사라져가는 시간에 거역해서 글을 쓰는 사람이다." 인류의 고전은 과거로 사라져간 사람들과 사건들을 끊임없이 추적하며 미래의 사람들에게 소중한 교훈과 영감을 준다. 과거의 걸작을 받아들이려는 열린 눈과 현대적이고 날카로운 비판의식으로 이 작품들을 읽어가면서, 우리의 이상이 현실을 바꾸어나갈 수 있고, 아울러 우리의 현실도 이상을 바꾸어나갈 수 있다는 낙관적 신념을 가지고 더 나은 미래를 구상해보자.

마르셀 프루스트의 『잃어버린 시간을 찾아서』

—

의식의 흐름을 탐색한 현대문학의 걸작

—

61

서울대 권장도서 · 61

1895년 프루스트의 초상
모두 4,000페이지에 달하는 『잃어버린 시간을 찾아서』는 유년의 '나'에 대한 기억의 여행을 시작해 그 여행이 끝날 즈음 현실의 '나'로 돌아오면서 예술, 즉 글쓰기에 몰두할 것을 다짐하며 끝난다. 프루스트는 1908년 이 작품을 쓰기 시작해 1918년 초고를 정식으로 베껴 쓴 원고에 '끝'이라고 써넣기까지 10년 남짓을 쏟았다.

무의지적 기억을 통한
과거로의 추억 여행

읽기 힘든 고전으로 유명한 마르셀 프루스트(1871~1922)의 『잃어버린 시간을 찾아서』는 모두 7편으로 구성된 소설이다. 1913년 첫 번째 편인 「스완네 집 쪽으로」를 출간한 이후 2편 「꽃핀 소녀들의 그늘에서」, 3편 「게르망트 쪽」, 4편 「소돔과 고모라」는 그의 생전에 출간했고 5편 「갇힌 여인」과 6편 「사라진 알베르틴」, 그리고 7편 「되찾은 시간」은 사후 (1972)에 출간됐다.

『잃어버린 시간을 찾아서』의 방대한 텍스트에는 일관된 플롯이 없다. 이른바 '의식의 흐름' 기법으로, 인물 내면의 목소리에 집중하고 있는 작품이다. 이제 나이가 든 주인공인 '나'는 '오랫동안' 잠을 못 이루는 상태이고, 그럴 때면 어린 시절의 기억들을 떠올린다.

먼저 전체적인 줄거리를 살펴보면, 1편 「스완네 집 쪽으로」와 2편 「꽃핀 소녀들의 그늘에서」는 화자인 '나'가 어머니의 저녁 키스에 목말라 하며 불안하게 지낸 콩브레에서의 어린 시절을 떠올린다. 여기서는 그의 첫사랑 질베르트가 등장하며, 그녀의 부모인 스완과 오데트의 사랑을 다룬다. 또 여자친구와 함께 아버지의 사진에 침을 뱉어 모독하면서 쾌락을 느끼는 레즈비언 여성, 즉 음악가 뱅퇴유의 딸 이야기도 그린다. 질베르트와의 사랑에 실망한 주인공은 발베크로 휴양을 떠나고 그곳에서 알베르틴이라는 여성을 만난다.

이후 3편에서 7편까지는 '나'와 알베르틴의 사랑 이야기가 주로 전개되고, 알베르틴의 죽음으로 그의 사랑은 비극으로 끝난다. 주인공 마르셀과 알베르틴의 사랑은 스완과 오데트의 사랑의 복제판이다. 이 두 편의 사랑 이야기에는 질투의 감정과 여성 간의 동성애가 공통적으로 담겨 있다. 시간이 흐르고 마지막 7편 「되찾은 시간」에서 주인공은 다시 콩브레를 찾는다. 병든 주인공은 글쓰기에서 자신의 구원을 찾겠노라 다짐한다. 즉 『잃어버린 시간을 찾아서』는 사랑과 질투로 잃어버린 나를 찾아가는 여정이라고 할 수 있다. 소설은 큰 줄거리 없이 전개되지만 화자인 '나'는 점점 각성의 단계로 올라가고 예술을 통해 구원에 이르게 된다.

영국에서 프루스트의 이 소설을 15초 만에 요약하는 대회가 열린 적이 있었다. 대회까지 열릴 정도라니, 이 소설을 한마디로 요약하기가 얼마나 까다로운 일인지 충분히 짐작된다.

여기서는 제1편인 「스완네 집 쪽으로」에 한정해 살펴볼 것이다. 1편은 콩브레에서 보낸 어린 시절에 대한 회상과 스완의 사랑을 주축으로 전개된다. 성인이 된 주인공 마르셀은 잠 못 이루는 밤에 콩브레 시절의 기억을 떠올리려고 애를 쓰지만 떠오르지 않는다. 그 기억은 느닷없이 찾아온다. 어느 겨울 오후, 어머니가 주신 마들렌을 홍차에 적셔 먹던 순간. 바로 그때 과거의 기억들이 불현듯 생생하게 떠올랐다.

> 그 맛은 내가 콩브레에서 일요일 아침마다 레오니 아주머니 방으로 아침 인사를 하러 갈 때면, 아주머니가 곧잘 홍차나 보리수차에 적셔서 주던 마들렌 과자 조각의 맛이었다.
> − 이하 『잃어버린 시간을 찾아서 1 : 스완네 집 쪽으로』(민음사, 2012)

마들렌과 함께 화자는 잊었다고 생각했던 자신의 유년 시절로 되돌아간다. 교회 탑, 좁은 골목길, 작은 집들, 순진한 마을사람들을 비롯해 콩브레에 대한 이런저런 기억들이 생생하게 펼쳐지기 시작한 것이다.

> 그 찻잔으로부터 죽었다고 믿었던 모든 과거가 소생하면서 주인공에게 말할 수 없이 강한 기쁨과 충만감을 준다. 고통스러운 순간들마저도.

여기서 프루스트의 문학이 물질적이고 감각적인 것에 그 바탕을 두고 있음을 알게 된다. 시간·존재·영원 등도 순간적으로 느껴지는 감각과 깊이 연결돼 있다. 그 감각적 경험들은 주인공인 '나'로 하여금 찰나 속에서 삶의 불변하는 '그 무엇', 즉 영원성을 맛보게 한다. 이 무의지적 기억을 통해 주인공은 어린 시절의 콩브레 그 자체가 기적처럼 부활하는 것을 경험한다. 필자에게도 이런 계기를 마련해주는 사물이 있다. 바로 토마토이다. 토마토를 한입 베어 먹을 때 입 안에 퍼지는 그 특유의 맛과 향은 나를 어린 시절로 되돌려보내고, 아버지를 기억하게 만든다. 아버지는 겨우내 비닐하우스에서 토마토를 재배해 맛보여주었다.

잊혔던 추억의 공간이 의지적·지적 기억의 힘이 아닌 무의지적 기억의 힘으로 어둠 속에서 되살아나고, 그 잃어버린 시간들이 간직하고 있는 진실이 그 모습을 드러낸다. 특히 맛과 냄새에 의해 우연히 다가온 무의지적인 기억은 과거에 대한 총체적인 이미지를 제공하며, 모든 시간과 모든 공간에서의 과거를 부활시킨다. 이렇듯 과거는 우리 지성의 영역 바깥에, 그 힘이 미치지 않는 곳에, 우리가 전혀 생각도 해보지 못한 어떤 물질적 대상 안에 숨어 있다. 프루스트에게 진정한 의미의 현실이란, 지금 우리가 느끼는 감각적인 것들 그리고 지금 우리를 둘러싸고 있는 추억들과의 어떤 관계다.

소설 속 '나'는 산사나무를 생각하며 첫사랑 질베르트를 떠올린다. 그는 첫사랑 질베르트를 처음 보았을 때 맡았던 산사나무 향기를 평생 잊지 못했다. 질베르트가 자주 방문한다는 이유만으로, 쓸쓸하게 느껴졌던 공원은 갑자기 환상적인 장소로 변한다. 이런 경험은 사랑에 빠진 사람이라면 경험한 적 있을 것이다. 낯선 도시에 사랑하는 연인이 살면 그 도시가 돌연 친숙해지고 마음 한구석에 자리 잡는 것처럼 말이다. 그러다 연인이 떠나면 이내 그 도시는 쓸쓸한 곳으로 다가온다.

이 소설에서 중요한 위치를 차지하는 연애 이야기는 늘 불행하게 전개된다. 프루스트에게 있어 사랑이란 질투와 거의 같은 뜻이다. '프루스트적 연애'에서는 질투로 말미암아 참된 사랑이 시작된다. 즉 인물들은 질투하지 않을 때에는 사랑하고 있지 않은 것이다. 프루스트는 사랑을 정의하기를, '그 사람을 소유하려는 미친 욕망'이라고 했다. 또한 프루스트적 사랑은 '부재'에서 급진전된다. 스완은 오데트와 늘 만나던 곳에 어느 날 늦게 도착한 탓에 그녀를 만나지 못하자, 급작스레 집착하게 된다. 여기서 스완의 이성을 잃게 만드는 것은 상대의 '부재'다. 스완은 밤새 파리를 헤맨 끝에 오데트를 만나고 그날 밤 그들은 서로 사랑을 나눈다. 그 후 오데트는 스완의 질투심을 유발하려 다른 남자를 끌어들인다. "프루스트적인 연애의 원동력은 상대를 잃을지 모른다는 두려움, 자신이 알지 못하는 세계에서 상대가 쾌락을 맛볼 수도 있다는 걱정이다. 곧 상대가 존재하고 있는 미지의 영역에 대한 깊은 두려움과 관심이었다."[1]

스완은 오데트가 수많은 남자와 여자의 정부였고 사창가도 드나들었다는 내용이 적힌 익명의 편지를 받는다. 스완은 오데트와 보낸 시간이 진정한 삶이었다는 자신의 믿음이 환상에 불과했다고, 자신에게 걸맞지 않았던 여자 때문에 오랜 세월을 낭비했다고 생각한다.

> 내 마음에 들지도 않고 내 스타일도 아닌 여자 때문에 내 인생의 여러 해를 망치고 죽을 생각까지 하고 가장 커다란 사랑을 하다니!

스완과 오데트의 이야기로 프루스트가 꼬집으려는 것은 당대 부르주아 사회의 스노비즘(속물주의)이다. 그가 보기에 사교계는 한마디로 '스노비즘 지옥', 스노비즘에 오염된 '사랑의 지옥'이었다.

「스완네 집 쪽으로」에서 현실로 돌아온 주인공은 숲을 지나고 있다. 이제 마르셀은 자신이 알던 세계가 더 이상 존재하지 않는다는 것을 깨닫고 쓸쓸함을 느낀다. 「스완네 집 쪽으로」는 다음과 같이 끝맺는다.

> 그 장소들은 당시 우리 삶을 이루었던 여러 인접한 인상들 가운데 가느다란 한 편린에 지나지 않았다. 어떤 이미지에 대한 추억은 어느 한 순간에 대한 그리움일 뿐이다. 아! 집도 길도 거리도 세월처럼 덧없다.

표층자아와 심층자아

프루스트는 당대의 비평가 생트뵈브를 비판한 것으로도 화제를 모았다. 그는 생트뵈브를 비판하기 위해 이른바 '표층자아와 심층자아'를 내세운다. 그는 생트뵈브가 동시대 작가인 스탕달, 발자크, 플로베르 등을 비판할 때 겉으로 드러나는 사람 됨됨이로 판단했기에 그들 작품에 대한 평가가 모두 잘못됐다고 말했다. 프루스트는 사람들의 일상생활에서 사용되는 '표층자아'와 작가가 예술작품 속에 표현하는 '심층자아'는 전혀 다른 것이며, 한 작가를 평가하려면 외적인 생활이 아니라 그의 깊은 자아를 분출한 작품만을 대상으로 해야 한다고 했다.[2] 즉 표층자아가 아니라 심층자아를 중시해야 한다는 말이다.

프루스트에 따르면, 작가는 일상적·사회적 자아를 연구 대상으로 삼는 것이 아니라 예술적 삶이 지니는 독특한 성격을 묘사해야 한다. 외부에 비치는 자아가 아니라 자기 내면에 깊이 드리운 자아를 글쓰기에 반영해야 한다는 것이다. 프루스트의 이러한 주장은 20세기 문학에 커다란 영향을 끼치게 된다. 프루스트는 생트뵈브를 비판하는 글에서 다음과 같이 강조했다.

> 하나의 책은 일상적 습관, 사회, 악덕 속에 바쳐진 '나'와는 다른 자아의 노력의 산물이다. 그 자아는 우리의 내면 깊숙한 곳에 있고, 우리가 그 자아를 재창조함으로써 우리는 그 자아에 다가갈 수 있다.
> — 『프루스트 : 잃어버린 시간을 찾아서』 (건국대출판부, 1995)

그가 심층자아를 내세우며 『잃어버린 시간을 찾아서』를 쓴 까닭은 무엇보다 자기변명을 위해서였다. 천박하고 경솔하게 보이는 자신의 겉모습에 감춰진 내면에는 이러이러한 것이 자리하고 있음을 사람들에게 알리고 싶었던 것이다. 작품을 위해 그는 자신의 모든 것을 던져 넣었다. 이 작품은 이야기이면서 자기주장을 담은 평론이며 또 시다. 즉 소설이면서 소설이 아닌 작품이라고 할 수 있다.[3]

프루스트가 이렇게 자기 삶을 합리화하려 한 것은 그의 인생에 늘 격심한 고뇌가 따랐기 때문이다. 그는 천식이라는 지병 때문에 언제나 발작으로 힘들어했으며, 활동적으로 살지 못했다. 또한 우정이나 애정에 대해 까다롭고 극단적이었다. 그의 어머니는 아들을 마치 자신의 소유물처럼 대했다. 그의 천식이나 문제 행동을 어머니로 인한 것이라고 설명하는 이도 있다. "어머니는 그와 강한 유대관계로 옭아매어져, 그의 자립을 방해하고 그를 망가뜨린 사람이었다."[4] 프루스트 또한 어머니에게 강박적으로 집착한다. 프루스트는 사디스트인 남자를 주인공으로 하는 연극 시나리오를 썼지만 아무도 관심을 보이지 않았다. 그 시나리오

속 남자는 창녀들과 섹스를 하며 그녀로 하여금 아내에 대한 악담을 퍼 붓도록 요구하기도 한다. 이런 작품들을 내놓은 결과, 프루스트는 너무도 기괴한 존재로 세상에 알려져버렸다. 말하자면 속물적인 유대인이자 변태적인 성욕을 가진 사람으로 말이다. 그는 자신이 그리 보이고 있음을 깨달았지만 자신의 참모습은 결코 그렇지 않다고 생각했다.

"발자크는 품행이 불량했고 스탕달은 언변이 어눌했으며 보들레르는 강박적인 성향이었지만 어째서 이러한 사실들이 그들의 작품을 향한 우리의 접근에 영향을 미쳐야 한다는 것일까?"[5] 프루스트는 작품이 제아무리 탁월하다고 해도 정작 그 작가의 삶은 부조리한 갖가지 혼란, 고통 그리고 어리석음을 보여줄 수도 있다고 생각했다. 이것이 프루스트가 생트뵈브를 비평하면서, 중요한 것은 작가의 삶이 아니라 작품이라고 강력하게 주장한 연유다.

프루스트는 자신이 품고 있는 내면의 이야기들을 사람들에게 알리려면 예술작품이라는 형식을 빌릴 수밖에 없음을 잘 알고 있었다. 말하자면 프루스트는 『잃어버린 시간을 찾아서』에 현실에서 망가진 자신의 인생을 근사하게 재생해 '소설 속 자아'를 현실의 자아로 대치한 것이다. 소설을 통한 너저분한 '삶의 세탁'이라고 하면 지나친 표현일까. 그가 이런 고역을 자처한 이유는 다음과 같은 말에서 힌트를 얻을 수 있다.

> 우리의 사회적 인격은 타인의 생각이 만들어낸 창조물이다.
> ─『잃어버린 시간을 찾아서 1 : 스완네 집 쪽으로』

프루스트는 "어떤 소설 속 등장인물에 대한 묘사를 읽을 때면 그 남자 또는 그 여자와 가장 흡사한 현실의 어느 지인을 상상할 수 있다"[6]라고 쓴 바 있다. "소설을 읽는 사람은 십중팔구 여주인공에게서 우리가 사랑하는 어떤 사람의 특징을 찾아내게 마련이다."[7] 이 말을 통해 프루스트는 독자들에게 내면으로의 여행을 권유하려는 듯하다. "독자들은 내 책을 읽는 독자가 아니라, 그들 스스로를 읽는 독자들이다. 내 책은 독자들에게 그들 자신을 읽게 해주는 도구일 뿐이다."[8] 이 문장은 민음사 번역본에서는 다음과 같이 번역했는데, 프루스트의 주장을 곱씹어보게 해준다. "현실에서 모든 독자는, 책을 읽는 동안만큼은 그 자신의 독자이다. 저자의 작품은 만약 그 책이 아니었으면 독자가 결코 혼자서는 경험하지 못했을 어떤 것을 스스로 식별하도록 도와주는 일종의 시력보조 장치에 불과하다. 그리고 이 책이 말하는 바를 독자가 자기 속에서 인식하는 것이야말로 이 책의 진실성에 대한 증명이다."[9]

소설 『잃어버린 시간을 찾아서』는 사랑과 질투로 '잃어버린 나'를 찾아가는 여정이다. 여기서 '나'는 소설의 화자일수도 있고, 독자일 수도 있다고 프루스트는 7편의 「되찾은 시간」에서 강조한다. 화자인 '나'가 예술에 의해 구원에 이르듯이, 이 소설을 쓰면서 구원을 갈구했던 프루스트는 독자들도 이 책을 읽으면서 구원에 이르기를 소망한 것이 아닐까. 우리는 프루스트가 내세운 심층자아와 표층자아의 구분이 언제나 정당하지는 않다는 사실을 알고 있다. 하지만 그가 독자에게 보내는 내면으로의 초대장은 유효한 것이며, '나'의 본질을 인식하는 데에 큰 도움을 줄 것이다. 시간을 내어 한 번 이 방대하고 난해한 여정에 올라보기를 권한다.

『잃어버린 시간을 찾아서』 읽는 법

1편 「스완네 집 쪽으로」는 민음사 번역본(2권, 김희영 옮김)을 인용했다. 먼저 프루스트에 대한 입문서로 알랭 드 보통의 『프루스트가 우리의 삶을 바꾸는 방법들』(박종서 옮김, 2010, 청미래)을 먼저 읽기를 권하고 싶다. 이 책은 어머니에 대한 프루스트의 강박과 집착, 그리고 그의 표층자아 등을 탐색한다.

1편을 읽고 난 후에 국일미디어에서 완간한 전편 읽기에 도전하거나 한 권으로 요약된 책을 읽을 수도 있다. 요약본으로는 국일미디어에서 나온 『한 권으로 읽는 잃어버린 시간을 찾아서』(2001)와 마라이 게르켄의 『프루스트』(박미화 옮김, 생각의나무, 2010) 등이 있다. 이어 동서문화사의 『잃어버린 시간을 찾아서 3』(민희식 옮김, 2010)에 포함된 '프루스트의 작품과 사상'이나 김동윤의 『프루스트 : 잃어버린 시간을 찾아서』(건국대출판부, 1995) 등을 읽으면 프루스트와 소설 전반을 이해할 수 있다.

나쓰메 소세키의 『마음』

—

'천년의 문학가'가 써낸
일본 국민소설

—

62

1912년 나쓰메 소세키의 초상
일본의 국민작가 소세키의 「마음」은 자아를 관철시킴으로써 철저한 자기부정에까지 이르는 근대 지식인의 고뇌를 그리고 있다.

마음의 끈을 '메이지 정신'에서 찾은 근대 일본인

2000년 6월 일본 『아사히신문』에서 독자 2만여 명을 대상으로 천 년 동안 배출된 문학가 가운데 가장 인기 있는 이를 선정하는 '천년의 문학자' 투표를 실시했다. 여기서 나쓰메 소세키(1867~1916)가 3,516표를 얻어 1위를 차지했다. 『아사히신문』은 나쓰메 소세키의 소설이 1위를 차지한 이유를, 정국이 요동치는 불안한 시기에 작품을 집필한 그가 메이지와 다이쇼 시대의 풍속과 사건을 능란하게 표현하면서도 문학적 수준을 떨어뜨리지 않은 것을 들었다. 순문학이자 대중소설이라는 것이다. 또한 20세기 초반 근대 문명의 어두운 면을 공포와 실감을 가지고 꿰뚫어본다는 점, 영문학 교수로서의 지식과 교육론의 신선함 및 빼어난 문장력도 함께 꼽았다.[10]

『마음』(1914)은 일본의 국민작가로 불리는 나쓰메 소세키의 대표작이다. 그는 이 소설에서 배신하고 배신당하는 사람의 마음을 사실적으로 그려낸다.

소설에는 고등학생 시절 숙부로부터 배반당한 적 있는 '선생님'의 이 야기가 등장한다.

> "하지만 악인으로 정해진 인간이 세상에 존재한다고 믿는 겁니까? 그렇 게 처음부터 악인으로 정해진 사람이 세상에 있을 리 없습니다. 평소에 는 모두 다 좋은 사람이지요. 최소한 모두 보통 사람입니다, 그러다가 여 차하면 갑자기 악인으로 바뀌니 무서운 일이지요."
>
> – 이하 『마음』(웅진지식하우스, 2016)

이 말을 듣고 화자인 '나'가 '여차하면'의 의미를 묻자 선생님은 "돈이 지요, 돈을 보면 어떤 성인군자라고 해도 금방 악인이 되는 법입니다"라 고 말한다. 부인과 함께 자식 없이 단 둘이 고독하게 살아가던 선생님이 인간을 불신하게 된 계기는 바로 숙부가 자신의 유산을 가로채는 모습 을 본 것이었다. 아버지 앞에서는 좋은 사람으로 보였던 그는 아버지가 별세한 후 '파렴치한'으로 돌변했다. 선생님은 말한다.

> "나는 그 사람들만 증오하고 있는 것이 아닙니다. 그들이 대표하고 있는 인간이라는 존재를 모두 증오하게 되었지요."

『마음』의 주인공인 '선생님'은 스무 살이 되지 않은 나이에 양친의 죽 음을 경험한다. 아버지와 어머니 모두 장티푸스에 걸려 세상을 떠난 것 이다. 세상에서 혼자 남겨진 주인공은 삶을 이어가기 위해 고향의 숙부 에게 의지하는 방법밖에 없었다. 주인공의 부모가 남긴 재산을 관리하던 숙부는 그것을 가로채고 싶은 마음에 아직 고등학생이던 그와 자신의 딸을 결혼시키려고 한다. 돌아가신 아버지와 약속된 것이었다고 말하면서 말이다. 선생은 숙부의 태도에 크게 실망해 사촌과의 결혼을 거절하고는 유산을 긴급하게 헐값으로 처분해 고향을 떠난다. 그는 다시는 고향에 가지 않는다.

'선생님'은 훗날 한 여성을 두고 친구와 사랑 쟁탈전을 벌이는데, 그는 자기 자신도 결국 숙부와 같은 인간이라며 자책한다. 더욱이 친구가 자살을 함으로써 그의 죄의식은 깊어가고, 이는 불행한 결혼생활로 이어진다.

『마음』의 구성을 간략히 살펴보자면 다음과 같다. 화자인 '나'는 대학 졸업을 앞둔 어느 날 해변에서 서양인과 이야기를 나누는 '선생님'을 우연히 만나 그를 존경하게 된다. 소설에서는 '나'의 눈을 통해 '선생님과 나', '양친과 나'의 관계가 조망되고, 이어서 '선생님과 유서'에 관한 내용이 등장한다. 2부 '양친과 나'에서는 화자가 대학을 졸업하고 귀향해 고향에서 경험하는 이야기와 선생님으로부터 편지(유서)를 받고 위독한 아버지를 외면하고 도쿄로 가는 내용을 다룬다. 여기에는 '메이지 정신'에 따라 순사殉死(죽은 사람을 따라 죽음)를 결행하는 선생에 대한 복선으로서, 병상에 누운 '나'의 아버지가 메이지 덴노(천황)의 죽음과 노기 마레스케 대장의 순사에 대해 보이는 반응이 묘사되어 있다.

집단주의적 무가武家의 전통을 계승한 메이지 시대에는 충과 효가 동일한 선상에서 이해되었다. 국민들에게 천황제 사상을 주입하는 것을 목표로 한 「교육칙어」教育勅語(1890)의 공포로 이러한 흐름은 더욱 강화되어, 천황을 가부장으로 하는 일종의 '가족국가 이데올로기'가 정착된다. '나'의 아버지는 이러한 봉건적 사고를 실천하는 인물이다.

아버지는 아들 졸업을 기념해 동네 사람들을 불러 잔치를 열 계획을

세운다. 그러나 '큰일'이 발생했다. 천황이 병중이라는 소식이 들려온 것이다. "신문을 통해 전국으로 알려진 이 사건은 한 시골집에서 우여곡절을 거쳐 겨우 성사되려던 내 졸업 축하회를 먼지처럼 불어 날려버렸다."

화자의 아버지는 신문에 난 천황의 병환 소식에만 신경을 쓰고, 그의 서거 소식이 전해졌을 때는 신문을 손에 든 채 "아아" 하고 탄식한다.

"아아, 천자님도 드디어 가셨구나. 나도……."

천황의 발병을 전후하여 중태에 빠진 아버지는 "천자님의 병환도 나와 비슷한 것 같다"라며 자신의 병보다 천황의 병세를 더 걱정했고, 천황의 죽음 이후 병세가 악화된다. 노기 마레스케의 순사 소식을 접한 뒤에는 혼수상태에 빠져, "노기 대장에게 죄송하다. 참으로 면목이 없다. 아니, 나도 뒤를 따라서……"라는 말만 계속한다. 러일전쟁에 참전했던 노기 마레스케는 천황이 죽자 장례일(1912)에 자결했다. 나쓰메 소세키는 이러한 사실을 역시 '가족국가 이데올로기'를 긍정하고 강화하는 방식으로 반영한 것이다.

근대 지식인의 고뇌

마지막 3부 '선생님과 유서'에서는 선생님을 둘러싼 수수께끼가 고향에 있는 '나'에게 우송된 편지(유서)에 의해 풀려나간다. 선생은 '나'에게 자신의 모든 과거를 털어놓으며 자신이 왜 자살하려는지를 들려준다.

고향에서 선생의 편지를 받은 '나'는 "이 편지가 당신 수중에 들어갈 무렵이면 나는 이미 이 세상에 없을 것입니다"라는 구절을 읽고 깜짝 놀란다. 화자는 당시 아버지의 병환이 위독해 본가에 가 있는 상태였고, 타지에 사는 형 역시 귀가해 있었다. 그는 선생의 편지가 유서임을 알고, "다만 선생님의 안부만"을 염려해서 혼수상태에 빠진 아버지를 놓아두고 도쿄행 야간열차를 탄다. 이러한 생각과 행동은 화자와 부친과의 단절을 드러낸다. '선생님'이 숙부의 배신을 겪었듯이 임종을 앞둔 아버지를 두고 도쿄행 야간열차를 타는 화자의 행위 또한 아버지를 배반하는 일인 셈이다.

> 선생님과 아버지는 나에게 정반대의 인상을 준다는 점에서, 비교를 하건 연상을 하건 함께 떠오르기 일쑤였다. (…) 만약 아버지를 떠난다고 한다면 정서상으로만 부모 자식 사이의 관계가 남아 있을 뿐이었다.

도이 다케오는 '나'와 '선생'에 대한 이러한 감정을 '부친 전이'라는 정신분석학 용어로 설명한다. 즉 어렸을 때 아버지를 향했던 화자의 감정이 아버지에게 환멸을 느껴 배출구를 잃어버리게 되자 선생이라는 새로운 대상에게로 향했다는 것이다.

소세키는 1897년 타계한 자신의 아버지의 죽음에 대한 감회를 친구에게 보낸 편지에 이렇게 적은 바 있다. "아버지가 계신 것만큼 성가신 일은 없다. 나는 아버지 때문에 몹시 애먹었다. 이상한 일은 아버지가 돌아가셨어도 슬프지도 아무렇지도 않았다. 구 막부시대라면 불효 죄로 화형이라도 당할 자식이다."[11] 작품 속에는 소세키의 아버지에 대한 태도가 고스란히 녹아 있는 것이다.

화자는 선생님과 '정신적' 부자관계를 맺는다. 선생은 "내 자신의 심장을 꺼내 그 피를 당신의 얼굴에 끼얹으려" 한다며, 자신의 심장이 멎었을 때 화자의 가슴에서 새 생명이 싹틀 수만 있다면 만족한다고 말한다. 선생의 고백은 이 소설의 절정을 이룬다. 고백의 주된 내용은 숙부의 배신, 선생과 K 그리고 하숙집 딸 시즈의 삼각관계이다.

'선생님'은 자신의 호의로 함께 지내게 된 친구 K가 하숙집 딸인 시즈와 친해지는 것을 목격한다. 그 또한 시즈에게 호감을 가지고 있었지만 K가 먼저 시즈와 친밀해지고 자신에게 시즈를 사랑한다고 말하자 돌연 시즈에 대한 사랑은 '질투'로 변모해버린다.

비평가 가라타니 고진은 선생의 질투와 사랑의 심리를 다음과 같이 해석했다.

> 아이의 방에 필요 없어진 장난감이 굴러다니고 있는데 다른 아이가 와서 그것을 가지고 싶어 하자 갑자기 '안 돼, 이것은 내거야'라고 말하는 것과 같다. 평소에 방치해두면 관심이 없다가 누군가 그것을 갖고 싶어 하면 집착하기 시작한다. 그리고 아이가 포기하고 가버리면 그도 또한 거기에 관심을 잃는다.
> — 『나쓰메 소세키 작품 '마음' 연구』(제이앤씨, 2003)

만약 K가 아니었다면 선생은 자기 마음속의 시즈에 대한 사랑을 발견할 수 없었을 것이며, K를 하숙집에 끌어들임으로써 비로소 사랑을 의식하게 되었다는 것이다. 질투에 눈이 먼 선생은 정신적 가치를 중시하는 K에게 "정신적인 향상심이 없는 자는 바보다"[12]라고 공박했다. 그러자 K는 스스로 바보라며 자책한다. 내친김에 선생은 아주머니에게 딸과 결혼하겠다고 말하고, 아주머니는 결혼을 승낙한다. 아주머니는 딸과 K에게 그 사실을 알렸다. 친구의 사랑을 가로챈 선생은 그 사실을 차마 K에게 알릴 수 없었다. 그러던 중 K는 자살한다.

> '나는 계략으로는 이겼지만 인간으로서는 졌다' 하는 느낌이 가슴속에서 소용돌이쳤습니다. 그리고 K가 무척이나 경멸하고 있을 거라는 생각에 혼자 얼굴을 붉혔습니다.
> — 『마음』

선생은 자신이 숙부와 똑같은 인간이라는 생각에 사로잡힌다. 선생은 시즈와 결혼하지만 아내를 볼 때마다 K가 떠올랐고 자식도 생기지 않는다. 선생은 시간이 지난들 아이가 생길 리 없다고 아내에게 말했다. 화자가 왜냐고 묻자, 선생은 "천벌이거든요"라며 큰소리로 웃는다. 결국 선생님은 K를 자살로 이르게 한 자신의 비윤리적인 행동을 '메이지 정신'에 반하는 것으로 여기고 천황이 죽자 순사를 택한 노기 장군에 자극받아 자살을 감행한다.

선생이 자신의 죄를 고백한 대상은 부인인 시즈가 아닌 '화자'이다. 고백할 대상은 선생 자신의 '정신'을 이해할 수 있는 '남성'이어야 했고, 동시에 자신의 죽음이 구현하는 '메이지 정신'을 가슴속 깊이 내면화해 줄 '차세대'여야 했던 것이다.

> 나는 지금 스스로 나 자신의 심장을 꺼내 그 피를 당신의 얼굴에 끼얹으려 합니다. 나의 심장의 고동이 멎었을 때 당신의 가슴에 새로운 생명이 깃들 수만 있다면 나는 그것으로 만족합니다.

여기서 우리는 부모(개인 또는 그에 따르는 신체적·혈연적 관계성)보다 이념(천황을 정신적 아버지로 생각하는 관념적 관계성)을 우선시하는 '일본적 근대'의 시작을 볼 수 있다.[13]

과거가 청산되기는커녕 일본정부가 과거사를 지우는 데 앞장서고 '위안부' 피해자 및 강제징용 피해자들에 대한 성의 있는 사과나 국가배상을 제대로 하지 않으려 하는 현 상황에서 군국주의적인 '순사' 및 '할복' 장면이 담긴 이 소설이 한국의 독자들에게 편하지만은 않은 것이 사실이다. 비록 그 내용은 국가(천황)를 위한 죽음을 정당화하는 것이기는 하지만 이 소설 속에는 자유와 자아, 한 시대의 '정신'에 대한 절실한 추구가 있다. 이것이 이 소설이 지닌 양면적인 모습이다.

작중에서 선생님은 "나는 지금보다 더 외로울 미래의 나를 견디기보다 외로운 현재의 나를 견뎌내고 싶은 겁니다. 자유와 자립과 자아로 가득한 현대를 살아가는 현대인은 모두 그 대가로서 이 고독을 맛보지 않으면 안 될 겁니다"라고 말했다. 이 구절은 『마음』에 대해 논하는 이들이 '메이지 정신'을 거론할 때 가장 많이 인용해온 부분이기도 하다. 이 구절에 따르면 선생님의 현재의 고독은 자유와 자립과 '나'로 넘치는 현대에 태어났기 때문이라는 뜻이 된다. 말하자면 선생님은 '나'를 추구하는 경향, 즉 자아의 주장을 '현대'의 것으로 치부하고 있는 셈이다. 동시대에 대한 비판은, 그렇지 않은, 즉 '나'로 넘치지 않았던 '메이지 시대'를 특별하게 여기고 있다는 증거이다. 선생님은 바로 그 점을, 자신이 살아온 메이지 시대야말로 '윤리'라는 가치를 추구한 위대한 시대였음을 온몸으로 말하기 위해 죽음을 선택한 것이다. 이러한 '메이지 정신'은 이후 근대 일본을 지탱하는 강력한 이데올로기가 되었다.[14]

『마음』은 한편으로 천황의 죽음과 '순사'를 보여줌으로써 개인보다 천황과 국가를 우선시하는 메이지 정신을 드러내며, 근대 일본문학의 정치성을 전형적으로 보여준다. 다른 한편으로는 사랑과 배신, 인간의 자아를 파헤침으로써 문학의 정치성을 은폐한다. 이런 점을 감안하고 한국 독자들이 이 소설을 읽어야 할 이유가 있는데, 그것은 메이지 정신이 일제강점기를 넘어 아직 지속적으로 우리에게 영향을 미치고 있기 때문이다.

『마음』 읽는 법

1914년 출간된 소세키의 소설 『마음』은 20세기 일본을 이해하는 데 빼놓을 수 없는 작품이다. 이 소설에서 '순사'로 대변되는 '메이지 정신'은 이후 근대 일본을 지탱하는 강력한 이데올로기였고, 지금도 강렬하게 일본인의 무의식과 의식을 움직이고 조종하는 '보이지 않는 손'과 같다. 그런 점에서 소세키의 소설 『마음』은 바로 메이지 정신의 교본 역할을 했다고 해도 과언이 아닐 것이다. 바로 이 점이 독자들이 유념해서 읽어야 할 부분이라고 하겠다.

『마음』은 여러 출판사에서 번역했는데, 여기서는 웅진지식하우스(2016)의 번역본(박유하 옮김)을 인용했다. 연구서는 권혁건 등의 논문집인 『나쓰메 소세키 작품 '마음' 연구』(제이앤씨, 2003)와 오경의 『가족관계로 읽는 소세키 문학』(보고사, 2003) 등을 참고했다.

제임스 조이스의
『젊은 예술가의 초상』

—

고향을 떠나 완성한
모더니즘의 정수

—

아일랜드 더블린에 있는 제임스 조이스 동상
제임스 조이스는 프루스트와 함께 20세기 문학에 커다란 변혁을 초래해 모더니즘 문학의 기수가 되었지만 생전에는 제대로 인정받지 못했다. 그의 대표작 『젊은 예술가의 초상』은 1960년대에 이르러서야 서구 현대문학사의 중추적 존재로 확실하게 자리매김한다.

제임스 조이스는 왜 '예술적 망명'을 자처했나?

1910년대에 한국은 일제의 침략으로 큰 시련을 겪고 있었다. 이러한 상황에서 권력을 가진 엘리트 층은 자신의 세속적 야욕을 충족시키기에 여념이 없었다. 점차 양심의 소리는 잦아들었고 사회 전체가 '정신적 마비' 상태에 빠져들었다. 춘원 이광수는 1917년 새해부터 총독부 기관지인 『매일신보』에 『무정』을 연재하기 시작했다. 이광수의 민족개조론은 일본의 근대화를 수용해 우리 민족의 번영을 달성하자는, 일본제국주의에 타협하는 근대화론이었다.

이보다 조금 앞선 시기에 영국의 식민 지배를 받고 있던 아일랜드 출신 작가 제임스 조이스(1882~1941)는 22세에 스스로 망명길에 올랐다. 조이스는 당시 영국에 거주했던 에즈라 파운드의 도움으로 잡지 『에고이스트』에 1914년 2월 2일부터 1915년 9월까지 글을 연재할 수 있었다. '예술적 망명'을 자처했던 조이스는 극심한 궁핍 속에서도 고국을 예술(소설)로 구원하겠다는 소명의식을 잃지 않았다. 조이스는 눈병에 시달리면서도 『더블린 사람들』(1914)과 『젊은 예술가의 초상』(1916), 『율리시스』(1922) 등 이른바 '더블린 3부작'을 발표해 모더니즘의 선구자가 되었다. 그러나 1904년부터 1907년까지 쓴 『더블린 사람들』은 10년 가까운 기간 동안 더블린의 출판사들로부터 출간을 거절당한 끝에 1914년에야 겨우 출간되었다. 모더니즘 문학의 중추였던 천재 제임스 조이스의 삶은 사실 소설의 출간조차 거절당하는 고난의 연속이었던 것이다.

조이스는 당시 아일랜드의 민족주의 문화운동과는 선을 그었다. 아일랜드는 12세기부터 영국의 침략을 받았고 16세기부터 영국이 직접 통치했다. 따라서 아일랜드어인 게일어는 당시 고어가 되어가고 있었다. 이때 영국의 국수주의적인 문화계 인사들은 게일어의 부활을 외쳤으나 조이스는 여기에 동조하지 않았다. 그에게는 게일어의 부활보다는 조국을 예술적·정신적으로 각성시키는 것이 중요했다.

자칫 영국 제국주의자들에게 굴복하는 것으로 비쳐질 수 있었지만 조이스는 개의치 않았다. 그는 국외에서 객관적으로 고국을 바라보며 예술가로서의 소임을 다하고자 했다. 조이스는 영국의 지배 아래 있던 조국을 한시도 잊지 않았다. 조이스의 작품은 모두 『율리시스』에서의 묘사처럼 "사랑하는 더러운 더블린"dear, dirty, Dublin에 관한 것이었다. 고국을 사랑하지만 고국에 있는 사람들은 오랜 식민 지배로 정신적으로 타락하고 도덕적으로 마비된 상태에 있었다면서 조이스는 이를 '사랑하지만 더러운'이라는 어구로 표현한 것이다. 그가 작품에서 '에피퍼니' epiphany를 통해 깨달음에 이르렀듯이, 자신의 작품이 더블린 사람들에게 정신적 마비 상태로부터 정신을 일깨우는 각성제 역할을 하길 바랐던 것이다. 그렇게 조이스는 '더블린 3부작'을 완성시켰다.

『더블린 사람들』은 더블린 중산층들의 '정신적 마비'를 그리고 있다. 이어 출간된 『젊은 예술가의 초상』은 더블린을 떠나 주인공 스티븐 디덜러스가 성직자의 길을 버리고 예술가의 길을 선택하는 과정을 보여 준다. 『율리시스』는 젊은 예술가 스티븐 디덜러스와 신문광고 모집인 레오폴드 블룸과 그의 아내 마리언 블룸의 하루, 1904년 6월 16일의 기록을 담고 있다.

'더블린 3부작'은 하나의 연작처럼 읽힌다. 같은 등장인물이 나오고 같은 장면이 계속되기도 한다. 작품의 주인공들은 유년기, 청년기, 성년기, 장년기를 보내면서 많은 갈등을 겪으며 자유로운 세계로 탈출한다. 주인공들의 의식의 확대 과정을 조이스는 이른바 '에피퍼니'라는 문학적 기법을 통하여 구현하고 있다. 에피퍼니란 '느닷없는 깨달음'으로, 상징적 장면에서 인물들은 계시를 받듯이 어떤 깨달음에 도달한다.

『젊은 예술가의 초상』 제4장에서 스티븐은 예술가가 되기로 결심하며 에피퍼니를 경험한다. 대학에 가기로 결정한 스티븐은 그의 대학입학을 위해 문의를 하러 간 아버지를 기다리다가 더블린 만灣의 해안가로 발길을 돌린다. 이때 바닷가에서 물가에 서 있는, 새를 닮은 소녀를 보며 스티븐은 예술가의 소명에 대한 비전을 갖게 된다.

> 그의 앞에는 한 소녀가 개울 가운데 혼자 서서 가만히 바다를 응시하고 있었다. 마술에 걸려 신기하고 아름다운 바닷새의 모습으로 변모한 듯한 소녀였다.
> – 이하 『젊은 예술가의 초상』(민음사, 2001)

이 장면을 본 그는 자신의 내면에서 "새로운 야성적인 삶"이 꿈틀대는 것을 느끼며 황홀감에 전율한다. 소녀를 새의 모습에 비유함으로써 예술이라는 힘을 이용해 날개를 만들어 달고 자유롭게 미궁을 빠져나가는 다이달로스를 연상한 것이다. 소녀의 이미지는 에로틱하기보다는 미학적으로 보였으며 스티븐은 미학적 상상 속에서 종교적 신성함을 느꼈다. 그는 성직자의 길을 거절한 자신의 선택이 옳았다는 것을 확신하며 예술세계로 인도하는 에피퍼니를 체험한다.

오, 이럴 수가! 독신(瀆神, 신을 모독)적인 환희의 폭발 속에서 스티븐의 영혼은 절규했다.

다이달로스 신화에 이입했던
제임스 조이스

『젊은 예술가의 초상』의 주인공은 조이스 자신이다. 즉 이 작품은 주인공의 유년 시절부터 대학 졸업까지의 기록으로, 조이스가 어머니와 학교 교장이 제안한 성직자의 길을 뿌리치고 예술가로 소명의식을 갖기까지의 성장 과정을 그린다. 주인공 스티븐 디덜러스는 유년 시절부터 성장의 정신적 토대가 되어주었던 종교·가정·민족이라는 가치를 거부하고 급기야는 '세속의 신부'로서 예술에 자신을 헌신하고자 한다. 그래서 이 소설은 이른바 교양·성장 소설인 동시에, 그 가운데서도 예술가의 성장 과정을 그린 '예술가 소설'에 해당한다. 또한 『젊은 예술가의 초상』은 주인공의 자아 탐색과 정신적 성장에 초점을 맞추면서 일정한 플롯(줄거리) 없이 '의식의 흐름' 기법으로 전개되고 있다.

그리하여 그는 마음을 미지의 예술로 향하게 했다.

　『젊은 예술가의 초상』의 제사題詞(책의 첫머리에 그 책과 관계되는 노래나 시 따위를 적은 글)로는 오비디우스 『변신이야기』의 한 구절이 적혀 있다. 이 구절은 크레타 섬의 미노스 왕이 고대 그리스의 명장인 다이달로스와 그의 아들 이카루스를 빠져나갈 수 없는 미궁에 가두겠다고 하자 다이달로스가 한 말이다. 다이달로스와 이카루스는 미궁을 탈출하기 위해 섬에 날아드는 새들의 깃털을 밀랍으로 붙여 만든 날개를 달고 섬을 빠져나가는데, 아들 이카루스는 태양 가까이 날다 밀랍이 녹는 바람에 바다에 빠져 죽고 만다. 이 제사에는 주인공이 성장 과정에서 겪는 환희와 좌절의 굴곡이 반영돼 있다. 『젊은 예술가의 초상』의 끝에서 다이달로스가 날개를 달고 섬을 빠져나가듯, 예술가를 지향하는 스티븐 디딜러스는 자유로운 정신을 억압하는 미궁과 같은 더블린을 떠나 유럽으로 향한다. 이 소설에서 '디딜러스'Dedalus는 바로 '다이달로스'Daedalus에서 차명한 것이다. 말하자면 디딜러스라는 이름에는, 미궁을 빠져나가 명장이 된 다이달로스처럼 정신적 마비 상태에 빠져 있는 더블린을 빠져나가 예술가가 되어 고국을 구원하겠다는 조이스의 의지가 담겨 있는 것이다.

　제5장에서 보여주듯이 그는 교회와 결별하고 자신의 소명은 종교보다는 예술에 있다고 결론짓는다. 스티븐이 생각에 잠겨 있을 때 그의 귓가에 "헬로, 스테파노스"라고 그의 이름을 그리스식으로 부르는 소리가 들려온다. 바다에서 수영을 하고 돌아오는 친구들이 스티븐을 보고 농담조로 그렇게 부른 것이다. '스테파노스'는 스티븐이라는 이름의 그리스식 발음이며 그리스어로 '왕관' 또는 '화환'이라는 뜻이다. 이어 친구들은 "이리 와, 디딜러스! 부스 스테파누메노스! 부스 스테파네포로스!"

라고 말한다. 부스 스테파네포로스는 '희생을 위해 화환을 쓴 황소'라는 뜻이고, 부스 스테파누메노스는 학생들이 만들어 쓴 그리스어로 '스티븐의 황소 영혼'이라는 뜻이다.[15] 이는 희생 제물로 끌려가는 화관을 두른 소를 가리키는 명칭이자, 첫 기독교 순교자의 이름이기도 하다.

친구들이 무심코 그를 다이달로스라는 명장 또는 예술가의 계승자, 화관을 쓴 희생하는 황소로 부른 것으로 인해 스티븐은 에피퍼니를 체험하게 된다. 지금까지 잠재해 있던 생각들이 표면으로 떠올라 명확해지면서 그는 갑자기 자신과 다이달로스와의 동질성을 느낀다.

> 그들(친구)의 야유가 그에게는 새로운 것이 아니었고, 이제는 오히려 그의 온화하고 도도한 주체 의식을 부추겨주었다. 과거와는 달리, 자기의 기이한 이름도 이제는 하나의 예언으로 여겨졌다.
> 그 전설적인 명장의 이름을 듣자 그는 침침한 파도 소리를 듣는 듯했고 한 날개 달린 형체가 파도 위를 날아 서서히 하늘로 올라가는 것을 보고 있는 듯했다.

스티븐의 미래에 대한 계획이 가톨릭 교리(사제)로부터 다이달로스(예술가) 신화로 대치되려 하는 순간이다.

> 그의 영혼은 소년 시절의 무덤에서 일어나 그 시절의 수의를 떨쳐버렸다. 그렇다! 그렇다! 그와 같은 이름을 가진 그 옛날의 위대한 명장처럼, 그도 이제는 영혼의 자유와 힘을 밑천으로 하나의 살아 있는 것, 아름답고 신비한 불멸의 새 비상체를 오만하게 창조해보리라.

스티븐 디딜러스는 한때 마음이 흔들리기도 했다. 그가 다니던 밸베디어 학교 교장은 스티븐의 신앙심과 모범적인 태도에 주목했고 그에게 당시 최고의 명예로 여겨졌던 예수회의 일원이 될 수 있는 신부직을 권한다. 신부가 되면 평생 사람들로부터 존경을 받을 수 있었고 물질적인 걱정을 하지 않아도 되었다. 교장은 신부의 권세를 강조하며 '파워' power라는 말을 무려 6번이나 되풀이하여 언급한다. 스티븐은 안정된 신부직 제안에 마음이 흔들리기도 했지만 예술가의 길을 선택한다.

그는 신부직이 요구하는 구속된 삶과 엄격한 훈련은 자신의 창조적인 충동을 만족시키는 일에는 역행한다는 결론을 내린다. 마침내 다이달로스가 미궁을 탈출하듯이 그는 교회를 탈출한다. 예술가야말로 단순히 의식을 주재하는 영적인 사제가 아니라 상상력을 발휘해 영원한 존재를 만드는 상상력의 사제라고 스티븐은 생각한다.

"옛날 옛적 호랑이 담배 피던 시절이었지. 길을 따라 내려오던 음매 소가 있었단다." 이 소설의 첫 문장이다. 한편 마지막 문장은 다음과 같다. "4월 27일. 그 옛날의 아버지여, 그 옛날의 장인이여, 지금 그리고 앞으로 영원히, 나에게 큰 도움이 되어주소서." 이 소설은 아기(스티븐)에게 동화를 들려주는 아버지의 이야기로 시작해 스티븐 자신의 일기로 끝난다. 그것은 스티븐이 '아버지'로 상징되는 기존의 질서를 무너뜨리고 자신만의 독창적인 질서를 창조하는 예술가가 됨을 암시한다.

조이스는 이 소설의 마지막에 "더블린, 1904년. 트리에스테, 1914년"이라고 썼다. 1904년 조이스는 연인 노라 바나클과 더블린을 떠나 사실상 자기유배의 길에 나서면서 10년 후에는 기필코 화제가 될 만한 책을 쓰겠다고 선언했었다. 1914년 이탈리아 트리에스테에서 『젊은 예술가의 초상』을 완성해 파운드의 도움으로 잡지 연재를 시작함으로써 고국을 떠나던 당시의 목표를 달성할 수 있었다. 그는 마침내 다이달로스처럼 명장이 되었다. 바로 '모더니즘의 명장'. 궁핍한 망명 생활

속에서도 처절하게 자신을 담금질한 제임스 조이스와, 자신의 야망을 위해 일제에 타협하며 글을 쓴 이광수를 보면서 새삼 인간의 길을 되새기게 된다.

덧붙이자면, 조이스가 다이달로스처럼 될 수 있었던 데는 동생 스태니슬러스의 후원이 컸다. 조이스는 평생 동생에게 빚을 지며 살았다. 마치 반 고흐가 평생 동생인 테오의 후원을 받으며 살았던 것처럼 말이다. 그는 스태니슬러스를 이탈리아 트리에스테로 불러 자신의 뒷바라지를 하게 했다. 조이스는 돈이 생기면 계획 없이 썼고 이내 빈털터리가 되었다. 그러면 조이스는 동생에게 손을 내밀었고 심지어 월급을 차압해 돈을 부치라고 졸랐다. 동생은 천재인 형을 둔 죄라며 불평 속에서도 형의 요구를 들어주었다. 만일 동생의 경제적 지원이 없었더라면 그는 다이달로스가 아니라 이카루스가 되었을지도 모른다.

『젊은 예술가의 초상』이 처음 출판되었을 때 평론가들의 반응은 크게 엇갈렸다. 낯선 예술적 기교와 실험적 기법에 대한 혹평이 쏟아졌는데 특히 작품에 '플롯이 없다'는 점이 지적됐다. 반면 버지니아 울프는 "머리를 통하여 쏟아지는 무수한 메시지들을 번득이며 비추어내는 내면 깊은 곳의 불길이 어른대는 것과 같다"라고 호평했다.[16] 『젊은 예술가의 초상』은 1960년대에 이르러 서구 현대문학사의 중추적인 존재로 확실하게 자리매김한다.

『젊은 예술가의 초상』 읽는 법

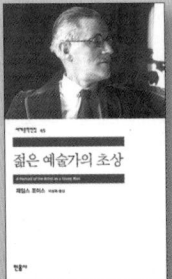

프루스트처럼 감각을 통한 의식의 흐름 기법으로 유명해진 제임스 조이스는 20세기 문학에 커다란 변혁을 초래해 모더니즘 문학의 기수가 되었다. 그렇지만 그는 끝내 조국에 돌아가지 않았고 37년 동안 가난하고 고독한 작가로 살았다.

『젊은 예술가의 초상』은 많은 번역본이 있으나 여기서는 민음사(이상옥 옮김, 2001)에서 출간한 것을 인용했다. 연구서로는 민태운·전은경·홍덕선이 쓴 『조이스 문학의 강의』(동인, 2009)와 조이스의 삶과 문학을 다룬 나영균의 『제임스 조이스』를 참고했다. 덧붙이자면 『젊은 예술가의 초상』은 몰입해서 읽기 쉽지 않은 난해한 소설이므로 민태운 등이 쓴 『조이스 문학의 강의』를 먼저 읽고 소설을 읽기를 권하고 싶다.

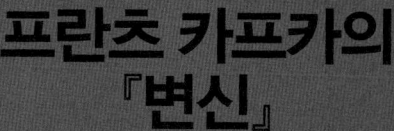

프란츠 카프카의
『변신』

—

인생에서 벗어나고 싶어했던
천재작가가 전 세계에 보낸 충격

—

64

지식과 교양 · 64

체코 프라하에 있는 프란츠 카프카의 동상
카프카는 아버지로부터 받은 모욕감에 시달리다, 1912년 11월 17일 일요일에 쓰기 시작해 27일 만에 소설 「변신」을 완성했다.

벌레로의 변신은
'억지 인생'의 탈출구

나는 우리에게 상처를 입히고 찔러대는 종류의 책만을 읽어야 한다고 생각한다. 우리가 읽는 책이 머리에 한방 날려 의식을 깨우지 않는다면 우리가 무엇 때문에 그것을 읽을 것인가? (…) 그러나 우리에게 필요한 책은 재앙처럼 충격을 주는 책, (…) 자살처럼, 우리를 깊은 슬픔에 잠기게 만든 책이다.

– 『창조자들 3』, (민음사, 2002)

이 글은 프란츠 카프카(1883~1924)가 21세 때 친구에게 보낸 편지의 일부이다. 이 글의 화룡점정은 "무릇 책이란 우리 안의 얼어붙은 바다를 깨뜨리는 도끼여야 한다"라는 구절이다. 카프카는 도끼와도 같은 문학 세계를 추구했고, 현대의 독자들에게까지 그가 미치고 있는 영향을 생각하면 이는 성공을 거두었다고 평가해도 좋을 듯싶다. 그러나 그러한 문학세계를 구축하기 위해 통째로 바쳐지다시피 한 그의 삶은 바늘 끝처럼 위태로웠다.

카프카는 대학에서 법학박사 학위를 딴 후 25세인 1908년부터 프라하의 노동자 재해보험국 법규과에 근무하면서 밤에는 창작에 몰두했다. 카프카는 "나는 문학으로 이루어져 있으며, 그밖에 다른 것으로는 존재할 수 없다"[17]고 말하곤 했다. 카프카의 생활은 오직 문학을 위한 것이었다. 그는 글을 쓸 수 있는 힘을 축적하기 위해 음악, 성, 술, 철학적 사유가 가져다주는 기쁨을 포기했다. 그는 자신의 머릿속에 들어 있는 거대한 세계를 해방시키기 위해 미친듯이 글을 썼다. 그에게 문학은 강박성 노이로제를 푸는 치료제이자 현실을 변화시킬 수 있는 수단이었다. 카프카는 문학을 통해 가정과 사회의 가부장적 권력에 저항했다. 문학은 권력의 영향에서 벗어나 자기를 보존할 수 있는 유일한 탈출구였다.[18]

그는 31세 때인 1914년 6월 펠리체 바우어와 약혼하지만 한 달여 만에 파혼한다. 펠리체와는 1912년부터 사귀기 시작해 1917년까지 모두 500통이 넘는 편지를 주고받았다. 펠리체와 1917년 7월 다시 약혼을 한 카프카는 폐결핵으로 각혈을 하자 이내 파혼을 했다. 1918년 폐결핵으로 요양을 갔다가 구두수선공의 딸인 율리 보리체크를 알게 되었고 이듬해 약혼했지만 신분상승 욕망에 사로잡힌 아버지의 반대로 파혼했다. 카프카의 아버지 헤르만은 처음에는 아들에게 욕을 퍼붓다가, 나중에는 서른여섯 살 먹은 아들더러 차라리 사창가에나 가라고 윽박지른다. 이때 아버지로부터 입은 내면의 상처는 『아버지께 드리는 편지』(1919)라는 책의 탄생으로 이어졌다.

마지막 연인 밀레나 예젠스카는 작품 번역을 계기로 만나 잠시 동거까지 했지만 결혼에 이르지는 못했다. 카프카는 약혼 뒤 결혼을 앞두고

서는 극도의 불안감에 사로잡히게 된다. 결국 카프카는 결혼을 하지 못했고 마지막 연인에게 자신의 원고를 모두 불태우라는 유언을 남기고 죽었다.

아버지 헤르만은 그에게 불쾌함의 상징이었다. 헤르만 카프카는 지방에서 프라하로 이주하여 부유한 양조장 소유주의 딸과 결혼했고 잡화상으로 성공을 거두었다. 훗날 카프카는 『아버지께 드리는 편지』에 자신의 공포의 원천을 기록했다. 아주 어린 시절의 어느 날 밤 그는 물이 마시고 싶어 계속 칭얼거렸고 몇 번이나 경고를 받았음에도 멈추지 않았다. 그러자 아버지가 침대로 오더니 그를 잠옷 차림 그대로 발코니로 쫓아내고는 문을 잠가버렸다. "그 뒤로 나는 상당히 복종적인 아이가 되었지만 그로 인한 마음의 상처로 고통을 겪었다……. 나는 이 거인 같은 남자, 최후의 심판관인 아버지가 한밤중에 나를 데리러 와서는 별 이유도 없이 나를 침대에서 끌어내 발코니로 내쫓는 공상에 계속해서 시달려야 했다. 다시 말해서 아버지에 관한 한 나는 완전히 아무것도 아니었다."[19] 카프카의 어머니는 남편에게 묵묵히 순종하는 사람이었다. 어머니는 아버지로부터 받은 아들의 상처를 치유해주지도, 카프카의 문학 생활에 대한 아버지 헤르만의 이해할 길 없는 적개심에 함께 맞서지도 못했다.

카프카는 가부장적이고 폭력적인 아버지와 줄곧 불화했다. 아버지는 자신의 일을 돕지 않고 글쓰기에 전념하는 아들이 늘 불만이었다. 서구 문화에 동화한 유대인이었던 헤르만 카프카는 아들이 동유럽 유랑 극단의 유대인 배우 뢰비와 교제하자 뢰비를 '갑충'(딱정벌레)에 빗대며 폭언을 서슴지 않았다.

소설 『변신』은 아버지로부터 받은 모욕감에 시달리던 카프카가 1912년 11월 17일 일요일에 쓰기 시작해 27일 만에 완성한 글이다. 달리 말하자면 가정폭력에 의해 탄생한 비극적인 작품인 것이다. 이 작품으로 인해 카프카는 세계적인 작가의 반열에 올라섰다.

> 어느 날 아침 불안한 기분으로 잠에서 깨어난 그레고르 잠자는 자신이 흉측스런 벌레로 변해버린 것을 발견했다.
> — 『변신, 시골의사』, (문예출판사, 2013)

『변신』의 첫 문장은 이렇게 시작한다. 이 소설을 읽는 독자는 그야말로 도끼로 한 대 얻어맞은 기분이 들 것이다. 주인공 그레고르 잠자는 영업사원의 과중한 일 때문에 벌레로 변신한다. 그레고르는 아버지의 빚을 짊어짐으로써 가족의 생계를 담당해 권력을 얻게 되며, 가장인 아버지의 위치를 위협한다. 이로 인해 그동안 무위도식하던 아버지와 어머니, 여동생은 다시 '직업'을 갖고 일을 시작하게 된다. 잠자는 자신의 방에 고립·밀폐되어 있다가 방 밖으로 나와 가족과 합류하려고 시도하기도 한다.

인간이 벌레로 변한 것을 묘사한 것이 카프카가 처음은 아니다. 그리스 신화나 오비디우스의 『변신 이야기』에도 벌레로 변신한 인간에 관한 이야기가 등장한다.

또한 카프카는 이미 『시골의 결혼 준비』라는 작품에서 유사한 시도를 했는데 주인공 라반은 자신의 몸을 갑충으로 상상한다. 주인공은 약혼녀를 달래기 위해 시골에 가야 한다는 당위와 가기 싫다는 욕망의 충돌로 몸이 둘로 분리된다. 옷을 입은 몸은 시골로 가고 주인공의 본심은 침대에 누워 있다. 이때 주인공은 벌거벗은 동물인 갑충으로 등장한다. 동물이나 벌레로 변화한 몸은 사회적 의무로부터의 해방을 상징한다.[20] 『변신』에서도 그레고르 잠자는 갑충으로 변신함으로써 가족들을 부양

해야 하는 '소년 가장'의 역할에서 마침내 벗어난다. 인간에서 벌레로 변신하는 것은 비참함으로 전락하는 것이기도 하지만 '억지 인생'을 살아가야 하는 현대인이 선택할 수 있는 차선의 탈출구를 의미한다고 볼 수도 있다.

물질적 존재가 아닌
정신적 존재로서의 인간 추구

　현대의 많은 소설가들과는 달리 카프카는 직업에 충실하고 예속되어 있는 인물을 그린다. 직업이야말로 현대 인간의 유일한 존재 형식이기 때문이다. 『변신』의 주인공 그레고르 잠자는 유능한 영업사원이며 한 가정의 경제적 기둥이다. 그는 선량한 아들이며 사회의 모범적인 시민이었다. 벌레로 변한 후에도 그는 "가족만 아니면 직장 같은 것은 집어치우겠는데……"라는 의무감과 자유 사이에서 고민한다. 그의 존재는 자신을 위한 것이 아니라 가정과 사회를 위한 것이다.

　아이러니하게도 그레고르는 벌레로 변한 뒤 오히려 풍부한 감각과 감성을 지닌 정신적 존재로 재탄생한다. "이렇게 음악에 감동을 받는데도 과연 동물이란 말인가?"라고 자문할 정도다. 잠자는 직장인이었을 때는 인간의 몸이었지만 자기성찰과 문화적 존재로서의 삶을 영위하지 못했고, 세상사와 거리를 둔 동물로 전락해서야 이러한 삶이 가능해진 것이다. 잠자는 더럽고 지저분한 몸에도 불구하고 이제 자신을 보다 풍부한 감각과 감성을 지닌 정신적 존재로 인식한다.[21] 그렇지만 잠자는 아버지가 던진 사과로 인해 상처가 덧나 결국 죽음을 맞이한다.

카프카는 그레고르의 희생적 죽음에 대해 긍정적인 평가를 내린다. 그레고르의 죽음은 그에게 의존하기만 했던 가족들의 생산적인 생활 리듬을 회복시킨다. 사무실 직원보다 목공 등 육체노동에 가치를 두었던 카프카는 유대인으로서의 정체성을 유지하며 살아가는 전통적인 삶, 가족적인 삶을 중요하게 여겼다. 동부의 유대인 유랑극단에서 이디시어Yiddish language(유대인들의 국제혼성어)를 접했고, 극단을 이끌던 배우 뢰비와 우정을 쌓았다. 뢰비가 가진 유대인으로서의 흔들리지 않는 정체성, 전통 속에서 안주하는 평온함, 자기확신, 용기 등에 카프카는 매료되었다.

> 말할 수 없는 동정과 애정을 느끼며 그는 가족들을 돌이켜 생각해보았다. 자신이 없어져야 한다는 그의 생각은 누이동생의 생각보다 훨씬 더 단호했다. 교회의 탑시계가 새벽 3시를 칠 때까지 그는 내내 이런 허전하고 평화로운 명상에 잠겨 있었다. 그는 창 밖에서 세상이 환해지는 것을 느꼈다. 그러자 그의 머리가 그도 모르게 밑으로 푹 수그러졌다.
>
> – 이하 『변신, 시골의사』

카프카는 소설 속에서, 중요한 것은 돈이나 지위가 아니라 풍부한 감성과 감각을 지닌 정신적 존재로 살아가는 것이라고 말한다. 또한 가족의 중요성과 생산적인 일의 가치를 강조한다. 갈등 속에서도 주인공 잠자는 "말할 수 없는 동정과 애정을 느끼며 가족들을 돌이켜 생각"하며 죽어가고, 그가 죽은 뒤 가족들은 생산적인 직업인으로 돌아가 다시 행복한 가정을 꿈꾸는 것으로 마무리된다.

현대사회는 인간으로 하여금 자기소외의 상태에 빠지도록 만든다. 인간은 사회라는 거대한 기계를 구성하는 하나의 톱니바퀴로서, 기능화되고 추상화되고 비인간화된다. 다시 생산적인 노동에 나선 아버지는 그레고르처럼 자기소외를 겪는다. 즉 아들의 변신 후 일터를 찾아 나간 그레고르의 아버지는 집에서조차 은행 사환의 제복을 절대로 벗지 않고 소파에서 제복을 입은 채 잠을 잔다. 제복을 입었다기보다 제복 속에 갇혀 있다는 표현이 더 어울리는 이 육신은 자기 자신으로부터 소외된 현대인의 전형이다. 직업이야말로 현대를 살아가는 인간의 유일한 존재형식이라는 부조리를 깨달은 그레고르는 벌레로 변한 뒤 결국 말살되고 마는 것이다.

『유형지에서』에 등장하는 장교도 직업에 도취된 인간의 표본이다. 그의 일은 사형을 집행하는 처형 장치를 조정하는 것이다. 그는 이 직업이 상실될 것을 두려워하고 이 기계가 없는 자기의 존재는 상상조차 하지 못한다. 장교의 직업에 대한 애착은 그를 양심도 인간성도 없는 광인으로 만든다.[22]

카프카는 "나의 관청 생활이 내 생활을 익사시키고 있다는 양심의 가책을 받습니다"라고 고백한다. 노동으로부터의 소외를 극복하기 위해 카프카는 시간이 나면 가구를 만드는 일을 배우러 다녔다. 대패질한 나무 냄새, 톱 소리, 망치 소리에 그는 매혹당했다.

순수하고 명백한, 그리고 누구에게나 유익한 수공업보다 더 아름다운 것은 없습니다. 가구를 만드는 일 외에 나는 이미 농사와 원예도 해보았습니다. 이런 일들은 관청에서의 강제 노동보다 훨씬 아름답고 유익한 것이었습니다. 관청에 근무하는 사람들은 훌륭한 것처럼 보이지만 그것은 한낱 겉모습에 지나지 않습니다. 지적 노동은 인간을 인간의 공동 사회에서 이탈시킵니다. 그와 반대로 수공업은 인간을 인간에게로 환원시킵니다.

카프카는 자신을 위한 생활을 그리워하면서도 폭력적인 아버지에게 효자 노릇을 해야 했고, 가족 속에서 타인임을 스스로 인식했다. 카프카는 『변신』에서 벌레로 변한 잠자를 통해 노동자로서 생계를 유지해야 하는 역할과 타인을 위해 헌신하는 삶에서 벗어나 '자신'을 찾으려는 몸부림을 보여주었던 것이다. 『변신』을 읽으며 독자들은 노동과 그 노동으로부터의 소외, 가족, 다시 노동으로부터 소외받는 가족에 대해 깊이 생각할 기회를 얻을 수 있을 것이다.

『변신』 읽는 법

『변신』은 수많은 번역본이 출간되어 있는데, 여기서는 이덕형이 번역한 문예출판사의 『변신, 시골의사』(2013)를 주로 참고했다. 그 밖에 편영수의 『프란츠 카프카』(살림, 2004), 클라우스 바켄바하의 『카프카 : 프라하의 이방인』(한길사, 2005), 최윤영의 『카프카, 유대인, 몸』(민음사, 2012) 등을 참고했다. 대니얼 J. 부어스틴의 『창조자들 3』(민음사, 2002)에서는 카프카와 아버지의 관계가 분석돼 있다. 『아버지에게 드리는 편지』(은행나무, 2015)는 작가 자신의 체험을 바탕으로 아버지와 아들의 긴장관계를 '끔찍하게' 묘사하고 있다. 아버지와 자녀, 특히 아들과의 관계를 분석한 책으로는 스테판 폴터의 『모든 인간관계의 핵심요소 아버지The Father Factor』(씨앗을 뿌리는 사람들, 2007)가 있으며, 카프카의 정신세계를 이해하는 데 참고가 된다.

이광수의 『무정』

—

친일로 얼룩진 한국 최초의
현대적 장편소설

—

65

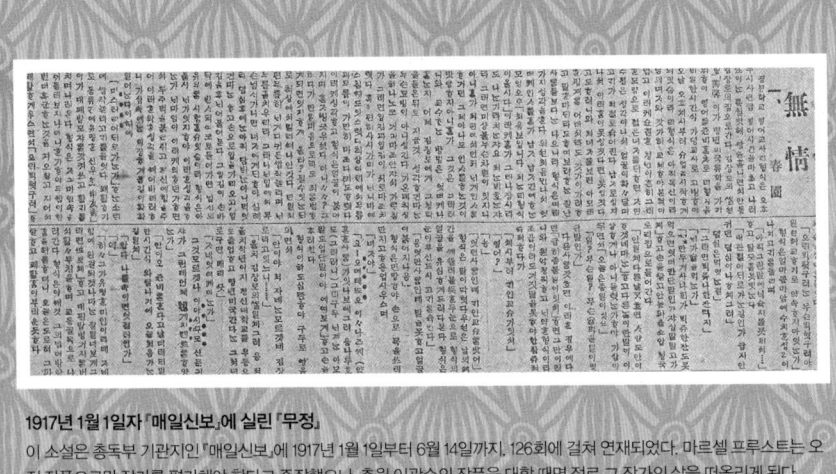

1917년 1월 1일자 「매일신보」에 실린 「무정」
이 소설은 총독부 기관지인 「매일신보」에 1917년 1월 1일부터 6월 14일까지, 126회에 걸쳐 연재되었다. 마르셀 프루스트는 오직 작품으로만 작가를 평가해야 한다고 주장했으나, 춘원 이광수의 작품을 대할 때면 절로 그 작가의 삶을 떠올리게 된다.

욕망과 의무 사이에서
'완생'을 꿈꾸기

　"이보게 춘원……." 사람들이 가득한 다방 안에서 커다란 목청으로 이렇게 부르는 사람이 있다. 김소운과 마주 앉았던 춘원이 고개를 돌려 그쪽을 본다. "이보게, 그 자네 창씨 이름말이야… 뭐라고 불러야 되나? '고오장'인가 '가오리야마'인가……."[23]

　여기서 춘원 이광수(1892~1950)에게 개명한 이름을 묻는 것은 여러 사람 앞에서 놀려주려는 의도였을 것이다. 춘원은 얼굴을 붉히면서 "마음대로 부르게나……"라고 응수한다. 김소운이 쓴 『삼오당잡필』에는 이광수의 창씨개명 이후 일화 한 토막이 실려 있다. 춘원은 '가야마'香山라는 일본 성을 썼다. 이광수는 '민족을 위한 친일'이라는 명분 아래 솔선해 창씨개명에 나섰고 내선일체만이 민족보전의 길이라며 서슴없이 징병제까지 주장했다. 김소운은 얼굴을 붉히면서 대답이 없던 춘원의 모습을 두고 "그날의 그 '쇽크(쇼크)'를 나는 십수 년이 지나도록 잊을 수가 없다"라고 적었다.

춘원 이광수의 첫 소설이자 출세작인『무정』은 1917년 1월에서 6월까지 총독부 기관지인『매일신보』에 연재된 작품이다.『매일신보』와의 인연은 이광수의 평생에 걸친 정치적 행로를 결정했다.『매일신보』를 매개로 한 총독부 측의 후원은 한편으로 이름난 사람이 되겠다는 야심의 실현을 향한 발판이 되어주었지만, 한편으로는 '친일'이라는 원죄의 덫이 되었다. 이광수는 1937년 동우회 사건을 계기로 회원들을 구한다는 명목 아래 전향하고, 1940년 마침내는 '가야마 미쓰로' 香山光郎라는 일본 식 이름으로 개명해 적극적인 협력의 길로 나섰다.

개인적 욕망과 야심을 실현하기 위해 민족에 대한 의무를 저버린 이광수의 선택은 그의 작품에도 그대로 반영된다. 이광수의 소설은 대부분 애정 삼각관계를 기반으로 전개되는데, 삼각관계의 중심이 되는 인물은 사회 관습이나 윤리 규범에 따른 '의무'를 저버려서는 안 된다는 강박관념을 가지고 있으면서도 자신의 야망을 실현하기 위한 '욕망'의 축을 선택하는 경향이 있다.『무정』에서 주인공 이형식이 영채(의무)가 아닌 선형(욕망)을 선택하는 것이 대표적이다. 쟝 샤를 세뇨레의『문학적 주제와 모티프 사전』에 따르면 고대 이래 '애정 삼각관계'에는 공통된 하나의 구조가 존재한다. 한편으로는 열정을 고양시키면서 다른 한편으로는 철저하게 도덕성을 규정하고 얽매이는 이분법적 구조가 그것이다. 바꾸어 말하면 한편으로는 욕망이, 다른 한편으로는 의무가 애정 삼각관계의 대립축을 이루고 있는 것이다.

이광수 소설의 애정 삼각관계의 특질과 관련해 한 가지 더 주목해야 할 것은 욕망을 선택한 행위에 의무를 저버린 데 대한 자책감이 수반된다는 점이다. 소설 속 인물의 자책감은 정치적 행로와 관련해 떳떳하지 못했던 이광수 자신의 내적 자괴감과 무관하지 않다.

『무정』의 주인공 형식이 자신의 욕망을 위해 선택한 선형은 양반이요 재산가인 김장로의 외동딸로서, 여학교를 마치고 미국 유학까지 준비하는 유복한 여성이다. 반면 형식은 일찍이 부모를 여의고 가난과 외로움 속에서 자랐다. 가산을 팔아 신교육에 나선 박진사의 집에 의탁해야 했고 고학으로 교사라는 신분을 얻었다. 사정이 이러한 만큼, 형식에게 미모와 재산과 지위를 두루 갖춘 선형과의 결합은 말 그대로 새로운 신분을 획득할 수 있는 절호의 기회였다. 이는 형식이 선형과 약혼할 꿈에 젖어 화려한 생활을 공상하고 있는 대목에서 분명하게 드러난다.

"자기의 운수에 봄이 돌아온 것 같다. (…) 사랑스러운 선형과 한 차를 타고 같이 미국에 가서 한 집에 있어서 한 학교에서 공부할 수가 있다. 아아. 얼마나 즐거울는지. 그리고 공부를 마치고 나서는 선형과 팔을 곁들고 한 데로 한 차로 본국에 돌아와서 만인의 부러워함과 치하함을 받을 수가 있다. 아아, 얼마나 즐거울는지." 그야말로 탄탄대로의 인생이 예고되어 있는 것이다. 유복한 선형에 비하면 몰락한 집안에서 태어나 부모를 잃고 고아로 떠돌다가 기생이 된, 기구한 운명의 영채는 형식에게 부담스러운 존재일 뿐이다. "옳다. 나는 영채를 구원할 의무가 있다. 영채는 나의 은사의 따님이요, 은사가 내 아내로 허락하였던 여자라. 설혹 운수가 기박하여 일시 더러운 곳에 몸이 빠졌다 하더라도 구원의 책임이 있다."[24]

그러나 그의 욕망은 이미 선형 쪽을 향하고 있으며 영채를 구원해 사랑하겠다는 마음은 다짐으로 그치고 만다. 실제로 형식은 영채를 구원해야 한다는 의무감에 골몰하고 있는 것처럼 보이지만 내심은 그 의무로부터 벗어나고 싶은 것에 가깝다. 형식은 영채의 겁탈 사건과 관련해 이중적인 태도를 취한다.

암만 하여도 우선의 '벌써 틀렸다' 하던 뜻을 '영채의 몸은 벌써 더러워졌다' 하는 뜻으로 해석하기는 싫다. (…) 그러나 그 손발을 동여맨 것이 무슨 뜻일까. 옳다! 영채의 몸은 더러워졌구나. 영채의 몸은 김현수에게 더러워졌구나 하였다.[25]

형식은 친구 신우선이 영채가 겁탈당하는 장면을 목격하고 말한 대목을 곱씹어보면서 영채가 이미 정조를 잃었다고 결론내린다. 그래야 자신이 영채 대신 선형을 선택한 행위가 정당화되기 때문이다.

영채는 유서를 써놓고 대동강 물에 빠져죽겠다며 평양으로 간다. 그러나 평양행 기차에서 일본 유학에서 돌아오던 김병욱을 만나 그녀의 설득으로 자살 계획을 접고 그녀를 따라 간다. 형식은 영채를 찾으러 평양에 가지만 곧바로 영채의 죽음을 기정사실화 하고는 되레 길안내를 맡은 기생과 유쾌한 시간을 보낸다. 형식은 선형과 유학길에 오른 기차 안에서 영채가 살아 있다는, 그것도 자신과 한 차를 타고 있다는 소식을 듣고 극심한 자책감에 휩쓸린다. 형식의 자책감은 그 자신이 선형에 대한 욕망에 이끌려 영채에 대한 의무를 외면했다는 데서 비롯된다.

"아무러나, 이런 기쁜 일이 없네" 하기는 하면서도 속에는 여러 가지로 고통이 일어난다. 영채를 따라 평양까지 갔다가 죽고 산 것도 알아보지 아니하고, 뛰어와서 그 이튿날 새로 약혼을 하고, 그 뒤로는 영채는 잊어버리고 지나온 자기는 마치 큰 죄를 범한 것 같다. (…) 영채가 세상에 없으매 잊어버리려 하던 자기의 죄악은 영채가 살아 있단 말을 들으매 칼날같이 날카롭게 형식의 가슴을 쑤신다."[26]

『무정』에서 영채는 조국을 상징하는 인물이다. 기생 '계월향'이 된 영채가 친일파 세력의 경성학교 교주 김현수에게 겁탈당하는 것은 일제에 의해 탄압당했던 우리 민족의 현실과 조응된다. 영채는 평양으로 자살하러 가는 도중 김병욱을 만나 구원되는데, 이는 한민족이 영채를 통해 상징적으로 부활함을 웅변적으로 보여주는 것이다.

주목할 것은 『무정』의 이야기가 친일 행위에 가담한 이광수 자신의 내적 갈등을 드러낸다는 점이다. 세상에 이름난 사람이 되겠다는 야심의 실현을 위해 총독부 기관지인 『매일신보』에 소설을 연재했던 이광수 자신의 내면이 『무정』에 그대로 반영돼 있다.

"공부할 학비는 조선이 주는 것"

이광수가 자신의 작품에 신념을 투영하는 이런 심리는 마르셀 프루스트가 제기한 '표층자아'와 '심층자아'라는 개념으로 설명할 수 있을 것이다. 이광수는 식민지 시대에 자신의 야심을 이루기 위해 또는 단지 '살아내기' 위해 총독부와 타협을 선택했을 테지만 그것은 결코 최선의 선택이 아니었다. 말하자면 타협을 함으로써 살아날 수 있었지만 역사에서는 죽게 되는 선택이었다.

이광수는 두 번째 일본유학에서 독립은 당장에 이루어질 수 없는 것이며, 따라서 일본의 개화된 문명을 배워 이를 조선에 적용해 실력을 양성하는 길이 당장으로서는 최선이라는 생각을 가지게 된다. 『무정』에서 선형과 함께 떠나는 형식의 미국 유학은 단순히 신분상승이라는 개인적인 욕망만을 위한 것이 아니라, 문명 조선의 건설을 기약하기 위한 것으로 전환된다.

> "우리가 공부하러 가는 뜻이 여기 있습니다. 우리가 지금 차를 타고 가는 돈이며 가서 공부할 학비를 누가 주나요? 조선이 주는 것입니다. 왜? 가서 힘을 얻어오라고, 지식을 얻어 오라고, 문명을 얻어 오라고… 그리해서 새로운 문명 위에 튼튼한 생활의 기초를 세워달라고……. 이러한 뜻이 아닙니까."[27]

이광수는 "공부할 학비는 조선이 주는 것"이라는 사실을 표 나게 내세운다. "공부하러 가는 뜻이 새로운 문명 위에 튼튼한 생활의 기초를 세워달라"는 조선의 요구 때문이라는 것이다. 요컨대 영채에 대한 의무를 외면하면서까지 선형과의 결혼을 밀어붙임으로써 신분상승을 꾀했던 형식 개인의 야심은 선형과의 결합이 문명 조선의 건설을 위하는 것이라는 명분을 획득하는 가운데 정당한 것으로 자리매김된다. 결국 주인공 형식을 통해 이광수는 그 자신의 심층자아를 독자들에게, 역사에 드러내며 변명하고 있는 것이다. 소설의 말미에 형식은 어색할 정도로 계몽적인 모습으로 그려진다.

이광수는 두 살 때 콜레라로 부모님을 여의고 졸지에 고아가 되었고, 이를 타개하기 위해서는 든든한 후원자가 필요했다. 정신분석학적 관점에서는 이광수의 '총독부'와의 타협을 상징적인 '아버지'가 필요했기 때문이라고 해석하기도 한다. 하지만 그 어떤 변명과 합리화에도 불구하고 이광수의 정치적 타협은 '역사에서 살아남기'에서는 실패한 선택이었다. 춘원의 자녀들은 미국에서 사회적으로 성공했음에도 아직까지 부친의 '친일'이 드리운 그늘로부터 자유롭지 못한 모양이다. 미국에서 살고 있는 춘원의 막내딸 이정화 박사는 아버지로 인해 피해를 입은 분에게 사죄한다는 인터뷰(『조선일보』 2014년 10월 13일자)를 하기도 했다.

> 연좌제 비슷한 게 있으니 제 팔자는 민족 앞에서 사과할 수밖에 없는 것
> 이죠. 아버님을 사랑하는 분들에게는 감사를, 미워하는 분들에게는 사과
> 를 드리고 싶어요.

이광수는 1917년의 새해 벽두를 『매일신보』에 첫 소설을 연재하며
의욕적으로 시작했지만 그것은 지울 수 없는 '주홍글씨'가 되었다. 그것
은 '욕망과 의무(당위)' 사이에서 균형추가 욕망 쪽으로 기울었기 때문일
것이다. 욕망과 의무 사이에서 선택해야 할 순간은 누구에게나 찾아온
다. 그렇게 하기 어려운 상황에서도, 우리는 의무를 좀 더 의식하고 존엄
과 당위를 포기하지 않으려 애쓸 필요가 있다. 반드시 역사적인 생존을
위해서만이 아니라 현실에서 내적 갈등으로 소모되는 생의 에너지를
보다 긍정적인 곳에 사용할 수 있을 것이기 때문이다.

『무정』 읽는 법

『무정』은 소담출판사(1995)의 『무정』을 기본으로 보았다. 여기에 최주한의 『제국 권력의 야망과 반감 사이에서 : 소설을 통해본 식민지 지식인 이광수의 초상』(소명출판, 2005)과 한승옥의 『이광수 장편소설 연구』(박문사, 2009)를 인용 및 참고했다.

필자는 대학 시절 이규동의 『위대한 컴플렉스』(문학과현실사, 1992)라는 책을 인상 깊게 읽었다. 신경정신과 전문의인 저자가 춘원 이광수를 비롯해 황진이, 김소월, 김삿갓 등 역사적 인물들의 콤플렉스를 분석한 글이다.

루쉰 전집

—

동아시아의 보편성에 뿌리내린
중국 최고의 소설가

—

66

서울대 권장도서 99선

1936년, 세상을 떠나기 11일 전의 루쉰
루쉰의 대표작 「아Q정전」은 유일한 중편소설로, 그 후에 나온 여러 변형 작품들에서 보듯
중국 현대소설사에, 더 나아가 한국과 일본의 작가들에게 큰 영향을 끼쳤다.

'암흑의 시대'를 헤쳐나가는 중국인의 길은?

"그는 단지 위대한 문학인일 뿐 아니라, 또한 위대한 사상가이자 혁명가였다." 1940년에 마오쩌둥이 "중국 문화혁명의 주장"主將이라 부른 사람은 다름 아닌 루쉰魯迅(1881~1936)이다. 루쉰은 중국 정신계의 투사로 불리며 문학가이자 사상가, 혁명가로 호명되었다. 중국 근대사의 격랑을 지나간 루쉰의 문학적 생애는 한국과 일본의 근대 역시 비추어주는 거울이다. 중국의 특수성만을 지닌 거울이 아니라 동아시아의 보편성에 가닿는 거울인 것이다.

루쉰은 첫 소설로 1918년『광인일기』를 발표한다. 이 소설에서 '광인'은 봉건제에 반대하고 근대를 추구하는 계몽자의 아이러니한 변형이다. 계몽자는 왜 하필 광인으로 변형되었을까? 봉건적 사고에 매몰되어 있는 사람들의 눈에 계몽자는 광인으로밖에 보이지 않는 것이다.『광인일기』에는 계몽자의 관점과 그 계몽자를 광인이라고 보는 봉건사회의 관점이 함께 담겨 있다. 광인(계몽자)은 끝에 가서 자신의 한계, 즉 자신이 의식하지 못하는 사이에 누이동생의 고기를 먹었을지도 모른다는 사실을 깨닫는다. 그는 식인인食人人(즉, 봉건인)이 되기를 거부하고 진인眞人(즉, 근대인)이 되고자 하는 열망에도 불구하고 봉건적인 것으로부터 자유롭지 못한 운명인 것이다. 그리하여 그는 아직 봉건적인 것에 물들지 않은 새로운 세대의 아이들을 구하자고 절규한다.[28] 『광인일기』는 "사람을 먹어보지 않은 아이들이 혹시 아직 있을까? 아이들을 구하자"[29]라는 말로 끝맺는다.

「쿵이지」孔乙己와 「약」은 『광인일기』의 후속작으로 1919년 4, 5월에 발표되었다. 루쉰은 청 말 과거에 급제하지 못한 '쿵이지'라는 인물을 통해 과거제도의 폐단과, 육체노동을 수치로 생각하여 굶어 죽을지언정 신분을 낮추어 막노동을 하려 하지 않는 유교사상에 찌든 인물들을 비판한다. 그는 몰락한 봉건 지식인들은 인도주의적 시각으로 바라보고 있으며, 다른 사람의 고통에 무감각할 뿐만 아니라 그것을 웃음거리로 삼아 즐기는 중국인들의 국민성에는 비판의 채찍을 가한다. 주점의 주인과 손님(하층민)은 쿵이지를 놀려대면서 희열을 느낀다. 이미 비참한 상황에 빠져 있던 쿵이지는 그러한 가학적인 폭력에 더욱 상처받는다. 쿵이지는 비록 몰락한 지식인지만 인간적인 선량함을 지니고 있다. 소년 화자는 쿵이지를 놀려대는 사람에게는 반감을, 쿵이지에 대해서는 연민을 느낀다. 작가의 비판이 향하는 곳은 몰락한 구지식인이 아니라, 민중의 왜곡된 공격성이다. 출신이야 어떻든 현재의 쿵이지는 넓은 의미에서 하층민에 속한다고 할 수 있으므로 쿵이지에 대한 주점 사람들의 학대는 결국 '민중적 자해'의 한 양상이다.

「약」에서는 신지식인 샤위가 등장한다. 그는 반청 혁명 봉기에 실패해 처형당하는 혁명가다. 「약」은 혁명가와 민중 사이의 관계에 초점을 맞추고 있는데, 이때 두 가지 이야기가 씨줄과 날줄로 교직된다. 하나는 찻집 주인이 폐병을 치료하기 위해 사람의 피에 적신 만두를 아들 샤오수안에게 먹이지만 결국 아들은 죽고 마는 이야기이고, 다른 하나는 투옥되어 있던 혁명가가 처형당하는 이야기다. 두 이야기는 두 지점에서 만난다. 찻집 주인이 만두를 피로 적실 때 그 피가 처형당한 혁명가의 피였다는 것이 그 하나이고, 다른 하나는 샤오수안의 어머니와 혁명가의 어머니가 자신의 아들이 묻혀 있는 묘지 주변에서 만나는 부분이다. 앞 장면이 드러내려 하는 것은 미신에 현혹된 중국 민중의 우매함과 그 우매함 때문에 민중이 자해를 하게 되는 모습이다. 미신에 현혹된 민중은 억압받는 민중을 위해 투사가 된 혁명가의 피를 먹는다. 작가는 민중을 비판하며 혁명가에 대해서는 애도를 표한다. 혁명가의 무덤이 꽃으로 장식되고 까마귀가 혁명가의 무덤 위로 날아가도록 한 것은 그러한 애도와 희망의 표현이다.

생존을 위한 아큐의
비뚤어진 '정신 승리'

루쉰이 중국 정신계의 투사로 불리게 된 것은 『아Q정전』을 통해서라고 할 수 있다. 『아Q정전』은 1921년 12월부터 1922년 2월까지 발표한 루쉰의 유일한 중편소설로, 그 뒤에 나온 여러 변형 작품들에서 보듯 중국 현대소설사에, 더 나아가 한국과 일본의 작가들에게 영향을 끼쳤다. 이 소설은 중국의 농촌에서도 가장 하층에 속하는 날품팔이꾼 아큐를 통해 신해혁명辛亥革命(1911)이라는 거대한 사회 변혁기를 겪어가는 중국인의 실상을 드러낸다.

가족도 집도 없는 아큐는 마을에서 가장 무력하고 비겁한 인간이다. 그는 남에게 모욕을 당하면 자기보다 약한 사람을 찾아 분풀이를 한다. 그것도 안 되면 근거도 없이 명문가의 후손을 자처하며 자기도취에 빠진다. 이러한 자기도취로 혁명당에 가담하게 된 아큐는 역사의 급류에 휩쓸려 자신을 죽음으로 몰고 간다.

루쉰은 거울에 사람 얼굴을 비추듯 중국인들의 정신적인 면모와 국민성의 결함을 드러내기 위해 『아Q정전』을 썼다고 술회한 적이 있다. 줄곧 억압만 받으며 살아온 아큐는 상황이 변해가는 모습을 보며 스스로 변화할 필요성을 본능적으로 인식하지만, 스스로 투쟁할 수 있다는 가능성을 확인해볼 틈도 없이 억울하게 처형된다. 이는 신해혁명이 실패한 혁명이 된 것과 궤를 같이한다고 볼 수 있다. 『아Q정전』을 집필할 당시 루쉰은 비뚤어진 자만과 노예 근성에 젖은 중국 국민성이야말로 신해혁명을 진정한 근대화의 발판으로 만들지 못한, 열강에게 침략의 빌미를 준 요인이라고 생각했다.

자존심이 강했던 아큐는 남과 말다툼할 때 이따금 눈을 부릅뜨며 이렇게 말하곤 했다.

"우리 집도 그전에는…… 너보다는 훨씬 잘 살았었어! 네 따위가 무어야!"

– 이하 『루쉰 소설 전집』(을유문화사, 2008)

아큐는 예전에 부자였고 식견이 높고 일을 매우 잘한다고 자신하며 스스로를 거의 완벽한 인간이라고 생각한다. 그는 모든 미장 마을의 주민들이 하나같이 눈에 차지 않는다. 그러나 그 도도한 자만심과는 반대로 그의 실상은 노예나 다를 바 없다. 그는 미장 마을에서 자기보다 힘센 모든 사람, 즉 자오 영감, 치엔 영감, 건달들, 심지어 자신과 비슷한 처지의 왕털보에게 얻어맞기도 하는 가련한 존재다. 아큐는 이들에게 저항할 힘이 없음에도 자신의 패배를 현실 그대로 받아들이지 못하며, 어떤 방법을 써서라도 그 패배를 승리로 전환하고자 한다. 이때 아큐는 특유의 '정신 승리법', 즉 '아큐주의'에 의존한다. 소설에는 아큐가 자오 영감에게 따귀를 맞는 장면이 나온다. 따귀를 맞고 난 뒤 아큐는 이렇게 스스로 위안한다.

> 요즘 세상은 너무 말이 아니야. 자식 놈이 아비를 때리다니…… 그러자 갑자기 자오 나리의 위풍당당한 모습이 떠올랐다. 이제는 자오 나리가 자기 자식인 것이다. 그렇게 생각하자 그는 점점 의기양양해져 몸을 일으키면서 노래를 부르며 술집으로 갔다.

여기서 보듯이 비정한 현실은 아큐의 저항 의지를 후퇴시켜버렸고, 그는 "난 자식 놈에게 맞은 셈이다. 지금 세상은 참 꼴 같지 않아"라며 비굴한 방법으로 자기를 위로한다. 그것은 강자에게 억압당할 때 현실을 있는 그대로 받아들이기를 거부하는, 일종의 굴절된 저항 표현이다. 이것은 루쉰이 『광인일기』에서도 지적했듯이 "사람을 잡아먹는 사회", 즉 억압과 폭력이 만연한 봉건사회에서 살아남기 위한 아큐식 생존방식이라 하겠다.

문제는 아큐가 주인 나리들의 모진 학대와 멸시에도 불구하고 그들과 똑같이 극히 '보수 반동적'인 생각으로 꽉 차 있다는 점이다. 루쉰은 반동적 민중의 전형으로 아큐를 그리고 있는데, 아큐도 그럴 수만 있으면 자기보다 더 약한 사람들을 압박하려고 한다.

아큐는 술에 취해 얼떨결에 혁명에 가담한다. 하지만 혁명에 도취한 것도 잠시뿐이었다. 사당에서 자고 있던 아큐는 잡혀가서 심문을 받는다. "서서 말씀드려라! 꿇어앉으면 안 돼!" 사람들은 아큐에게 당당하게 심문에 임하라고 말한다. 하지만 늘 억압을 받으며 살아온 아큐는 자기도 모르는 사이에 몸을 움츠렸고, 끝내는 그만 꿇어 엎드리고 말았다.

"노예 근성!" 옆에서 구경하던 사람이 경멸하듯 말했다.

체념과 타협에 익숙한 아큐의 성격은 2,000년 넘게 지배층에게 '길들여진' 중국 민중의 문제와 한계를 그대로 드러낸다. 루쉰은 소설을 통해 '아큐주의'를 혹독하게 꾸짖는 한편, 그런 아큐를 끝내 처형장으로 끌고 가는 중국 사회를 강력하게 고발한다.

루쉰은 신해혁명 전후의 극심한 혼란기를 살았다. 혁명의 성공으로 청 왕조는 무너졌지만 세상은 바뀌지 않았다. 그는 "그들은 점차 지난 왕조의 신하 같은 냄새를 풍겼다"라고 묘사했다. 자본가와 군벌 등 지배계급은 그대로였고 오히려 혼란기를 틈타 자신의 잇속 불리기에 혈안이었다. 시대를 선도해야 할 양심적인 지식인은 제 역할을 하지 못했다. 수천 년 동안 굴종과 억압 속에 살아온 민중은 바뀐 세상에서도 여전히 노예의식에서 헤어나지 못했다. 그들 역시 자신의 잇속 채우기에 여념이 없던 지배층과 다름없는 얼굴을 보여주면서 암흑의 세상을 더 혼탁하게 만들고 있었다. 군벌 간의 내전이 끝없이 지속되었다. 봉건사회의 낡은 껍질을 벗어버리는 일은 일조일석에 되는 것이 아니었다. 루쉰의 삶과 『아Q정전』을 통해 우리는 '암흑의 시대에 과연 어떻게 살아가야 하는가'에 대한 여러 가지 시사점을 얻을 수 있다.

먼저 루쉰은 그가 마주친 '암흑'을 평생의 적으로 삼고 정면 대항했다. 암흑 속에 있으면서도 광명의 미래를 끝까지 믿었다. 암흑의 시대일수록 낙관적 전망을 가져야 하며 그래야 미래에 긍정적인 변화를 일으킬 수 있다는 생각이었다. 더욱이 한 국가나 사회, 조직의 지도자라면 결코 미래를 부정적·비관적으로 전망해서는 안 된다고 보았다. 긍정적 전망이야말로 리더에게 요구되는 가장 중요한 덕목이며, 리더의 비관주의는 그 자체가 죄악이라는 것이다.

루쉰은 문학을 통해 신문화운동을 전개하며 중국 민족의 국민성을 개조하고자 시도했다. 인간 개인이 스스로 변함으로써 인간을 위한 사회를 만들 수 있다고 생각했던 것이다. 루쉰과 동시대를 산 이광수가 '민족개조론'을 내세운 것과 비슷하다. 하지만 이광수의 민족개조론은 일제와의 타협으로 빛이 바래버렸다. 그것은 이광수의 미래에 대한 전망 비관에서 기인했으리라. 이광수는 일제의 강점이 쉽게 끝나지 않으리라고 본 것이다. 반면 루쉰은 중국 정신계의 전사로서 문학운동을 일으켜 중국 민족의 사상에 큰 영향을 미쳤다.

루쉰이 센다이 의전에 다니던 시절은 노일전쟁이 한창이었는데, 그는 학교에서 한 중국인이 러시아군의 밀정이 되어 총살당하는 장면을 보면서 크게 각성했다. "아무리 체격이 좋아도 머리가 우둔해 가지고는 쓸모가 없다. 기껏 총살당하거나 자기 나라 사람이 총살당하는 것을 구경하는 게 고작이다. 중국에 있어 가장 필요한 것은 의학보다는 정신의 개조인 것. 그리고 정신 개조의 가장 유력한 무기는 문학 이외에는 없다."[30] 루쉰은 의학 공부를 중지하고 중국으로 돌아와 그 자신뿐 아니라 중국 문학과 사회에 새로운 길을 열고자 했다.

하지만 당시 중국 민중이나 지배층은 새로운 길을 열어가려 하기보다 자신의 안위와 영달을 위한 길로 내달렸다. 이에 대한 비판적 의식이 바로 '아큐'라는 인물로 형상화된 것이다.

아큐는 자오 씨 댁 하인을 희롱한 대가로 마을사람들로부터 외면당하고 날품팔이 일마저 얻을 수 없게 되는 최악의 상황에 몰린다. 이때 아큐는 술에 취한 채 우연히 혁명당 앞에서 '강한 자'들을 보고 혁명에 가담해야겠다고 생각한 것이었다. 혁명에 대한 그 어떠한 고민도 없이, 단지 그 자신도 강한 자들처럼 호가호위하고 배불리 먹고 권세를 휘두르며 강자로 군림하고 싶다는 생각뿐이었다. 혼란기에 그 혼란을 수습하는 세력인 혁명당 일파가 되려면 먼저 혁명에 임하는 자신만의 입장과 전략이 필요하다는 것은 불문가지다. 치밀한 전략과 전술 없이 탐욕과 권력욕에 눈멀어 대사를 논한다면 결국 취생몽사醉生夢死, 즉 술에 취한 듯 살다가 꿈을 꾸듯이 죽게 된다.

루쉰이 암흑의 시대에 중국 민족의 '정신의 투사'로 불리게 된 데에는 그의 삶의 철학도 한몫했다. 먼저 그는 '물에 빠진 개는 두들겨 패라'라는 유명한 경구를 남겼다. 당시 저우쭤런周作人(1885~1967)은 "패배한 자들을 더 공격하지 말아야 한다"면서 "물에 빠진 개를 때리지 않아야 '페어플레이'의 의의를 구현할 수 있다"라고 말했다. 이에 대해 루쉰은 "아직은 '페어플레이'만을 할 수 없다"라면서 "페어플레이를 하려면 먼저 상대를 잘 살펴보아야 한다"라고 반박한다.

> 사람들은 '개'를 불쌍히 여기지 말아야 한다. 특히 귀부인들의 발꿈치를 졸졸 따라다니는 발바리는 더욱 밉살스럽다. 발바리는 비록 개이지만 그 모습이 고양이와 비슷하여 절충적이고 공정한 듯하며 타협적이면서도 단정한 것 같은 모양이 참으로 신통하며, 남들은 다 과격하고 오직 자신만은 '중용의 도리'를 통달한 듯이 유유한 태도를 취한다.
>
> ─ 『루쉰전 : 루쉰의 삶과 사상』(다섯수레, 1992)

이것이 그 유명한 루쉰의 '발바리론'이다. 루쉰은 이런 발바리를 먼저 물속에 처넣고 때려야 한다고 주장했다. 왜냐하면 만약 발바리를 너그럽게 대한다면 다른 개는 더욱이 때릴 수가 없기 때문이다. 여기서 개는 자신의 잇속만 챙기는 탐욕적인 지배층이나 위선적인 지식인을 가리킨다. 루쉰은 상대가 '페어'하지 않은데 내가 '페어'하면 좋은 사람만 피해를 입는다고, 물에 빠진 개를 분별없이 무조건 구해내면 거꾸로 사람을 물게 된다고 보았다.

그는 발바리에 빗대어 혁명가들에게 적과의 투쟁에서 타협이나 너그러움 없이 단호하고 철저하게 싸워야 하며 적들의 꼬임에 넘어가거나 기만당하는 것을 경계해야 한다고 일깨운다.

> 나는 생각했다. 희망은 본래 있다고 할 수도 없고, 없다고 할 수도 없다. 그것은 지상의 길과 같다. 사실은 원래 지상에는 길이 없었는데, 걸어다니는 사람이 많아지자 길이 된 것이다.
> ─「루쉰 소설 전집」

1921년 발표된 「고향」에 나오는, 루쉰을 이야기할 때 반드시 언급되는 구절이다. 루쉰의 소설들은 봉건적인 통제 속에서 형성된 농민의 보수적이고 마비된 정신 상태를 적나라하게 드러내는데 「고향」도 예외는 아니다. 그 단적인 예로, 「고향」에서 룬투는 어른이 되어 어릴 적 함께 뛰놀던 동무였던 주인공인 '나'를 '나으리'라고 부른다. 루쉰은 「고향」에서 아이들은 마비된 정신 상태를 깨뜨리고 새로운 세상을 열어가야 한다고 말한다. 작가는 이 작품에서 아이들, 즉 다음 세대에 대한 희망을 담아 이렇게 적었다. "그(아이)들은 마땅히 새로운 삶을 살아야 한다. 우리가 아직 살아보지 못한 삶을." 말하자면 이 구절은 루쉰이 말하고자 하는 미래에 대한 긍정적 전망을 압축한 것이다.

이는 미래에 대한 낙관적인 전망을 좀처럼 확보하기 어려운 '지금 여기'의 우리에게도 유효한 문장이다. 우리는 아이들의 세대가 더 나은 미래, 올바른 가치가 정당하게 대접받는 미래를 꿈꾸고 실천하며 살아갈 수 있도록 노력해야 한다.

루쉰 전집 읽는 법

루쉰 전집은 을유문화사에서 출간한 『루쉰 소설 전집』(김시준 옮김, 2008)을 추천한다. 『루쉰 소설 전집』에는 첫 작품인 『광인일기』를 비롯해 루쉰이 일생 동안 발표한 33편의 소설이 실려 있다. 그린비 출판사에서 전 13권으로 출간한 『루쉰 전집』도 있다. 여기에 연구서로 전형준이 엮은 『루쉰』(문학과지성사, 1997)과 현대중국문학학회 편집위원회의 『노신의 문학과 사상』(백산서당, 1996), 전인초·서광덕 등이 쓴 『민족혼으로 살다』(학고재, 1999), 왕스징의 『루쉰전 : 루쉰의 삶과 사상』(유세종·신영복 옮김, 다섯수레, 1992) 등을 참고했다.

T.S. 엘리엇의 「황무지」

—

현대인의 황폐함을 드러낸
모더니즘 시의 금자탑

—

67

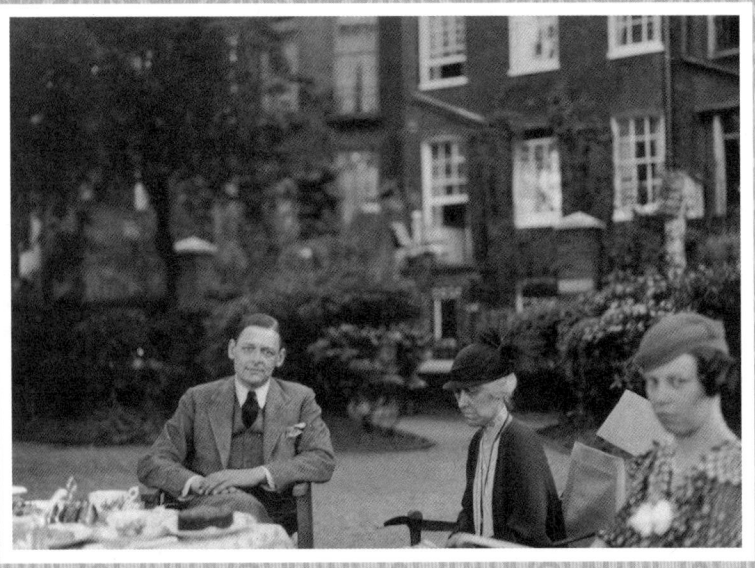

여동생, 사촌과 함께 있는 T.S. 엘리엇

엘리엇은 에즈라 파운드가 모금해준 돈으로 지친 심신을 달래면서 「황무지」를 쓰기 시작했다. 또 파운드의 조언으로 「황무지」 초고 1,000행을 433행으로 줄였다. 이 작품은 1948년 노벨문학상을 수상했다.

왜 4월은 가장 잔인한 달일까?

"사월은 가장 잔인한 달*April is the cruellest month.*"

매년 4월이 다가오면 T.S. 엘리엇(1888~1965)의 그 유명한 시 「황무지」(1922)에 나오는 이 시구가 절로 생각난다. 봄바람이 살랑거리고 아지랑이가 피어오르고 만물이 생동하는 3월을 맞으면 누구나 다가오는 4월을 생각하며 설레는 마음으로 이렇게 노래하곤 한다.

무심코 인용하는 구절이지만 '왜' 4월이 잔인한 달인지 깊이 고민하거나 탐색해본 이는 드물 것이다. T.S. 엘리엇은 왜 하필이면 만물이 생동하는 봄이 절정으로 접어드는 4월을 가장 잔인한 달이라고, '영문학의 아버지' 초서가 말한 '생명의 4월'이 아니라 '죽음의 4월'이라고 했을까. 4월은 몽롱한 잠에 취하고픈 욕망을 깨워버리기 때문이다.

죽은 사람들은 새로운 삶으로 부활하기 위해 땅에 묻힌다. 원시인들은 생명이 죽음에서 생겨난다고 믿기도 한다. 그러나 엘리엇의 황무지에 사는 인간들은 부활을 원치 않는다. 부활을 원치 않는 황무지의 거주자들(현대인)도 만물이 생명력을 되찾는 4월이면 다시 깨어나야 한다. 말하자면 나른한 안식은 허용되지 않는다. 은둔자적인 안식에서 벗어나 세상으로 나와야만 하는 것이다.

엘리엇은 「황무지」를 낭만주의와는 반대되는 관점으로 썼다. 그는 작품의 객관성을 유지하기 위한 방법으로 과거 작품의 인유(인물이나 사건, 혹은 다른 문학 작품이나 그 구절을 직간접적으로 끌어다 비유하는 기법), 몽타주(영화나 사진 편집 구성의 한 방법으로 따로따로 촬영한 화면을 적절하게 떼어 붙여서 하나의 긴밀하고도 새로운 장면이나 내용으로 만드는 일, 또는 그렇게 만든 화면), 모자이크(여러 장의 사진을 맞추어서 만든 합성 사진), 암유(사물들이 지닌 속성의 유사성을 연결하여 비유하는 것) 등을 사용해 독특한 개성을 창출했다.

> 사월은 가장 잔인한 달
> 죽은 땅에서 라일락을 키워내고
> 추억과 욕망을 뒤섞고
> 잠든 뿌리를 봄비로 깨운다.
> 겨울은 오히려 따뜻했다.
> 잘 잊게 해주는 눈으로 대지를 덮고
> 마른 구근으로 약간의 목숨을 대어주었다.
> – 이하 『황무지』(민음사, 1995)

이 부분은 초서의 『캔터베리 이야기』의 '전체 서시'의 처음 부분을 암유한 것이다. 암유의 역할은 주제의 의미를 확대하거나 고양하는 것이다. 엘리엇은 이 시의 주제와 암유 사이의 모순과 거리를 드러냄으로써 자신의 주제를 아이러니하게 만들고 있다. 엘리엇은 초서의 시에 나타난 4월의 생명력이 20세기에는 어떻게 죽음의 4월로 변했는가를 감지할 수 있게 이끈다. 봄이 되어 만물이 소생하고 라일락이 죽은 땅에서 피어나는데도 이러한 봄기운은 환희의 대상이 되기는커녕 오히려 아직도 대지를 덮고 있는 눈을 그리워하게 만든다. 여름으로 이어지면서 사람들이 다시 살아나지만, 생명력 있는 모습으로는 아니다. 즉 실존을 충족시키기 위해서가 아니라, 사람들은 단지 커피를 마시거나 잡담을 나누기 위해서 살아난다. 「황무지」의 런던 시민들은 현대인, 다시 말하자면 '지금 여기'의 우리다. 엘리엇이 도시, 특히 런던을 묘사하는 단어 가운데 대표적인 것은 '현실감이 없는'unreal이다. 실체가 없는 도시에는 생명력도 없다. 생명력이 고갈된 런던의 모습은 런던교 위를 건너 금융가로 향하는 수많은 봉급생활자들의 모습에서 드러난다.

현실감 없는 도시,
겨울 새벽의 갈색 안개 밑으로
한 떼의 사람들이 런던교 위로 흘러갔다.
그처럼 많은 사람을 죽음이 망쳤다고 나는 생각도 못했다.
이따금 짧은 한숨들을 내쉬며
각자 발치만 내려 보면서
언덕을 넘어 킹 윌리엄 가를 내려가

그렇다면 런던이라는 거대 도시가 현실감이 없는 이유는 무엇인가? 그것은 도시 안에 있는 모든 것으로부터 생명력을 뺏는 파괴적인 마력을 가지고 있기 때문이다. 도시는 모든 것이 기계적이기에 그 안에 사는 사람들마저 생명력을 잃고 기계적이 된다. 특히 타이피스트와 여드름투성이 청년과의 기계적인 성행위 묘사는 런던에서의 무의미한 삶의 모습을 드러낸다. 성행위가 끝난 후 타이피스트가 자동인형처럼 기계적인 동작으로 머리를 다듬고 축음기에 판을 거는 행동은 감정이나 애정이 결여된 도시인의 극치이다.

> 이윽고 그 여드름투성이의 청년이 도착한다.
> 군소 가옥 중개소 사원, (…)
> 식사가 끝나고 여자는 지루하고 노곤해 하니
> 호기라고 짐작하고 그는 그네를 애무하려 든다.
> 원치 않지만 내버려둔다.
> (…)
> 사랑스런 여자가 어리석은 일을 저지르고
> 혼자서 방을 거닐 때는
> 무심한 손으로 머리칼을 쓰다듬고
> 축음기에 판을 하나 건다.

이 시에 나온 인물들을 통해 도시인의 중요한 특성을 짚어낼 수 있다. 첫째는 익명성이다. 청년은 그의 신체적인 특성을 나타내는 '여드름'이나 그의 직업인 가옥중개소 사원으로만 나타나 있을 뿐 이름은 드러나지 않는다. 상대 여성 역시 타이피스트라거나 '사랑스런 여자'로만 묘사된다. 이는 거대 도시의 익명성 속에 매몰되어, 이들이 개성을 가진 하나의 인격체로 존재하기를 멈췄음을 의미한다. 이 같은 묘사 기법은 일종의 환유(부분을 가지고 전체를 나타내는 표현 기법)로, 도시의 삶이 유기적인 관계 속에서 이루어지는 것이 아니라 단편들의 조합이며 기능 위주로 작동하고 있음을 드러낸다.[31]

죽음 속의 생

1922년 엘리엇은 다음과 같은 글을 썼다. "티레지어스는 단순한 방관자이지 등장인물은 아니지만 이 시에서 가장 중요한 인물로 기타의 모든 인물을 통합하고 있다. (…) 모든 여자는 한 여자이고 남녀 양성은 티레지어스 속에서 만난다. 티레지어스가 '관찰하는' 것이 사실상 이 시의 내용이다." 이는 총 5부로 구성된 「황무지」의 제3부 '불의 설교'에 등장하는 티레지어스에 대한 설명이다. 티레지어스는 시에 등장하는 남녀의 섹스를 관찰자의 입장에서 훔쳐본다.[32]

흥미로운 것은 엘리엇이 마리오 프라즈라는 이탈리아 학자에게 쓴 편지에서 자신의 이름을 '티레지어스'Tiresias라고 서명한 적 있다는 것이다. 엘리엇은 자신과 티레지어스를 동일시했으며 따라서 티레지어스는 그의 분신 내지는 또 다른 자이인 '알터 에고'alter ego라고 볼 수 있다.[33]

엘리엇은 왜 티레지어스와 자기를 동일시했을까. 오비디우스의 『변신』에 따르면, 티레지어스의 가장 두드러진 특징은 양성성이다. 그의 양성성은 심리적 측면에서 발현된다. 티레지어스는 벌로 시력을 상실한 대신 예언과 장수의 능력을 가지게 된다. 엘리엇은 첫 번째 아내가 정신이상 증세와 함께 영국의 철학자 버트런드 러셀과 불륜을 저질러 심리적으로 큰 고통을 겪었다. 엘리엇은 힘겨웠던 결혼생활을 티레지어스에게 내려진 벌과 같은 것으로 여기고 동일시했던 듯싶다. 불행한 아내와의 관계 속에서 현대인의 성적 탐닉과 불모성을 깨달았으리라는 추측도 가능하다. 즉 아내의 불륜으로 사랑의 상실을 경험하면서 현대인의 불모성을 예언한 「황무지」를 쓸 수 있었던 것은 아닐까.

후반부로 가면 테베의 성벽이나 템스 가의 술집, 무어게이트, 마아게이트 등 여러 지명이 나오는데 모두 기억 속에 담아놓고 싶은 소중한 추억을 나타내는 장소가 아니라 악몽과 같은 현실을 나타내는 배경으로 작용한다.

> 「한번은 쿠마에서 나도 그 무녀가 조롱 속에 매달려
> 있는 것을 보았지요. 애들이 〈무녀야 넌 뭘 원하니?〉
> 물었을 때 그녀는 대답했지요. 〈죽고 싶어.〉」
> — 이하 『황무지』

「황무지」의 제사題詞에는 고대 그리스 신화 속 무녀 시빌이 등장한다. 그녀는 아폴로 신으로부터 손안에 든 먼지만큼 많은 햇수의 수명을 허락받았다. 그러나 그녀는 오래 사는 것만 생각했지 사는 동안 지속될 젊음을 달라는 청을 잊었기에 조롱鳥籠(새장) 속에서 늙어 메말라 가면서 동네 개구쟁이들의 구경거리로, 조소의 대상으로 전락한다. 개구쟁이들

이 그녀에게 "무녀야 넌 뭘 원하니?"라고 물으면 그녀는 "죽고 싶어"라고 대답한다. 시빌은 엘리엇이 드러내려 한 생중사生中死의 모습을 대표한다.

이 시에서는 죽음이 삶이고 삶이 죽음인 인물들이 많이 등장하지만, 그 가운데 정욕 과잉인 앨버트의 아내 릴에 대해 살펴보자. 릴은 이 시에 나오는 인물 가운데 우리가 그 신상을 파악할 수 있는 거의 유일한 인물이다. 그녀의 남편인 앨버트는 1차 세계대전이 끝나 곧 제대할 예정이다. 릴은 31세라는 젊은 나이에도 불구하고 나이들어 보이는데, 이는 그녀가 이미 다섯 아이를 낳았기 때문이다. 그녀의 친구는 릴에게 앨버트가 곧 돌아올 것이므로, 이를 새로 해 넣고(유산하기 위해 약을 잘못 먹다 이를 망가뜨림) 몸치장도 하라고 충고한다.

> 4년 동안 군대에 있었으니 재미 보고 싶을 거야.
> 네가 재미를 주지 않으면 다른 여자들이 주겠지.

4년이나 군에 가 있던 남편이 돌아온다는 것은 아내에게는 행복한 일일 터이지만 릴의 경우는 다르다. 그녀는 남편이 돌아오면 성적 요구에 시달릴 것을 걱정하고 있다. 그녀가 그 요구에 응하지 않을 경우 그는 그녀를 떠나 다른 여자에게로 갈지도 모른다. 그녀는 단지 남편의 성적인 노리개에 지나지 않는다. 그녀가 이미 다섯 명의 아이를 낳았다는 것이 단적인 증거다. 결혼이라는 제도 속에서 부부 간의 강압적 성관계라는 폭력은 은폐되어왔다. 프로이트에 따르면 인간이 가진 '삶욕동'의 대표적인 예가 성적 욕구라면, 릴의 남편이 가진 과도한 성적 충동은 릴에게는 '죽음욕동'이 된다. 그녀가 남편의 과도한 성적 욕구를 수용하여 다산하지 않으면 안 되는 상황은 축복이 아니라 저주다.[34]

「황무지」는 강렬한 죽음욕동의 표출(생중사)로 시작되어 가장 숭고한 죽음의 형태인 열반("샨티 샨티 샨티")으로 끝난다. 샨티는 '이해를 넘어서는 평화'를 의미하는 고대 인도 언어인 산스크리트어다. 열반은 삶을 종결하는 가장 숭고한 죽음의 경지다. 이 시의 끝에 세 번 반복되는 "샨티 샨티 샨티"는 기독교에서 기도를 종결할 때 사용하는 '아멘'과 같은 역할을 한다.

엘리엇은 「황무지」에서 현대인의 삶에 나타난 정신적 방황과 공포, 그리고 죽음에 이르기까지를 체계적으로 그리고 있다. 즉 그는 현대인의 불모적인 삶의 모습과 영적인 타락의 실상을 드러내며, 여기서 구원받을 수 있는 방법까지 넌지시 일러준다. 엘리엇에 따르면, 기독교로의 귀의만이 현대인이 구원을 얻을 수 있는 길이다.

"부정한 짐승과 같은 여인들에 대한 공포"라는 표현에서 보듯이 초기 시에서 엘리엇은 여성을 성적으로 유혹하고 타락시키는 대상으로 여겼다. 그러나 에밀리와 48년 동안 연정을 나누면서 "여성들과의 우정은 어느 정도까지 즐겁다"라는 말을 했다. 첫 번째 부인과 이별한 뒤 엘리엇은 에밀리 헤일과 48년 동안 무려 2,000통의 편지를 주고받으며 친구이자 연인으로 지냈다. 초기 시에서 엘리엇은 일부 여인들을 동물로 치부하거나 남성의 성욕의 희생물로 동정했지만 에밀리를 통해 여성의 지적인 능력을 인식하게 되었다. 에밀리가 청혼을 하자 엘리엇은 48년간의 교제를 단호하게 청산했으며 70세를 바라보는 나이에 30세의 비서와 재혼했다. 엘리엇은 발레리 플레처와 재혼한 후 1965년 임종까지 8년 동안 가장 큰 행복감을 느끼면서 살았다고 한다. 인생의 황혼기에 "약동하는 희열감"을 느끼게 해준 발레리에게 그는 헌시를 바쳤다.

그대에게 나는 빚져 있노라

우리가 깨어 있을 때에 나의 감각을 촉진하는

약동하는 희열감과

우리가 잠잘 때의 안식을 지배하는 리듬[35]

엘리엇은 「황무지」에 대해 이렇게 말했다.

많은 비평가들이 이 시를 현대사회를 비판하는 것으로 해석했으며 따라
서 이 시를 중요한 사회비평이라고 생각해온 것이 사실이다. 이는 물론
본인에게는 영광이 아닐 수 없다. 그러나 내게 있어서 이 시는 내가 인생
에 대해 갖고 있던 개인적인 불만의 토로이고 그것도 하찮은 불평의 토
로일 뿐이다. 이 시는 단지 나의 이러한 불만을 운에 맞춰 시로 써본 것일
뿐이다.[36]

말하자면 「황무지」라는 시는 처음부터 거창하게 세상을 비판하기 위
해 의도된 시가 아니라 아내의 외도 등을 겪으면서 혼란하고 지친 심신
을 달래기 위해 쓰다 보니 탄생되었다는 말이다. 위대한 작품은 때로는
사소하고 일상적인 계기에서 출발하고, 활발한 비평과 독자들의 감상이
후광처럼 덧씌워져 완성되기도 한다. 저자의 의도가 무엇이든, 과거 비
평가들이 어떤 방향으로 논의했든 현재 상황에서 유의미하고 또한 작
품의 한계를 메꿀 수 있는 비평과 감상이 이루어져야 한다. 고전의 광채
에 주눅들지 말고 현재 자신의 위치에서 타당한 논의를 시도해보는 것
이 중요하다.

「황무지」 읽는 법

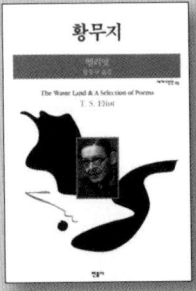

T.S. 엘리엇의 「황무지」는 민음사(1995)에서 황동규 번역본으로 출간한 것이 유일하다. 참고문헌으로는 이철희의 『T.S. 엘리엇의 「황무지」와 「황무지」 원본 연구』(L.I.E. 2012), 이정호의 『「황무지」 새로 읽기』(서울대출판부, 2002), 안중은의 『T.S. 엘리엇의 시와 비평』(브레인하우스, 2008) 등을 참고하면 난해한 시를 읽는 데 도움이 된다. 폴커 초츠의 『T.S. 엘리엇』(한길사, 1997)을 통해서는 작가의 삶과 여성관 등을 파악할 수 있다.

토마스 만의 『마의 산』

—

데카당스의 그림자 속에서 이룬 문학적 성취

—

1937년의 토마스 만
토마스 만은 『마의 산』에서 데카당스에 빠진 20세기 초 유럽이 나아갈 정신적 방향을 암시한다.

유혹 혹은 죽음의 함정에서
살아남는 법

그리스 신화에 나오는 키르케는 눈부실 정도로 아름다웠으며 인간을 동물로 바꾸는 마법을 부리는 마녀로 유명하다. 키르케는 섬에 살면서 그 섬에 오는 사람에게 마법을 걸어 동물로 변하게 하였다고 전해진다. 트로이전쟁이 끝난 후 오디세우스는 부하와 함께 귀국하던 도중 이 섬에 배를 대었다 키르케의 마법에 걸려들고 말았다. 그녀는 일행을 환대하면서 약을 탄 술을 마시게 한 다음, 지팡이로 때려 오디세우스의 부하들을 모두 돼지로 만들어버렸다. 이에 부하들을 구조하러 나선 오디세우스는 지혜를 동원해 부하들을 원래의 모습으로 되돌렸는데, 이 과정에서 키르케는 그만 오디세우스를 사랑하게 된다. 키르케는 1년간 오디세우스와 부하들을 섬에 붙들어 머물게 했고 둘 사이에서 텔레고노스가 태어났다. 오디세우스는 고향에 두고 온 아들 텔레마코스의 이름에 들어가는 글자를 집어넣어 이름을 지은 것이다. 오디세우는 아내 페넬로페를 잊지 않고 키르케의 유혹을 뿌리친 뒤 귀국길에 오른다.

갑자기 키르케 이야기를 하는 이유는, 토마스 만(1875~1955)의 『마의 산』(1924)에도 유사한 상황이 등장하기 때문이다. 『마의 산』의 주인공 한스 카스토르프는 유혹의 산인 다보스에서 쇼샤 부인의 유혹에 빠져 다시는 삶의 세계로 내려오지 못할 뻔한 위기에 처한다. 오디세우스가 키르케의 유혹을 물리치고 '죽음의 섬'에서 벗어난 것처럼 카스토르프는 쇼샤의 유혹과 질병을 이겨내고 '죽음의 산'을 벗어나는 데 성공한다.

『마의 산』은 세계적인 휴양도시인 다보스를 배경으로 한다. 우리에게는 매년 2,000여 명의 세계적 인사들이 참여하는 '다보스포럼'의 개최지로 잘 알려진 곳이다. 1907년 다보스는 국제적인 요양지였다. 토마스 만에 따르면, 『마의 산』은 폐렴 증세로 다보스의 요양원에서 치료 중이던 아내를 문병하러 간 3주 정도의 실제 체험을 바탕으로 쓰였다. 그때 그곳 의사는 토마스 만 역시 폐렴 증세가 있으니 요양원에 입원하여 반년 동안 치료받는 것이 현명한 처사라고 말했다고 한다. 하지만 토마스 만은 고향으로 돌아와 이를 소재로 소설을 쓰기 시작했고 7년 후에 『마의 산』이 세상에 나왔다.

이 소설은 주인공 한스 카스토르프가 사촌 요아힘을 방문하기 위해 다보스에 있는 요양소로 떠나는 것으로 시작한다. 요양소는 고산지대에 있어서 세속적인 생활과는 분위기가 동떨어진, 즉 삶과 죽음의 중간에 존재하는 폐쇄된 세계였다. 카스토르프는 요양소에 도착하기 전까지는 자신이 건강하다고 여겼지만 그곳 원장으로부터 '요양할 필요가 있다'는 말을 마치 '선고'처럼 듣고 돌연 환자 신세가 된다. 3주 동안 머물려던 계획은 7년간의 요양 생활로 바뀌어버렸다. 카스토르프는 요양소 특유의 무기력한 '시간의 바다'에 빠져들어 마치 죽음을 기다리는 환자처럼 지낸다. 일상적인 세계와 동떨어진 낯선 곳으로의 여행이 사랑과 죽음, 몰락의 전조가 된 것이다.

그가 계획보다 그곳에 더 머무르게 된 것은 러시아 귀족인 클라우디아 쇼샤 부인 때문이다. 카스토르프의 내면에 잠재되어 있던 에로스적 욕망이 요양소의 병과 죽음의 세계 속에서 분출된 것이다. 쇼샤 부인의 유혹적인 시선은 단숨에 그를 사로잡았다.

> 우연인지 혹은 감응 작용에 의해서인지 쇼샤 부인은 식사 중에 문제의 테이블 쪽을 두세 번 돌아보고 그때마다 한스 카스토르프와 시선이 마주쳤다. (…) 그녀의 미소를 보자 그의 마음은 의혹과 기쁨으로 충만해졌다.
> — 이하 토마스 만, 『마의 산 1』(홍신문화사, 1994)

『마의 산』을 비롯해 토마스 만의 작품 속에 그려진 사랑은 시각적 행위와 밀접하게 연관되어 있다. 토마스 만의 작품에서 공통적으로 나타나는 점은 주인공들을 사로잡는 에로스적 욕망이 그 대상과의 신체적 접촉이나 언어의 교류에 의해서가 아니라 대상을 바라보는 행위를 통해 생겨난다는 것이다.[37] 쇼샤 부인은 그저 말없이 계속 그를 바라봄으로써 시민적 세계에서 온 평범한 청년 한스를 에로스와 방종의 세계로 이끈다.

> 그녀는 떨어져 있는 동안뿐만 아니라 처음부터 끝까지 얼굴과 얼굴을 맞대고 줄곧 음울한 눈초리로 그의 얼굴을 응시하며 서로 비켜 지나가는 때에도 얼굴을 그쪽으로 돌린 채 그를 계속 들여다보았다. 불쌍한 한스 카스토르프에게는 이것이 뼛속까지 스며드는 것처럼 느껴졌다.

쇼샤 부인의 눈길과 마주치는 순간 한스의 정신은 익숙해져 있던 시민세계의 질서를 망각하게 된다. 죽음을 앞둔 이들로 가득 찬, 죽음이 지배하는 요양소에서는 사랑에 따른 의무와 책임이란 존재하지 않는다.

여기서 쇼샤 부인은 20세기 초 '데카당스'로 규정된 서구 시민세계의 퇴폐성과 악마성을 상징한다. 말하자면 『마의 산』은 한스 카스토르프라는 이성적인 시민이 퇴폐적인 쇼샤 부인을 '봄'으로써 유혹에 넘어가 데카당스의 포로가 된 이야기라고 할 것이다.

> 그러나 그의 염원이 어떤 성질의 것이든 그는 쇼샤 부인과 속된 교제를 희망하고 있었던 것은 아니었다. (…) 한마디로 말하면 한스 카스토르프는 이 위의 사람들 가운데 단정치 못한 일원인 그녀에 대한 자기의 비밀스러운·관계를 휴가 중의 한 로맨스 정도로밖에 생각하지 않았다. 그것은 이성의 비판, 그 자신의 이성적 양심의 비판에 견딜 수 없을 정도의 로맨스일 뿐이었다. (…) 그에게는 그녀와 실제로 교제하려는 마음은 조금도 없었다.

이 소설에서는 '이 위의 사람들(세계)'과 '저 아래의 사람들(세계)'이라는 표현이 곧잘 등장한다. '위의 세계'는 죽음을 기다리고 있는 병자들의 요양소를 가리키며 '저 아래 세계'는 이성과 합리적 질서가 작동하는 시민 사회이다. 카스토르프는 시민 사회의 일원으로 지내다 병적인 우울과 무기력이 지배하는 요양원에 들어서면서 돌연 『마의 산』의 분위기에 젖어들게 되고 급기야 삶의 방향성마저 상실하게 된다.

임철규의 『눈의 역사 눈의 미학』(한길사, 2004)에 따르면 남성의 눈은 욕망을 추구하는 힘 그 자체이다. 로마의 학자이자 시인이었던 바로는 "눈의 지각이 뿜어내는 힘은 별들에도 이른다"라면서 시각visus을 힘vis

과 동일시하고는 했다. 이 두 단어의 어원은 모두 '나는 본다'video라는 의미의 동사이다.[38] 그리스 비극에서 오이디푸스는 나중에 자신의 눈을 뽑아 아버지를 죽이고 어머니와 결혼한 자신의 죄를 벌한다. 모든 것이 '눈의 욕망'에서 비롯됐다는 의미다.

흔히 사랑은 두 사람 사이 언어 소통이나 육체 접촉에 우선하여 그저 바라보는 행위 내지는 시각적 환상을 통해 생겨난다. 그러한 시선의 교류 속에서 인물들의 은밀한 욕망이 표출되며 그것이 때로는 그들의 삶을 파국으로 이끌어가기도 한다. 카스토르프의 경우에서 보듯이 유혹은 계획이나 목표마저 삼켜버린다. 카스토르프는 3주만 머무를 계획으로 요양소에 왔지만 그만 7년이나 시간을 보내고 말았다. 우리는 소설에서뿐 아니라 주변에서 '유혹'으로 인해 삶의 목표가 하루아침에 허물어지는 경우를 수없이 목도한다.

죽음 앞에서 무기력한
인간 존재

토마스 만은 1939년 프린스턴 대학교 학생들에게 『마의 산』을 소개하는 자리에서 주인공 한스 카스토르프가 삶에 입문하는 입장이라는 점에서 이 소설이 '성년 입문 소설'이라고 하였다. 비평가 헬뮤트 코프만도 "병과 죽음은 인간의 내면적 성장과 상승을 이끌어내며, 특히 병은 최고의 건강과 새로운 삶을 얻게 하는 교육적 수단"이라며 『마의 산』을 성년 입문 소설로서 설명한 바 있다. 1922년 토마스 만은 다음과 같이 말했다.

죽음과 질병, 병적인 것과 몰락에 관한 관심은 곧 삶에 대한 관심 즉 인간에 대한 관심의 표현이다. 삶에 관심을 갖는 것은 곧 죽음에 관심을 갖는 것이다. 그래서 죽음의 체험이 결국은 삶의 체험이 되고 인간에의 길이

된다는 것을 보여주는 것은 한 교양소설의 대상이 될 수 있을 것이다.[39]

토마스 만의 설명대로라면 『마의 산』은 죽음과 질병을 통해 삶을 구원하는 교양소설이다. 주인공 카스토르프는 요양원에서 쇼샤 부인 외에 이성적인 인문주의자 세템브리니, 독단적인 예수회 회원 나프타 그리고 디오니소스적 인물인 페페르코른과의 교류를 통해 인식을 확장한다. 일체의 관습에 얽매이지 않는 러시아 귀족 쇼샤 부인이 한스 카스토르프에게 사랑을 알려주었다면, 이탈리아인 세템브리니는 그의 인성의 발전을 돕는다. 세템브리니는 계몽주의 정신의 세례를 받아 이성의 작용을 확신하고 민주주의의 기본 원칙들을 옹호하는 인물이다. 이와 달리 유대인인 나프타는 독재와 폭력을 통해 신의 나라를 이룩하려 한다. 페페르코른은 본능적이고 감각적인 삶의 세계를 대표하는 디오니소스적 인물이다. 주인공 카스토르프는 이들과 교류하면서 서구 문명의 이성·계몽·진보와 이에 대비되는 도그마와 독재, 반동의 세계를 인식한다. 하지만 그는 어느 쪽에도 치우치지 않으면서 거리를 유지한다. 토마스 만은 카스토르프의 인식의 확장을 통해 데카당스를 지양하려고 한 것이다.

마침내 카스토르프는 7년간의 요양 생활을 마친 뒤 산 밑으로 내려왔으며, 1차 세계대전이 발발하자 참전한다.

> 포탄을 맞은 그는 혼란 속으로, 빗속으로, 어둠 속으로 빨려 들어가 우리들의 시야에서 사라져버렸다. (…) 그대는 죽음과 육체의 방종 속에서 예감에 가득 차 사랑의 꿈에서 깨어나는 순간들을 체험했다. 세계를 뒤덮은 죽음의 향연 속에서도, 비 내리는 밤하늘을 붉게 물들이는 저 무시무시한 포화 속에서도 언젠가는 사랑이 소생하는 날이 있지 않을까?
> – 이하 『마의 산 2』(홍신문화사, 1994)

말하자면 주인공 한스 카스토르프의 소생은 바로 데카당스에 도취한 서구세계의 소생이라고 볼 수 있을 것이다. 카스토르프는 어떻게 해서 죽음과 같은 도취 상태에서 깨어나 삶의 세계로 내려올 수 있었을까? 그것은 다름 아닌 스키를 타는 모험에서 시작했다. 어느날 카스토르프는 '영원한 현재'만이 계속되는 요양원 생활의 단조로움과 무기력을 부끄럽게 생각하여 스키를 배울 결심을 한다. 몇 차례의 연습을 통해 스키를 탈 수 있게 되었고, 스키를 타고 흰 눈이 덮인 아름다운 계곡을 따라가다가 길을 잃고 눈보라에 갇히게 된다. 생사의 갈림길에서 한스는 꿈을 꾼다. 그 꿈을 통해 그는 병과 건강, 삶과 죽음 등의 대립이 어느 한쪽으로도 치우치지 않아야 함을 깨닫는다.

죽음의 모험은 삶 속에 포함되며, 그런 모험이 없는 삶은 이미 삶이 아니다. 그 가운데, 즉 모험과 이성 사이에 신의 아들인 인간의 위치가 있는 것이다. 인간의 국가가 신비로운 공동체와 미미한 개인 사이에 위치하고 있는 것과 마찬가지로.

스키를 타면서 그가 체험한 죽음의 모험이야말로 삶을 향한 모험이었던 것이다. 그 모험으로 그의 삶은 구원될 수 있었고 1차 세계대전에 참전하는 것으로 소설은 끝난다.

토마스 만은 이 소설을 '시대소설', 즉 '차이트로만'Zeitroman이라고도 불렀다. 토마스 만은 독일 의학 주간지 발행인에게 보내는 「의학의 정신에 관해」라는 공개 편지에서 "고지의 호화스러운 요양원에는 1차 세계대전 이전 유럽의 자본주의적 사회가 반영되어 있으며, 『마의 산』은 1차 세계대전 이전의 사회를 비판하는 전경을 지니고 있는 소설"이라고 밝혔다.[40]

요양원의 환자들이 자유로운 이유는 그들이 곧 죽게 될 것이기 때문이다. 그들은 삶이나 현실의 의무로부터 벗어난 자유, 즉 병과 죽음에서 오는 무책임한 자유를 누린다.

　세월이 이런 식으로 흘러가는 동안 베르크호프 요양원에는 어떤 악령이 배회하기 시작했는데, (…) 그것은 병적인 흥분, 극단적인 초조였다. 서로 독설을 퍼붓고 분노를 폭발시키고, 아니, 당장이라도 격투를 시작할 것만 같은 경향이 퍼지기 시작했다. 격렬한 언쟁, 걷잡을 수 없는 욕설이 날이면 날마다 개인과 개인 사이에, 또는 그룹과 그룹 사이에 오갔는데, 거기에 끼어들지 않은 국외자들도 싸움을 하는 장본인들의 모습을 언짢게 여기거나 그들의 사이를 중재하거나 하지 않고 오히려 거기에 공감을 느끼고 똑같이 열중하고 도취하는 것이었다.

　토마스 만은 여러 사상의 날선 대립으로 더 이상 나아갈 수 없는 유럽 사회의 막다른 상황과 전운이 감도는 당시의 암담한 분위기를 위와 같이 상징적으로 표현했다.[41] 당시의 사회적인 문제, 인간적인 문제들을 더욱 뚜렷하고 생생하게 묘사하기 위해서 넓은 세계의 제반 문제들을 현실 사회와 격리된 베르크호프 요양원이라는 좁은 세계로 끌어들인 것이다.[42] 말하자면 요양원은 데카당스, 즉 1차 세계대전 이전 방종이 난무한 유럽의 축소판이며, 1차 세계대전을 잉태한 곳이다.

　인간은 사고를 죽음에 종속시켜 선의와 사랑을 잃어서는 안 된다:

　『마의 산』의 핵심은 6장 「눈」이라고 할 수 있는데 그 가운데서도 핵심이 되는 문장이 바로 이것이다.

선의와 사랑을 강조함으로써 토마스만은 방종과 침묵, 대립으로 방황하는 20세기 초 유럽이 나아갈 방향을 암시하는 듯하다.

『마의 산』 읽는 법

토마스 만의 『마의 산』은 홍신문화사(전 2권, 1994) 출간본을 주로 참고했
다. 토마스 만 연구서로는 안삼환·이신구 등이 쓴 『토마스 만 : 전설의 스
토리텔러』(서울대출판문화원, 2011)와 윤순식의 『아이러니 : 토마스 만의 『마의
산』에서』(한국학술정보, 2004)를 참고했다.

이 가운데서 윤순식의 연구서는 이 소설의 길잡이로 삼을 만하다. 이 책
에서는 『마의 산』을 그 해석의 관점에 따라 교양소설, 시대소설, 시간소
설, 성년 입문 소설 등으로 다양하게 분석하며 토마스 만 소설 속 아이러
니에 대해 깊이 다룬다.

사무엘 베케트의 『고도를 기다리며』

—

'기다림'에 대한 통찰 속에서 웃음을 던지다

—

69

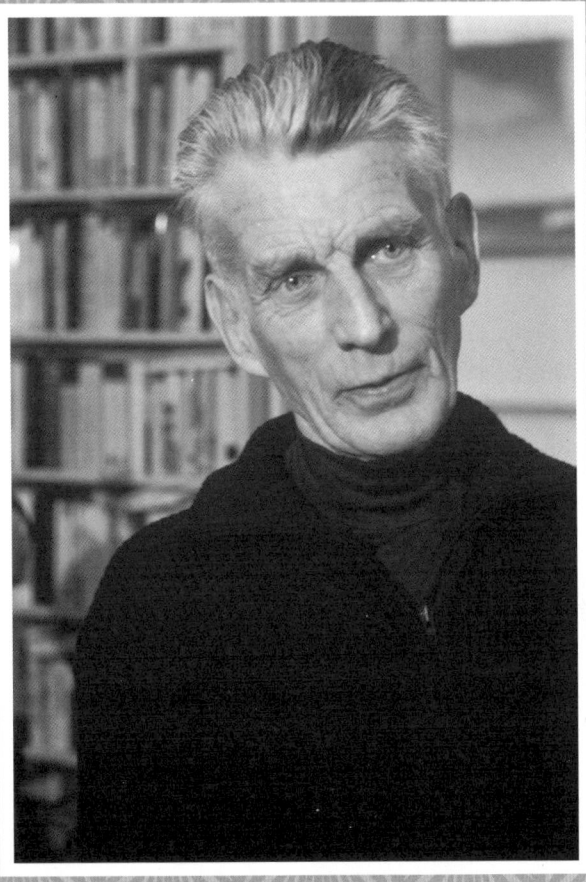

1977년의 사무엘 베케트
사무엘 베케트의 대표작 「고도를 기다리며」에서 '고도'는 '부재하는 존재'다. 중요한 것은
그가 누구인가가 아니라 등장인물들이 그를 기다린다는 것이다. 오지 않기에 인물들은 끊
임없이 고도를 기다린다. 이 극에서는 기다림만이 전부다.

구원을 바라는 인간의 기다림, 그 허망함을 노래하다

1957년 강력범만 수용한 미국의 샌 퀜틴San Quentin 교도소에서 사무엘 베케트(1906~89)의 「고도를 기다리며」(1949)가 상연되었다. 교도소 측은 여성이 등장하지 않는다는 이유로 이 작품을 선택했고 1,400여 명의 죄수들은 그저 한나절을 때울 수 있는 여흥을 기대하고 있었다. 하지만 막이 오른 뒤 관객의 반응은 상상 이상이었다. 그들은 에스트라곤과 블라디미르와 함께 울고 웃으며 호흡을 같이했다. 그들은 '고도'가 "바깥세상이다!" 혹은 "빵이다!" 혹은 "자유다!"라고 외쳤다. 두 광대와 마찬가지로 그들 역시 '고도'를 간절하게 기다리고 있었던 것이다. 수감자들에게 고도는 바깥세상이나 자유일 것이기 때문이다.

1960년대 폴란드에서 공연을 관람한 사람들은 '고도'가 러시아로부터의 해방을 의미한다고 생각했고, 프랑스 통치하의 알제리에서 공연했을 당시 땅이 없는 농부들은 그들에게 약속되었으나 아예 실시되지 않은 토지 개혁에 관한 연극이라고 받아들였다고 한다. 작품의 토대가 되는 기다림은 그 의미가 정해져 있지 않기에 오히려 보편성을 띠게 되는 것이다.

누군가는 '고도'Godot가 영어의 'God'과 프랑스어의 'Dieu'의 합성어의 약자라고 해석하기도 하지만 베케트는 "이 작품에서 신을 찾지 말라"라고 말했다.

> "여기서 철학이나 사상을 찾을 생각은 아예 하지 말라. 보는 동안 즐겁게 웃으면 그만이다. 그러나 극장에서 실컷 웃고 난 뒤, 집에 돌아가서 심각하게 인생을 생각하는 것은 여러분의 자유다."

『경향신문』의 「당신의 '고도'는 무엇입니까?」(2008. 11.18)에서 발췌한 내용이다. 누구나 한 번쯤 이 작품의 제목을 듣고 '고도는 무엇을 의미할까?'라는 생각을 해보았을 것이다. 막상 작품을 읽어보면, 핵심을 명확히 짚을 수 없어 당황스럽기 짝이 없다. 책장을 거듭 넘겨도 무슨 메시지를 전하려는 것인지 쉽게 짐작이 가지 않는다. 이 작품이 기존의 연극 작품과 달리 희극의 전통을 따르지 않기 때문이다.

이 극은 우선 2막으로 구성돼 있다. 전통적인 다른 극들이 3막 혹은 5막으로 이루어진 것을 생각하면 파격적인 구성이다. 또한 플롯이 잘 짜여 있지도 않다. 그저 고도를 기다리는 상황을 보여줄 뿐이다. 기다리는 일은 에스트라곤(고고)과 블라디미르(디디) 두 인물의 몫이다. 시간을 때우기 위한 말장난과 광대극에서 볼 수 있는 몸동작이 반복된다. 디디와 고고뿐 아니라 고도의 존재를 알리는 소년 그리고 극중극 인물로 등장하는 포조와 럭키까지, 모든 인물의 정체는 모호하다. 관객뿐 아니라 그들 스스로도 자신이 누구인지 알지 못한다.

작품은 고목 한 그루가 서 있는 황량한 길가에서 비슷한 처지의 두 사람이 '고도'라는 미지의 인물이 나타나 자신들을 구원해줄 것을 기다리며 나누는 대화와 사건들로 이루어진다.

연극의 첫 대사다. 늙은 방랑자 고고가 흙더미에 앉아 신발을 벗으려고 애쓰면서 하는 말로서, 작품 내내 여러 번 반복된다. 고고가 장화를 벗기 위해 혼신의 힘을 다하는 동안 디디는 희망에 대해 생각한다. "희망이 미루어져버리면 병이 난다"라면서 그래도 "때로 희망이 오고 있다고 느껴, 그러면 난 아주 이상해지지"라고 덧붙인다.

두 방랑자는 그 불투명한 약속을 포기하지 않고 고도를 기다린다. 곧 지루해진 고고는 이곳을 떠나자고 보챈다. 그때마다 블라디미르는 "우리는 고도를 기다리고 있어"라거나 "고도를 기다려야지"라고 말한다. 이 말은 연극이 끝날 때까지 반복적으로 등장한다. 그들은 지루함과 초조, 낭패감을 극복하기 위해 끝없이 말장난을 하고 희극적인 몸짓을 보인다. 그 모든 노력은 고도가 오면 기다림이 끝난다는 희망 속에 이루어진다. 그러나 하루 해가 다 기울었을 무렵, 그들의 인내심에 한계가 왔을 때 나타난 것은 고도가 아니라 고도의 전갈을 알리는 소년이다. 고도가 오늘밤에는 오지 못하며 내일은 꼭 오겠다고 했다는 전갈만을 남기고 소년은 사라진다. 이것으로 1막이 끝난다. 그리고 그 다음 날을 그린 2막에서도 거의 같은 상황이 되풀이된다.

두 등장인물이 기다리는 '고도'는 '부재하는 존재'다. 중요한 것은 그가 누구인가가 아니라 등장인물들이 그를 기다린다는 것이다. 오지 않기에 인물들은 끊임없이 고도를 기다린다. 이 극에서는 기다림만이 전부다.

소년이 들려주는 고도 이야기를 통해 그가 누구인지 조금은 짐작할 수 있다. 소년의 형은 양치기인데, 소년은 고도가 형은 때리지만 자신은 때리지 않는다고 말한다. 이 작품이 2차 세계대전 후의 황폐화된 세계를 반영하고 있다고 볼 때, 고도는 어쩌면 유럽을 전쟁으로 쑥대밭으로 만든 히틀러를 심판하고 평화를 가져다줄 심판자가 아니었을지 추측해 본다. 그러나 그런 심판자는, 평화는 오지 않는다. 두 방랑자가 고도를 기다리듯이 우리는 그저 기다릴 수밖에 없다. 베케트 자신도 고도가 누구인지 모른다고 말하는 이유다. 다만 세계대전 이후 인류의 비참함과 불행에 대해 작가가 건네는 위로의 말이 아닐까 여겨지는 구절이 있다. 바로 포조의 다음 말이다.

저놈이 울음을 그쳤어. (에스트라곤에게) 당신이 저놈을 대신하게 되었구려. (서정시를 읊듯이) 세상에는 눈물이 일정한 분량밖에 없어. 다른 데서 누가 또 울기 시작하면 울던 사람이 울음을 그치게 되는 거야. 웃음도 마찬가지지. (그는 웃는다) 그러니까 우리 세대를 나쁘다고는 하지 맙시다. 선배들보다 더 불행하지는 않으니까. (잠깐 있다가) 우리 세대를 좋다고 말하지 맙시다. (조금 있다가) 우리 세대에 대해서 일체 말을 하지 맙시다. (잠깐 있다가 판단하듯이) 인구가 는 것만은 사실이지.

관객들을 당황시키는 연극 무대

    줄거리도 극적 사건도 없는, 이 단순하고 기이한 무대에 관객들은 당황하면서도 시종 신선한 즐거움을 경험한다. 포조와 럭키는 두 방랑자가 기다림에 지칠 즈음 등장한다. 포조는 늙은 하인 럭키에게 목줄을 걸고 나타나는데 2막에서는 그만 장님이 되어 럭키가 인도하는 것으로 입장이 뒤바뀐다. 말하자면 늙은 하인의 목숨을 좌지우지하는 주인이었던 포조는 하인에게 목숨을 내맡긴 신세가 되는 것이다. 권력을 행사하다 시력을 잃은 포조는 어쩌면 전쟁을 일으킨 독일을, 팔려갈 노예 신세였다가 주인의 운명을 쥐게 된 럭키는 패전국의 뒤바뀐 위상을 그리고 있다고도 볼 수 있다. 한편으로는 갑이었다가도 을이 되고, 을이었다가도 갑이 되곤 하는, 끊임없이 흘러가는 우리네 인생을 상징적으로 보여주는 것 같기도 하다.

포조는 럭키에게 모자를 갖다주면 생각할 수 있다고 말한다. 모자가 생각을 하게 만들어준다는 것. 바꾸어 말하면 럭키는 모자 없이는 생각을 하지 못한다.

블라디미르 (포조에게) 저이더러 생각을 하라고 하십시오.
포조 모자를 주어야지.
블라디미르 모자?
포조 모자 없이는 생각을 못합니다.
블라디미르 (에스트라곤에게) 모자를 줘보게.

베케트의 극에서는 조지 버나드 쇼(영국 극작가)의 극에서와 같은 유창한 말이나 설득은 찾을 수 없다. 도리어 언어는 유희와 조롱의 도구이고, 오해의 원인이며, 소외 및 광기의 상징이다. 그러면서 무엇보다 존재의 상징이 된다. 『고도를 기다리며』에서 고고와 디디는 말놀이를 즐긴다. 말은 그들이 지루한 삶을 버티며 살아가고 있음을 나타내며, 시간을 때우기 좋은 도구가 된다.

블라디미르 나더러 생각해보라고 하게.
에스트라곤 뭐?
블라디미르 돼지야, 생각해봐! 이렇게 말하게.
에스트라곤 돼지야, 생각해봐!
(침묵)
블라디미르 생각은 못하겠네!
에스트라곤 이제 그만.
블라디미르 날더러 춤을 추라고 하게.

에스트라곤 나는 가겠네.

블라디미르 돼지야, 춤을 춰.

여기서 흥미로운 것은 럭키의 장광설이다. 럭키의 장광설은 3페이지에 걸쳐 한 문장으로 이어진다.

인간의 형상으로 하나님을 만드니, 일반 대중 앞에 나타나는 그의 모습, 흰 수염, 흰 수염, 시간을 초월하여 시간이 가지 않고, 언어를 모르시고, 높으시고 거룩하신 곳에 임하사, 우리를 각별히 사랑하시다. 그 이유는 모르되 시간이 경과하면 알게 되리라. 거룩한 미란다의 고통 또한 알지 못할 일이로다. 시간이 경과하면 알게 되련만. 고통 속에 헤매는, 지옥불에 헤매는 무리들과 나란히, 그 불이……

현학적인 그의 말은 도무지 의미를 파악하기 어려울 뿐 아니라 듣고 있는 고고, 디디, 포조의 정신을 혼란 상태로 몰아갈 만큼 신경을 자극한다. 언어는 더 이상 의미 전달의 기능을 하지 못하고 타인의 정신 건강을 해치는 소음으로 전락한다.

영국의 연극 평론가 마틴 에슬린은 베케트의 극을 '부조리극'으로 분류했다. 에슬린이 설명하는 베케트를 비롯한 부조리극 작가들의 세계에 깔린 기본적인 관점은 무엇보다 인간은 우주나 인간 삶의 본질 혹은 목적에 대한 어떤 확실한 전망을 가질 수 없다는 것이다. 즉 인간에게는 이 궁극적인 신비를 꿰뚫을 만한 지적·직관적 능력이 없다. 인간이 아무리 자신의 존재 이유를, 살아가고 있는 세상의 법칙을 이해하려 한다 해도 결코 깨달을 수 없기에 인간에게 있어 삶은 부조리할 수밖에 없다는 것이다. 『고도를 기다리며』에서 블라디미르와 에스트라곤이 자신들이 어디에 있는지, 왜 있는지, 고도가 누구인지 알지도 못하면서 하염없이 기다리는 것은 부조리한 상황의 전형이다.[43]

> 블라디미르 자, 우리 가볼까?
> 에스트라곤 그래, 가세.
> 그들은 움직이지 않는다.

이 마지막 대사와 지문은 1막과 2막이 똑같다. 떠나자는 말보다 떠나지 못하는 이미지가 장면을 압도한다. 두 방랑자가 떠나지 못하고 나무앞에 선 마지막 이미지는 기약 없는 기다림이라는 극 전체의 내용을 압축해서 보여준다.

"우리가 여기서 무엇을 하느냐, 그것이 문제다." 블라디미르의 이 대사는 햄릿의 "사느냐 죽느냐 그것이 문제로다"라는 대사를 연상시킨다. 마치 햄릿이 아버지를 죽인 사람이 숙부라는 사실을 알고도 그저 괴로워하는 것처럼, 삶에서 무언가를 해야 하지만 그 무엇을 하기란 결코 쉬운 일이 아니다. 기다림은 우리를 괴롭게 만든다. 또한 기다림에는 희망이 깃들어 있고, 때로 기다림의 끝에서 배반을 당하기도 한다. 그렇더라도 우리 모두는 기다리는 존재이다. 이밖에도 인상적인 대사는 얼마든지 있다. 포조의 "모자를 쓰면 생각하게 한다"[44]는 말은 "난 연필을 손에 쥐어야만 생각이 머리에 떠올라"[45]라는 니코스 카잔차키스의 말을 연상케 한다. 블라디미르는 "장난을 하니까 시간이 빨리 가는구나"[46]라고 말한다. 에스트라곤의 "디디, 우린 늘 이렇게 뭔가를 찾아내는 거야. 그래서 살아 있다는 걸 실감하게 되는구나"[47]라는 대사도 인상적이다.

베케트는 24세 때인 1930년에 『호로스코프』라는 첫 시집을 출간한 이후 『고도를 기다리며』가 연극으로 상연된 1952년까지 유럽의 일부

지식인들을 제외하고는 일반인에게 거의 알려지지 않은 작가였다. 같은 아일랜드 출신인 작가 제임스 조이스의 비서 역할을 2년 동안(28~30세) 맡았던, 무명작가나 다름없던 베케트는 『고도를 기다리며』가 연극으로 상연되면서 하루아침에 스타 작가로 부상했다. 연극 〈고도를 기다리며〉는 1953년 1월 5일 파리의 바빌론 소극장에서 초연되었는데 이 공연의 성공은 베케트 개인에게 있어서뿐 아니라 연극사에서도 역사적인 사건이었다.

베케트는 이 극의 내용처럼 그 자신 또한 긴 고통과 기다림의 시간을 보냈다. 그 기다림을 이겨내고 47세 때 세상에 자신의 존재를 알릴 수 있었고, 1969년 노벨상을 수상했다.

그러나 그는 노벨상 시상식에 나타나지 않았고 일체의 인터뷰도 거절했다. 베케트는 1989년 12월 22일 사망할 때까지 극히 폐쇄적인 삶을 살았다. 그의 사망 소식마저 그가 매장된 후에야 세상에 알려졌으며, 그것은 베케트의 유언에 따른 것이었다. 실로 그다운, 기다림으로 구원을 이야기한 작가다운 유언이다.

『고도를 기다리며』 읽는 법

아일랜드 출신인 베케트는 1939년 2차 세계대전이 발발하자 레지스탕스 운동을 도왔다. 그가 가담하고 있던 단체가 나치에 발각되어 당시 독일의 빗점령 지역이었던 프랑스 남단 보클루즈(이 지역의 이름은 작품 속에 등장한다)에 숨어 살게 되었는데, 거기서 할 수 있는 일은 전쟁이 끝나기를 기다리는 일뿐이었다. 전쟁이 언제 끝날지는 아무도 예측할 수 없었기 때문에 그는 다른 피난민들과 함께 이야기를 나누며 시간을 보냈다. 말하자면 『고도를 기다리며』는 베케트가 보클루즈에 숨어 살며 전쟁이 끝나기를 기다리던 자신의 상황을 인간의 삶 속에 내재된 보편적인 기다림의 감정과 모습으로 작품화한 것이라고 하겠다.

사무엘 베케트의 『고도를 기다리며』는 홍복유 번역의 문예출판사 출간본(2010)을 주로 참고했으며, 번역에 따라 다른 맛은 오증자 번역의 민음사 출간본(2000)을 비교해 읽었다. 여기에 김소임의 『사무엘 베케트』(건국대출판부, 1995)와 『베케트 읽기』(세창미디어, 2014)를 참고했다. 『베케트 읽기』는 베케트의 삶과 작품 세계를 조명하고 각각의 작품을 상세히 분석하고 있어 함께 읽으면 큰 도움이 된다.

마하트마 간디의
『간디 자서전』

—

진리에 관한
신실한 기록

—

물레를 돌리는 간디
간디는 "진실은 나무와 같아서 잘 가꾸면 더욱 많은 과실을 열게 하고 열매를 맺게 한다. 진실의 광산은 깊이 파면 팔수록 그 속에 묻힌 보석을 더 많이 캘 수 있다"라고 하며, 자신의 약점까지 가감 없이 담은 자서전을 썼다.

나는 완벽하지 않다,
그게 진실이다

즉흥적으로 말한다는 건 내게 불가능했다. 그래서 나는 연설문을 썼다. 큰 종이 한 장 정도인 연설문을 읽으려고 일어섰는데 눈이 어지럽고 몸이 떨렸다. 그래서 마즈무다르 씨가 대신 읽었다. 나는 부끄러웠고, 나의 무능에 슬퍼졌다.

– 이하 『간디 자서전 : 나의 진실 추구 이야기』(문예출판사, 2007)

이렇게 고백하는 사람은 다름 아닌 인도의 시성으로 불리는 라빈드라나드 타고르가 '위대한 영혼'이라는 뜻의 '마하트마'라고 불렀던 간디(1869~1948)다. 그의 본명은 모한다스 카람찬드 간디. 인도 구자라트 지역의 포르반다르에서 태어났다. 증조부로부터 3대에 걸쳐 카티아와르 지방의 고위관리를 역임한 명문가 집안이었다.

아버지가 세상을 떠난 후 그는 어렵게 영국으로 유학을 떠나 변호사가 되어 금의환향했다. 뭄바이에서 첫 변론을 맡았지만 반대신문을 못해 결국 변호사 수임료를 반납하고 다른 사람에게 사건을 넘겨주었다.

나는 피고를 대신해 출정했고 따라서 원고 측 증인들을 반대신문 해야 했다. 나는 일어섰지만 간이 콩알만 해졌다. 머리가 빙글빙글 돌았고 법정 전체도 그런 것처럼 느꼈다. 무엇을 물어야 할지 생각나지 않았다.

간디는 자신이 타고난 수줍음 때문에 남의 웃음거리가 되기도 했지만, 이는 자신에게 매우 유익했다고 말한다.

가장 큰 유익함은 그것이 내게 말을 아낄 것을 가르쳐주었다는 점이다. 나는 자연스럽게 생각을 가다듬는 버릇을 갖게 되었다. (…) 나의 수줍음은 나의 방패가 되었다. 그것이 나를 자라게 했다. 그것 때문에 나는 진실을 알아보았다.

간디는 낯선 관중 앞에서는 언제나 망설였고, 연설하기를 기피했다. 심지어 자서전을 쓰던 56세에 이르러서도 "친구들과 잡담을 하는 모임에 갈 수도 없고, 가고 싶지도 않다"라고 적었을 정도다. 간디는 자신이 쓰려고 한 책에 '나의 진실 추구 이야기'라는 제목을 붙였다. 그리고 이 책 속에 자신의 약점마저 모두 드러냈다. 그것이 진실이기에.

변호사로 성공하지 못한 간디는 스물네 살이던 1893년 압둘라 회사의 초청을 받아 남아프리카로 갔다. 남아프리카에서 열차를 탄 간디는 인종차별을 경험한다. 역무원은 "당신은 짐칸으로 가야 한다"라고 했다. 간디는 일등석 표가 있다고 말했지만 소용없었다. 결국 경찰의 손에 끌려나온 그는 짐과 함께 밖으로 내팽개쳐졌고 기차는 떠났다.

> 나는 내 의무에 대해 생각하기 시작했다. 내 권리를 위해 싸워야 하느냐, 아니면 인도로 돌아갈 것이냐. 아니면 모욕에 대해서는 생각하지 말고 계속 프리토리아로 가서 사건을 끝내고 인도로 올라가야 하느냐? 나의 의무를 완수하지 않고 인도로 돌아간다는 건 비겁하다.

'쿨리'로 불리던, 5만 명가량의 이주노동자들은 돈을 벌기 위해서는 모욕을 참는 것쯤 상관없다고 말하기도 했다. 그러나 간디는 인종차별에 저항하고 잘못된 현실을 바로잡기 위해, 이민법안에 반대하는 청원을 제출한 후 나탈인도국민회를 조직했다. 간디는 남아프리카에 거주하는 인도계 쿨리들의 노동 조건 개선을 위해 일하는 인권 변호사로 변신한다. 남 앞에 나서기조차 두려워했던 간디는 21년 동안 그곳에서 정치가의 삶을 살았다.

1906년 남아프리카 당국은 8세 이상 인도인은 지문 등록을 해야 하며, 등록을 거부하면 강제 이주 또는 징역형에 처한다는 내용의 법령을 공포했다. 5만 명의 인도인들이 파업을 했고, 간디도 등록증을 제시하지 못했다는 이유로 체포돼 3개월간의 중노동형을 받았다. 간디는 남아프리카 거주 인도인에 대한 차별철폐운동의 일환으로 영국 식민지 정부와의 투쟁에 앞장섰다. 간디는 지문 날인은 범죄자에게나 요구할 수 있는 행위라며 인도인들을 결집해 아시아인 등록법 철폐 운동, 즉 '사티아그라하'('진리관철투쟁'이라는 의미) 운동을 전개한다. "폭력으로 얻은 것은 오직 폭력으로 지켜진다. 그러나 진리로 얻은 것은 오직 진리로 지켜진다"라는 신념으로 간디는 차별철폐운동에 투신했고, 1914년 식민지 정부는 인도인 사회의 요구를 받아들였다.

나는 신은 오직 봉사를 통해 실현된다고 생각했기 때문에 봉사를 내 종교로 삼았다. 그 봉사란 인도에 대한 봉사였다. 내가 남아프리카로 간 것은 생계수단을 찾기 위해서였다. 그러나 나는 신을 찾고 자아실현을 위해 노력했다.

『주역』에 따르면 군자의 도는 '출처어묵'出處語黙이라는 네 글자로 드러난다고 한다. 출처어묵이란 나아가 벼슬하는 일과 물러나 집에 있는 일과 의견을 발표하는 일과 침묵을 지키는 일, 곧 사람이 처세하는 데 근본이 되는 일을 이른다. 여기서 '출'과 '어', '처'와 '묵'은 쌍을 이룬다. 나아가야 할 때에는 그에 합당한 말로 그 명분을 전해야 한다. 반면 물러날 경우에는 여러 말을 붙일 필요가 없다. 물러날 때에는 침묵하는 것이 상책이다.

간디 역시 '출처어묵'이라는, 군자가 지켜야 할 도덕에 따른 사람이었다. 그는 남 앞에 나서기를 꺼려 하던 수줍은 성격의 소유자였지만 남아프리카에서 차별을 경험하자 인도인 이주노동자들을 규합해 권리 쟁취에 나선다. 이것이 간디의 '출/어'에 해당할 것이다. 즉 나아가(출) 진리를 관철해야 한다고 주장하며(어) 그 유명한 사티아그라하를 전개한 것이다.

잘못 혹은 결점까지도
밝히는 것이 용기다

간디의 삶을 살펴보면 일제강점기를 겪은 우리로서는 선뜻 이해할 수 없는 행동이 눈에 띈다. 바로 간디의 친親영국적인 행보다. 간디는 영국이 전쟁을 일으킬 때마다 영국군의 일원으로 참전한다. 1914년 귀국 길에 런던에 간 간디는 1차 세계대전이 발발하자 뜻밖에도 참전을 결심한다. "만일 우리가 영국의 도움과 협력을 통해 우리의 지위를 개선하고자 한다면, 그들이 필요로 할 때 그들 곁에 서서 그들을 돕는 것이 우리의 의무다." 간디는 영국의 곤경을 우리의 기회로 사용해서는 안 되고, 전쟁 동안에는 우리의 요구를 강요하지 않는 것이 길게 보아 적합하다고 생각했다.

주변에서는 비폭력운동과 참전이 합치하는지 의문을 제기했다. 간디는 이에 대해 솔직하게 "전쟁이 비폭력과 합치하지 않는다는 것은 너무

나도 분명했다"라고 말하면서 "진실 추구자는 종종 어둠 속을 헤매야 한다"라고 말했다.

간디는 남아프리카에서 보어전쟁(1899~1902)과 '줄루 족의 반란' 때도 영국을 위해 참전한다. "당시 나는 대영제국이 세계의 복지를 위해 존재한다고 믿었다. 순수한 충성심이 심지어 제국에 어떤 불길한 일도 생기지 않기를 바라게 했다. 반란의 정당성 여부는 내 결심에 아무런 영향을 미치지 않았다."

그러나 1919년 4월 13일 편자브 암리트사르에서 영국군은 대대적인 학살을 저지른다. 공원에서 군중에게 총알이 없어질 때까지 무차별 사격을 가해 1,200명이 죽고 3,600명이 부상을 당했다. 총독을 만난 간디는 냉정하게 말한다. "여러분은 남의 집에서 주인 노릇을 하고 있음을 알아야 합니다. 외국의 유능한 정부보다, 미숙하지만 우리 자신의 정부를 갖고 싶습니다." 간디는 힌두교도와 이슬람교도 간의 분쟁은 인도 스스로 해결할 수 있다고 말한다. "당신들은 결국 인도에서 나가야 합니다. 10만 명 영국인이 3억 5,000만 인도인을 지배할 수는 없습니다."

이어 간디는 영국산 옷을 거부하는 투쟁을 시작한다. 간디는 선두에 서서 물레를 잣는다. 1906년 국산품 애용운동으로 시작한 '스와라지'(자치) 운동은 간디의 물레 잣기에 의해 절정을 이루었다. 그러나 간디의 말은 심지어 타고르에게조차 의심받았다. 타고르는 실을 잣고 천을 짜는 것이 과연 민족의 지도자가 전하는 메시지로 적절하냐고 반문했다. 간디의 정치적 후원자였던 고칼레도 간디의 '물레 잣기'를 어리석은 짓이라며 비웃었다. 간디는 "원시적인 방법이기는 하지만 이 한 걸음이 인도가 서양의 문명으로부터 벗어나는 길"이라고 답했다.

1922년 시위대가 경찰의 폭력에 대항해 경찰서에 불을 지르고 경찰관 22명을 죽이는 폭력 사태가 발생한다. 이에 간디는 국민회의 지도자들의 반대를 무릅쓰고 "오늘의 사건은 부끄럽다. 나는 그들이 폭력을 그칠 때까지 책임을 지고 단식한다"라며 죽음을 건 단식에 들어간다. 단식 5일째 날, 네루는 간디에게 시위대의 폭력이 종식되었다고 말한다.

1925년 간디는 자서전을 쓰기 시작하면서 정치적인 활동을 하지 않겠다고 선언한다. 그러다 자서전을 완성한 이듬해인 1930년 3월 12일 단디 해변을 향한 이른바 '단디 소금 행진'으로 간디는 다시 정치 행동에 나섰다. 단디 소금 행진은 영국이 인도인들에게 부과한 소금세에 항의하는 460km 여정의 행진이었으며, 이를 통해 식민 지배의 부당함을 인도인들에게 알렸다. 인도 전역에서 불법으로 소금을 팔다가 6만여 명이 구속되었으며, 간디도 1930년 5월 5일 구속됐다.

간디는 살해 위협을 무릅쓰고 카스트 제도를 비판했으며 특히 불가촉 천민에 대한 자비를 주장하면서 그들과 함께 아시람Ashram(힌두교 수양 장소)을 운영했다. 그는 서양 제국주의의 폭력성을 비난했고 인도 지배계급의 폭력성도 부정하지 않았다. 인도는 이슬람과 힌두교도 간의 내전으로 폭력이 난무하는 상황이었다. 급기야 간디의 집에 폭탄이 투척되었으며, 이듬해인 1948년 1월 30일 델리 비르라에서 살해당했다.

그가 남긴 유품이라고는 도둑맞았다가 돌려받은 무쇠 시계 하나, 아시람에서 만든 샌들 두 켤레, 『바가바드 기타』『코란』『성경』, 상아로 만든 원숭이상뿐이었다.

간디는 그의 비폭력운동과 진실관철투쟁의 원칙을 『바가바드 기타』에서 찾았고 마치 사전처럼 평생 애독했다. 또한 타고르의 시를 즐겨 애송했는데, 이 시 속의 "혼자 걸으라"라는 시구가 유독 가슴을 울린다.

그들이 너의 부름에 답하지 않거든 혼자 걸으라.
그들이 무서워하며 몰래 얼굴에 벽을 대고 숨거든,

오, 너 불운한 자여.

너의 마음을 열고, 크고 높은 소리로 말하라.

그들이 사막을 건너갈 때 돌아서서 너를 버리거든

오, 너 불운한 자여,

네 발밑의 엉겅퀴 풀들을 밟으며,

피로 물든 길을 혼자 가라.

간디는 타고르의 이 시를 되뇌면서 시티아그라하를 이끌었다. 그 길은 그가 혼자 걸어가야 하는 길이었다. 간디의 외롭고 고통스러운 지도자로서의 행보 속에는 자신의 약점까지 모두 밝힌 자서전을 집필하는 일이 포함되어 있었다. 그렇게 자서전을 완성한 이유는 단순했다. 그것이 바로 진실이었기 때문이다. 그는 심지어 정욕에 빠져 허우적거리기도 했고 장남과 연을 끊고 살았다는 사실까지 가감 없이 말한다. 그는 "이 진실이란, 즉 신이다"라고 말한다.

진실은 나무와 같아서 잘 가꾸면 더욱 많은 과실을 열게 하고 열매를 맺게 한다. 진실의 광산은 깊이 파면 팔수록 그 속에 묻힌 보석을 더 많이 캘 수 있다.

완벽하지 않은 모습에 진실이 있다고 힘주어 말하는 간디의 자서전을 읽으면서 나 자신의 진실, 나아가 리더의 진실에 대해 새삼 생각해보게 된다.

『간디 자서전』 읽는 법

문예출판사(박홍규 옮김, 2007)에서 출간한 『간디 자서전 : 나의 진실 추구 이야기』를 주로 참고했다. 여기에 하이모 라우의 『간디』(한길사, 2000)를 함께 보았다. 신성화된 간디의 모습을 보여주는 데 치중하는 대신 그의 비폭력 투쟁 과정과 인간적인 모습을 사실적으로 그려낸 책이다. 독자들도 두 권을 함께 읽어보기를 권한다.

염상섭의 『삼대』

—

1930년대 사실주의 문학의
최고봉

—

71

서울대 권장도서 · 71선

1936년 무렵의 채만식
채만식은 「삼대」에서 조씨 집안의 흥망을 통해 급속히 자본주의적으로 변화하는 식민시대의 모습을 그려냈다.

피는 돈보다 진하지 않다

　돈 많은 집안의 풍경은 예나 지금이나 비슷한 것 같다. 돈 많은 노인 조의관은 거액을 주고 '의관'이라는 벼슬을 사고, 또 족보를 사들여 후사가 없는 양반가에 이름을 올렸다. 말하자면 관직 매수와 족보 세탁으로 양반 행세를 한 것이다. 그는 여기에 며느리보다 다섯 살 아래인 첩을 두고 환갑이 지난 나이에도 아들 낳기를 고대한다. "만일에 15년 더 사는 동안에 아들 하나를 더 본다면 물론 그 아들을 위하여 반은 물려줄 요량도 하고 있는 터이다." 그 와중에 조의관의 젊은 첩인 수원집은 와병 중인 남편을 독살해 유산을 더 많이 가로채려 한다. 아들 조상훈은 아버지의 재력으로 미국 유학을 다녀와 교회에서 장로 일을 보면서 독립운동가를 돕다 그의 딸 홍경애를 그만 임신시키고 만다. 또한 뚜쟁이의 소개로 "낮에는 유치원에서 천사같이 나비춤을 추고, 밤에는 술상머리에 앉는" 김의경이라는 여학생을 첩으로 맞아들이고, 노름판과 술집을 전전하는 타락한 기독교인으로 살아간다. 아버지로부터 내쫓긴 그는 유산 상속 대상에서도 제외된다.

> "애비 에미도 모르고 계집 자식도 모르는 너 같은 놈은 고생을 좀 해봐야 한다. 내가 돈이 있으니까 네가 한 달에 한 번이라도 들여다보는 것이지 내가 아무것도 없어 보아라. 돌아다보기는커녕 고려장이라도 족히 지낼 놈이 아니냐. 어서 나가거라, 이 자식. 조상을 꾸어 왔다는 자식은 조가가 아니다."
>
> – 이하 『삼대』(소담출판사, 2002)

조의관은 아들 상훈이 교회 장로가 되면서 자신이 신주처럼 받드는 조상에 대한 제사, 즉 봉제사를 외면하자 이렇게 말하면서 아들을 내쫓았던 것이다.

조의관은 죽음이 다가옴을 느끼고 살아 있는 동안 재산 상속을 마무리하기 위해 유학 중인 손자 덕기에게 몇 번이고 편지와 전보를 보내지만 회신을 받지 못한다. 조의관이 전보를 띄우라고 부탁했던 창훈(조의관의 친척)이 돈에 눈에 멀어서는 수원집과 공모해 전보를 보내지 않았던 것이다. 심상치 않은 분위기를 눈치챈 덕기의 여동생 덕희가 오빠에게 전보를 치고 덕기는 조부의 임종 목전에 귀가한다.

덕기는 돈을 둘러싼 집안의 음산한 공기를 눈치채고 "열쇠 임자의 숨이 깔딱깔딱할 때가 돌아오면 한 번은 겪고 마는 풍파"라면서 집안의 '썩은 냄새'를 당연한 것으로 받아들인다. 돈을 둘러싸고 가족 구성원 모두가 서로 대립하고 갈등하다 사분오열되는 일은 역사로 눈을 돌리지 않더라도, 현재에도 언제나 접할 수 있는 사건이다.

돈의 맛에 길들여진 후손들은 그 돈으로 쾌락에 탐닉하곤 한다. 프랑스 사회학자 피에르 부르디외에 따르면 신흥 부르주아, 즉 졸부는 지배계급 가운데에서도 가장 쾌락적 성향을 띤다. 조상훈은 이런 신흥 부르주아의 속성대로, 『삼대』에 나오는 동년배 인물 가운데 가장 쾌락적인 성격을 지녔다. 그는 교회에서는 설교를 하고 밤이 되면 술집을 돌아다니는 이중적인 생활을 했고, 조의관이 죽은 뒤에는 가짜 형사를 데리고 유산 탈취를 감행해 범법자로 타락하고 만다.[48]

결국 거액의 유산은 조덕기에게 상속된다. 덕기는 할아버지로부터 사당과 금고 열쇠를 물려받는다. 할아버지는 손자에게 이 열쇠를 지키는 것이 공부보다 더 중요하다고 말한다.

"하던 공부를 그만둘 수야 있겠습니까. 불과 한 달이면 졸업인데요."
"공부가 중하냐? 집안일이 중하냐? (…) 졸업이고 무엇이고 다 단념하고 그 열쇠를 맡아야 한다. 그 열쇠 하나에 네 평생의 운명이 달렸고 이 집안 가운이 달렸다. 너는 그 열쇠를 붙들고 사당을 지켜야 한다. 네게 맡기고 가는 것은 사당과 그 열쇠 두 가지뿐이다. 이때까지 공부를 시킨 것은 그 두 가지를 잘 모시고 지키게 하자는 것이니까……."

할아버지의 임종을 지킨 손자는 도덕적으로 타락하고 황폐해진 조씨 가문을 이끌어간다. 아버지 조상훈은 유산의 일부인 정미소 문서를 탈취한 뒤 체포되고, 수원집은 조의관을 독살한 것이 발각되어 체포된다. 덕기는 할아버지 독살 혐의로 체포되었다가 무혐의로 풀려난다. 아이러니한 것은 덕기가 아버지를 비롯해 수원집 등의 구명운동에 나선다는 점이다. 그것도 할아버지의 돈을 형사들에게 '뇌물'로 주면서 말이다. 결국 돈으로 파탄난 이들 가족을 돈이 구하는 셈이다.

욕망에 이끌려 움직이는 사람들의 삶과 내면에 대한 염상섭의 깊은 탐구는 식민지 자본주의 사회의 본질을 드러내려는 의도에서 시작된 것이다. 염상섭은 오직 돈만을 바라 무슨 일이든 서슴지 않는 타락한 조상훈이나 매당집의 인물들을 통해 당대 현실의 부정적 본질을 파헤침으로써 새로운 길을 모색하고자 했다.

　염상섭은 이 소설에서 자기 정체성을 지나치게 고집하거나(1대) 일탈하거나(2대) 또는 무기력한(3대) 삼대의 모습을 그려낸다. 세상이 바뀌어가는데도 사당을 지키고 양반 행세를 하려는 봉건적인 할아버지, 미국 유학으로 개화사상을 받아들이고 기독교로 개종한 지식인이지만 아버지와의 갈등 속에 축첩을 하며 타락하는 아들, 그리고 일본 유학을 떠나 변호사를 지망했으나 결국에는 할아버지의 유지를 이어 '돈'으로 현실과 타협해가면서 가문을 이끌어가는 손자. 조덕기는 말하자면 '리틀 조 의관'으로, 할아버지보다 배움이 많음에도 새로운 사회에 대한 별다른 비전을 보여주지 못하고 할아버지가 만들어놓은 가정의 틀 안에서 머무른다.

몸은 늙어도
마음은 늙지 않는다

　덕기가 조의관의 유언대로 사당 열쇠와 금고 열쇠를 물려받는 것으로 마무리되면서 조부와 손자가 긴밀한 관계가 되고, 아버지 세대인 상훈은 고립된다. 그 고립은 일정 부분 상훈 자신의 처신과 관련이 있다.

　상훈은 미국 유학을 마치고 돌아와 정치계에 몸을 담그고 싶었으나, 나라가 망한 뒤로는 포부를 펼칠 수 없게 된다. 그가 선택한 것은 교회에서 만난 독립지사를 후원하는 것이었고 독립지사가 병으로 사망하자 그의 아내와 딸을 돌보게 된다. 이는 나중에 필순과 그의 모친을 돌봐야 한다는 덕기의 생각으로 이어지면서 부자 간에 역사가 대물림된다.

　상훈은 식민 지배를 받는 현실에 드러내놓고 저항할 용기는 없었으나, 독립운동가를 도움으로써 이에 간접적으로 참여하려 한다. 경애의 부친이 남긴 유언에 따라 그의 유족들을 돌보던 상훈은 경애를 임신시키기에 이른다. 정치적 욕망이 좌절되자마자 그는 자신의 좌절을 대체할 수 있는 대상을 찾아 나섰고, 경애가 그 첫 희생양이 된 것이다. 경애로 인해 자신의 명예가 실추될 것을 두려워한 상훈은 경애 모녀를 방치하고 김의경과 살림을 차린다.

한편 덕기는 사회주의자인 병화를 동정하고, 경제적으로 원조한다. 그는 과도기적 세대인 상훈과 구한말 세대인 할아버지에 대해서도 비판적이기보다는 연민의 시선을 보낸다. 그의 운동가들에 대한 동정은 아버지 조상훈의 욕망을 그대로 모방한 것이다. 상훈이 운동가를 도움으로써 간접적인 정치 활동을 했던 것처럼 덕기는 독립지사의 딸인 필순을 돕고자 한다. "덕기는 필순이 모녀를 자기가 맡는 것은 당연한 의무나 책임이라는 생각도 드는 것이었다." 소설의 마지막에서 덕기는 유가족을 돌보아달라는 필순 아버지의 부탁을 받아들인다. 이때 덕기는 돈의 위력을 새삼 실감한다.

'그것두 할아버지 덕분에 돈푼이나 있으니까, 쓸데없이라두 바쁘구 남이 알아주는 것이지 돈 없는 조덕기라면 자기 같은 책상물림에게 누가 믿구 죽은 뒤라도 처자를 보살펴달랄까?'

조상훈과 조덕기의 심리와 행동은 사회주의자인 김병화에게 비판을 받는다. 김병화는 조상훈으로부터 새 외투를 선물받고, 상훈이 행랑아범에게 준 자신의 낡은 외투를 되찾아오는 과정에서 김의경의 존재를 알게 된다. 되찾은 외투 속에는 상훈에게 보낸 김의경의 편지가 들어 있다. 김병화는 그녀의 정체를 밝히기 위해 홍경애와 함께 탐정이 된다. 홍경애는 상훈을 추적하다가 그가 '장안의 명물'인 매당집에 드나든다는 사실을 알게 되고, 거기서 수원집을 만난다.

이 소설은 크게 두 가지 갈등을 중심으로 전개된다. 첫째는 가족 내부에서 일어나는 조의관과 상훈 사이의 갈등이다. 이는 전통과 개화라는 이념적 갈등에서 시작하여 재산 상속을 둘러싼 세대 간의 갈등으로 이어진다. 둘째는 김병화를 중심으로 한 계층 간의 갈등이다. 김병화는 조덕기와 친구지만 그의 사상과는 대립하는 인물이며, 타락한 중산층의 삶은 물론 그 바탕을 이루고 있는 식민 질서 전체에 맞서고 있다. 가난한 기독교인의 아들인 그는 독립운동가의 딸인 경애와 함께 사회주의 운동에 간접적으로 가담한다. 조덕기가 변화하는 세상에서도 가문의 틀에 갇혀 있다면 김병화는 아버지와의 불화로 가문의 틀을 벗어난 인물이다. 그는 변화하는 세상의 흐름에 몸을 싣고 있다. 염상섭은 이런 김병화에게 도덕적으로 우월한 위치를 부여하고 있다. 그는 덕기에게 보낸 편지에서 다음과 같이 썼다.

"내가 산다는 것은 내가 가진 사상이 산다는 말이요. 내가 가진 소위 이데올로기가 산다는 말일세."

염상섭은 조씨 집안의 가족공동체가 붕괴해가는 과정 속에서 1920년대의 자본주의적 식민 질서에 대한 비판의식을 날카롭게 드러낸다. 비판과 더불어 이 작품은 작은 전망을 제시하기도 하는데, '산해진'이라는 신뢰와 희망의 장소를 통해 당대의 병폐로부터 벗어날 가능성을 모색한 것이 그것이다. 산해진의 김병화·홍경애·이필순은 가족이 아니면서도 가족 못지않은 깊은 신뢰로 공동체적 성격을 갖추어가기 시작한다. 하지만 일제 강점기의 암울한 현실 속에서 이 공동체는 결국 붕괴되어버린다.

『삼대』에는 '가족적 공동체의 연속성'을 둘러싼 두 가지 열망이 드러난다. 하나는 전통적인 것으로서 질서와 체면과 안정을 원하고, 다른 하나는 이단적인 것으로서 혁신을 위해서는 그런 것들은 무시될 수 있다고 보는 것이다. 전자는 봉건적·보수적인 가족주의로 나타나고, 후자는 공동의 목적을 위한 인격적 결합이어서 가족주의와는 무관하며 급진적 경향을 보일 수 있다. 전자를 대표하는 것이 조의관 가문이요, 후자를 대표하는 것이 산해진 집단이다. 후자는 민족적 생명의 연속성이란 반드시 전통적 인습으로만 보장되는 것이 아니며, 때로는 그 생명의 단절도 각오한 모험에 의해 달성된다는 것을 알려준다.[49]

우리 사회는 역사적으로 사상 혹은 노선의 대립과 갈등을 심하게 겪어왔고, 현재도 그렇다. 이 작품을 읽으며, 사상 혹은 이데올로기가 인간 혹은 사회를 구원할 수 있을지에 대해 다시금 생각해보게 된다.

『삼대』 읽는 법

염상섭의 『삼대』는 소담출판사 출간본(2002)을 인용했다. 여기에 연구서로 김학균의 『염상섭 소설 다시 읽기 : 추리소설적 성격을 중심으로』(한국학술정보, 2009)와 이보영의 『난세의 문학 : 염상섭론』(예림기획, 2001)을, 논문으로는 임명진의 「'삼대'에 나타난 '자본'의 문제」(비평문학, 2012년 3월호)를 참고했다.

임명진은 이 소설 속 '돈'의 흐름을 분석한다. 조의관의 매관을 비롯해 그의 죽음에 얽힌 수원집과 최참봉의 음모, 그리고 상훈에 의해 기획된 유산 탈취 사건 등 굵직한 일들은 모두 돈과 직결되어 있다. 이렇듯 '돈'이 소설의 중요한 소재로 부각된 것은 당대 사회가 자본주의체제로 재편되고 있음을 반증한다.

앙드레 말로의 『인간의 조건』

—

인간의 한계 너머를 성찰하다

—

72

서울대 권장도서 · 72선

1974년의 앙드레 말로
앙드레 말로는 『인간의 조건』에서 주어진 역사적 상황에서 하나의 행동을 의지로 선택하고 그 행동을 실천하는 과정의 좌절 이야기를 통해 행위에 대한 개인적·역사적 의미를 성찰한다.

예술이 허무주의적 고독과 죽음의 최고 치유제이다

    19세기 중엽 프랑스 시인 샤를 보들레르는 "이 세상 밖이라면 어디라도"라고 외쳤다. 프랑스 소설가 앙드레 말로(1901~1976)에게 '세상 밖'은 '동양'이었다. 말로는 동양이라는 '세상 밖'으로의 여행을 통해 전쟁의 광기가 휩쓴 서구 사회에 대해 생각한다. 말하자면 그는 서구의 바깥인 동양에서 서구문명의 한계를 넘어서는 가치를 찾고자 한 것이다. 말로가 천착한 공간은 자본주의의 대안이라는 마르크시즘이 동양에서 처음으로 '대회전'을 치르고 있던 중국이었다. 말로의 대표작인 『인간의 조건』(1933)은 1927년 중국 상하이에서 공산주의자들의 주도하에 파업이 일어난 때가 배경이다. 군벌에 대항하기 위해 국민당과 중국 공산당이 국공합작을 하고 분열하는 과정, 그리고 공산당 내부에서도 지도 노선에 충실한 인물과 공산당의 지령을 거부하는 소수파 사이의 갈등을 다큐멘터리를 보여주듯 서술하고 있다.

말로가 『인간의 조건』을 쓸 수 있었던 것은 22세 때 떠난 '세상 밖'으로의 여행 덕분이었다. 그는 인도차이나의 앙코르와트 유적지에서 석상을 발굴하고, 이를 훔치다 예술품 절도죄로 체포된 적이 있었다. 말로는 일찍부터 박물관의 중요성을 간파했다. 개인의 삶은 인간 조건 때문에 지극히 제한되어 있지만, 그 보잘것없는 삶이 남긴 예술품을 박물관에 보존하고 전승함으로써 인간 조건을 뛰어넘는 차원으로 올라설 수 있음을 인식했던 것이다. 이는 훗날 '고독과 죽음이라는 인간의 조건은 예술로 극복할 수 있다'라는, 앙드레 말로 특유의 예술론으로 이어진다.

그는 24세인 1925년 잡지 『인도차이나』를 창간해 프랑스 식민정책의 폭압성을 고발했고, 이때의 경험을 토대로 쓴 『정복자』(1928)로 세상에 이름을 알렸다. 이어 콩쿠르 상을 수상한 『인간의 조건』(1933)은 중국 국민당 활동 경험을, 『희망』(1937)은 스페인 내전 참전 경험을 쓴 작품이다. 역사적 격랑에 직접 뛰어든 경험을 바탕으로 소설을 써나간 말로는 30대 초반에 이미 위대한 작가의 반열에 올라섰다.

장제스의 국민당 정부가 공산당에 가한 1928년 4월의 탄압을 묘사한 말로의 『인간의 조건』은 1927년 상하이 쿠데타 이야기로 시작된다. 장제스가 탄 자동차(실제로는 장제스가 타지 않음)로 돌진하고 권총으로 자결하는 테러리스트 첸, 장제스의 국민당에 대항하다 체포돼 청산가리를 먹고 자살하는 기요, 기요와 함께 체포돼 기요가 죽자 깊은 고독에 빠지고 자신의 청산가리를 두 명의 중국인에게 건네주곤 자신은 산 채로 기차의 화통 속에 들어가 죽음을 맞는 러시아 혁명가 카토프, 아내와 자식 때문에 혁명에 뛰어들지 못하고 번민하는 벨기에인 에멜리크, 아편으로 평화를 구하는 기요의 아버지 지조르, 공상과 기행 속에서 현실을 도피하는 남작 클라피크, 구겨진 자존심을 쾌락 탐닉으로 보상받고자 하는 프랑스 자본가 페랄. 이들은 모두 허무주의의 고독감에서 탈출하기 위해 몸부림친다.

말로는 두 가지 인물 유형을 대비시키고 있는데 자신의 이해관계와 생명을 구하기 위해 타인의 희생을 당연한 것으로 받아들이는 부르주아(페랄, 클라피크)와 상황을 인내하고 극복하기 위해 행동하는 혁명가(첸, 기요, 카토프)가 그것이다.

이 가운데 가장 인상적인 인물은 바로 '살인 중독'에 사로잡힌 첸이다. 상하이에 입성한 장제스의 군대가 공산당원들에게 무장해제를 요구하자, 기요는 동지들과 논쟁을 벌인 뒤 중앙당이 있는 한커우漢口(중국 후베이 성의 도시)로 떠난다. 그러나 중앙당은 장제스의 명령에 따르라고 지시한다. 기요의 동지들에게는 사형선고인 셈이었다. 기요와 카토프는 항전을 결심하고 첸은 장제스를 암살하려고 시도한다. 그러나 첸에게 테러 행위는 이미 목적을 위한 수단이 아니었다. 그는 자신의 죽음을 무릅쓸 때 '황홀경'을 경험할 정도로 그것에 홀려 있었다.

말로는 중국 공산당원인 첸이 무기거래상을 죽이는 과정을 무려 6페이지 넘게 묘사하고 있다. 마침내 살인을 끝낸 첸은 '살인의 세계'에서 '인간의 세계'로 돌아가며 이렇게 느낌을 전한다.

> 단도에서 느껴지는 그 몸뚱이의 저항이 아직도 그의 뇌리에 생생히 남아 있었다. 그만큼 그 저항은 그의 팔의 저항보다도 컸던 것이다.
> – 이하 『인간의 조건』(홍신문화사, 2012)

첸은 어린 시절 따랐던 목사를 만난다. 목사는 첸에게 "인간의 오만을 조심해야 한다"라고 조언하지만 첸은 "저도 저 나름대로의 신념을 가지고 있습니다"라고 대꾸한다. 목사가 어떤 정치적 신념이 죽음을 이길 수 있겠느냐고 묻자 첸은 "전 평화를 구하고 있지 않습니다"라고 응수한다.
죽음에 매혹된 첸은 죽음에 대한 자신의 관념을 기요에게 말한다.

> "그건 설명하기 어려운걸. 소위… 황홀경에 가까워지는 거야. 그렇지. 하
> 지만 짙은 맛이 있고, 심각한 거야. 시시하고 가벼운 건 아냐. 그래. 밑으
> 로… 밑으로 잦아들어가는 황홀경이야."

동지들이 테러를 종교처럼 만들려는 것이냐며 비난하자 첸은 "테러
는 종교가 아니라 인생의 의미"라고 대꾸한다. 장제스의 자동차가 눈앞
에 모습을 드러내자 첸은 환희를 느끼면서 앞으로 달려나가 눈을 감고
차 밑으로 뛰어든다.

'인간의 조건'을 넘어
연대의식을 꽃피우자

러시아인 혁명가 카토프는 조건 없는 아내의 사랑과 함께 영웅적 죽음을 맞이한다. 그는 국민당 경찰에 체포된 후 다른 동료 죄수 두 명에게 자기가 가진 독약을 주고 그 자신은 기차의 화통으로 들어간다. 죽음 앞에서 카토프는 죽음의 공포를 이겨내고 동료애와 연대의식을 희생적으로 보여준다. 카토프 스스로 토로하는 사랑 이야기 또한 처연한 감동을 자아낸다.

"내가 아는 어떤 녀석은 앓는 마누라가 요양소에 들어가려고 여러 해 동안 모아두었던 돈을 빼앗아 도박을 해버렸어. 도박은 사느냐 죽느냐의 문제가 됐지. 그런데 그 친구는 그걸 홀랑 잃어버렸단 말이야. 그런 때는 대개 지기 마련이지. 그래서 축 늘어진 몰골로, 지금의 자네처럼 말이야.

풀이 다 죽어가지고 돌아온 거야. 마누라는 잠자리에 다가오는 남편을 보고 곧 모든 걸 알아차렸어. 그다음에 어떻게 했는지 알아? 마누라가 남편을 위로하기 시작했지."

바로 카토프 자신의 이야기다. 가족 때문에 투사가 되지 못하는 에멜리크 앞에서 카토프는 이렇게 아내 이야기를 꺼낸다. 카토프는 희망을 잃고 충격을 받아 의학 공부도 중도에서 포기하고 시베리아에서 돌아와 직공이 되었다. 혁명을 보기 전에 죽을 것이라 확신하던 그가 자신의 생존을 확신하는 방법은 자기를 사랑하던 젊은 여공을 학대하는 것이었다.

그러나 그녀가 자신에게 가해지는 고통을 달게 감수하는 것을 보자 그는 자신을 괴롭히는 사람을 위해 고뇌하는 그녀의 깊은 애정에 감동하고 말았다. 그때부터 그는 오로지 그녀만을 위해서 살았다. 그때까지의 습관으로 혁명운동은 계속하고 있었지만 그는 이 가련한 여자의 마음속에 숨겨진 한없는 애정에 사로잡혔다. 몇 시간이나 그녀의 머리칼을 만져주기도 하고, 온종일 함께 누워 있기도 했다.

노자는 『도덕경』에서 "여성은 고요함으로 언제나 남성을 이긴다. 고요하다는 것은 자신을 낮춘다는 것이다"[50] 라고 단언한다. 그는 인간의 행실에서 애정·유익함·부드러움·헌신 등의 품성을 여성적·본질적인 것으로 간주하고 냉혹함·경직됨·굳셈·속박 등의 품성은 남성적인 것으로 간주하여 경계한다.[51] 노자는 여성성이 결국은 남성성을 이긴다고 보았다. 말로는 노자의 사상을 이 소설에 녹여냈다. 말로의 소설 속에서는 카토프의 아내가 바로 그런 '여성성'의 승리를 보여주는 전형이다.

이에 반해 은행가 페랄은 자본주의적 사고를 대변하는 인물이다. 그는 군벌에 밀착해 자본을 축적해왔지만 정치적 상황이 변화하자 자신의 이익을 최대한 보장해줄 수 있는 국민당 정부를 지지한다. 페랄은 자신이 아시아에서 구축해둔 경제적 토대가 무너질 위기에 처하자 정부인 발레리를 찾아 쾌락에 탐닉하며 자존심을 유지하려고 한다. 즉 여성을 정복함으로써 지배자의 쾌감을 맛보려 한 것이다. 발레리가 "여자도 하나의 인간이다"라는 편지를 보내자 페랄은 이렇게 말한다. "여자도 인간이라고! 여자란 휴식이며 여행이며 적인 것이다." 페랄은 여성을 대상화하고 지배의 대상으로 삼는 에로티시즘에 함몰되고, 자본가의 타락한 삶을 영위해간다.

자신의 이익을 위해 군벌과 국민당 정부를 오락가락하는 페랄의 모습은 오늘날 우리 사회의 일부 부도덕한 기업가들의 모습과 겹친다. 전쟁기든 혁명기든 혹은 안정기든 자신의 이익만을 추구하는 자본가의 속성은 한결같다.

소설 『인간의 조건』에서 말로는 '부부의 사랑'과 '동지애'가 고독과 죽음이라는 인간 조건에 맞설 수 있는 유일한 무기라고 주장한다. 즉 인간 조건을 극복할 수 있는 가능성은, 영웅적인 개인이 아니라 공동체의 연대의식에 존재한다는 점을 거듭 강조한다. 생사를 함께하는 공동체의 연대의식만이 진정으로 영웅적인 것이다.[52]

"행위, 오직 행위만이 인생을 정당화하고 백인을 만족시키는 것입니다. 그림을 그리지 않는 화가를 가지고 위대한 화가 운운한다면 우리는 그를 어떻게 생각해야 할까요? 인간은 그 행위의 총화입니다. '해놓은' 일, '해낼 수 있는' 일의 총화입니다. 그 이외의 아무것도 아니죠. 나는 길을 갑니다. 내……."

말로는 또한 인간 개인의 행위에 주목했다. '행위'의 발견은 인간의 가장 사적인 부분도 은연 중에 역사 속에 놓여 있고 역사 속에서만 정당한 의미를 부여받을 수 있다는 '삶의 역사성'의 발견으로 이어진다. 이것이 바로 말로의 소설을 관통하는 가장 큰 주제다. 말로는 생의 의미를 '역사적 상황'이라는 차원에서 새롭게 조명하고자 했다. 주어진 역사적 상황 속에서 하나의 행동을 의지적으로 선택하고 실천하며 겪는 좌절의 이야기를 통해, 말로는 행위의 개인적·역사적 의미를 성찰한다.

말로는 인간은 고독과 죽음의 운명을 결코 벗어날 수 없지만 행위를 통해 새로운 길을 창조한다면 인간의 조건에 저항할 수 있다고 강조한다. "인간은 모두 미치광이이다. 하지만 이 광증과 세계를 결부시키기 위한 인생의 노력이 인간의 운명이 아니라면, 인간의 운명이란 과연 무엇이겠는가?"

말로는 "예술은 반운명이다"라면서 인간의 조건을 예술로 극복해야 한다는 예술론을 피력한다. 또한 그는 "내 소설 가운데 최고의 작품은 바로 내 삶이다"라는 말을 남기기도 했다.

헌책 수집가이자 도굴꾼 앙드레 말로는 독학을 통해 자신을 갈고 닦아 위대한 작가로 거듭날 수 있었으며, 나아가 드골정권에서는 문화부 장관으로 변신했다. 피아노 연주 실력이 뛰어났던 부인을 통해 음악을 이해했다는 말로는 1959년부터 10년 동안 문화부장관을 역임했는데, 1964년 4월에 첫 번째 지방문화원인 부르주 문화원을 개관한다. 이 기념 연설에서 말로는 문화의 힘을 이렇게 강조했다.

> "문화는 죽음보다 강한 형태들의 집합이다. 25킬로미터의 고속도로를 건설하는 비용이면 프랑스 각지에 지방문화원을 건립할 수 있는데 이런 문화원들 덕에 프랑스는 10년 안에 세계 제일의 문화 대국이 될 것이다."

오늘날 프랑스가 문화강국이 된 것은 말로의 혜안에 힘입은 바 크다고 할 것이다. 오늘날 기업가들이 예술을 후원하고 메세나협회를 조직적으로 운영하는 것은 '인간의 조건을 극복하게 해주는 예술'이라는 말로의 예술론에 대한 공감이 어느 정도 깔려 있는 것이 아닐까 한다. 300여 년 동안 세계적인 금융황제로 군림해온 로스차일드 가는 문화재 및 예술품 수집으로도 유명하다. 말로의 예술론에 관한 성찰과 함께, 각자 인간 조건을 뛰어넘을 수 있는 무언가를 구상하고 논의해보는 것도 의미 있는 일일 것이다.

『인간의 조건』 읽는 법

서울대 측에서는 김봉구 번역본(지식을만드는지식, 2013)의 『인간의 조건』을 추천하고 있으나 여기서는 홍신문화사에서 간행한 박종학 번역본(2012)을 인용했다. 연구서로는 김웅권의 『앙드레 말로 : 소설 세계와 문화의 창조적 정복』(어문학사, 1995), 송기형의 『앙드레 말로 : 문학과 행동』(건국대출판부, 1995) 등을 참고했다. 전기로는 장 프랑수아 리오타르가 쓴 『말로 : 죽음을 이기려 했던 행동의 작가』(책세상, 2001)를 참고할 만하다.

특히 김웅권은, 말로는 과학문명에 대한 비판적 태도를 취했으며 그의 소설 창작은 인류가 남긴 과거의 종교적 문화유산을 창조적으로 재정복하고 탐구하면서 미래의 새로운 정신적 지평을 열고자 하는 원대한 소망을 담고 있다고 주장한다. 그의 글쓰기는 과거의 위대한 정신 형태들 속을 탐험하는 순례자적 여행을 의미하며, 과거의 시간과 미래의 시간을 현재 속에 결합하는 시간의 정복이라는 것이다.

강경애의 『인간문제』

1930년대 노동운동을
가장 사실적으로 그려낸 걸작

—

73

서울대 권장도서 · 73선

1930년대의 강경애

문학평론가 권영민은 강경애에 대해 다음과 같이 말했다. "강경애의 문학은 한국소
설사에서 하나의 도전이면서 동시에 새로운 가능성으로 기록된다. 가난한 농민의 딸
로 태어난 그녀가 가장 관심 있게 그려낸 것이 바로 궁핍한 농촌 여성의 삶이었다는
것은 부인할 수 없는 사실이다."

'인간문제'를 풀어갈 인간은 누구인가?

일제 강점기에 활동한 작가 강경애(1906~1944)는 간도間島에서 대표 작인 『인간문제』를 썼는데 『동아일보』에서 연재를 완료했지만(1934년 8월 1일~12월 22일) 단행본으로는 출간되지 못했다. 그는 작가로서 정당한 조명을 받지 못하고 1944년 38세로 요절했다. 죽음도 쓸쓸했다. 『매일신보』를 제외한 한글로 된 모든 신문과 잡지가 폐간된 일제 말기였기에, 그의 죽음은 세인과 문단의 주목을 받지 못했다. 그는 간도에서 살며 서울 중심의 문단과는 거리를 두었기 때문에 소위 '문단 사교'를 하지도 않았다. 강경애는 1930년대 노동운동을 가장 사실적이고 구체적으로 그려낸 최고의 작가로 꼽히지만 이른바 '카프'(조선 프롤레타리아 예술가 동맹) 소속의 작가도 아니다. 카프에서도 강경애는 잊힌 존재였다.

『인간문제』는 그의 사후인 1949년 남편 장하일이 부주필로 있던 북한 노동신문사에서 단행본으로 출간되었다. 또한 남북에서 정치적 이유로 일부 개작을 거친 비운의 소설이기도 하다. 국내에서는 1980년대 중반 이후 여성해방운동이 부상하면서 여성해방 문학론이 전개되었고, 50년 전 활동했던 여성 작가의 삶과 문학에 대해 관심이 쏟아졌다. 생전에는 문단 중심과 거리가 있었던 데다 여성이라는 이유로 제대로 조명받지 못했던 그의 작품이 뒤늦게라도 정당한 평가를 받게 된 것은 무척 다행스러운 일이다.

강경애의 『인간문제』 서두에는 '원소'恕沼 전설이 등장하는데 여기에는 인류의 역사가 펼쳐지는 곳이라면 어디서나 발생했던 지배와 착취라는 '인간 문제'의 원형이 담겨 있다.

> 옛날 이 원소가 생기기 전에, 이 터에는 장자 첨지가 수없는 종들과 전지와 살진 가축들을 가지고 살았다는 것이다. 그런데 그 첨지는 하도 인색하여서, 연년이 추수하는 곡식을 미처 먹지 못하고 곡간에서 푹푹 썩어내도 근처 어려운 사람들을 구제할 생각은 고사하고, 어쩌다 걸인이 밥 한 술을 구걸하여도 그것이 아까워서는 대문을 닫아걸고 끼니도 끓여 먹었다는 것이다.
>
> 그런데 마침 몇 해를 거푸 흉년이 들어서 이 동네 사람들이 모두 굶어 죽게 되었을 때 그들은 하루에도 몇 번씩 장자 첨지에게 애걸을 하였다. 그러나 첨지는 들은 체도 하지 않고 오히려 그들을 나무라고 문간에도 들이지 않았다는 것이다.
>
> 그러므로 그들은 하는 수 없이 몰래 작당을 하여 가지고 밤중에 장자 첨지네 집을 급습하여 쌀과 살진 짐승들을 끌어냈다는 것이다.
>
> 이런 일이 있은 후 며칠 만에 장자 첨지는 관가에 고소장을 들여 이 근처 농민들을 모두 잡아가게 하였다. 그래서 무수한 악형을 하고 혹은 죽이

고 그나마는 멀리 쫓아버렸다는 것이다.

아버지 어머니 혹은 아들딸을 잃어버린 이 동네 노인이며 어린 것들은 목이 터지도록 아버지 어머니를 부르며 혹은 아들과 딸을 찾으며 장자 첨지네 마당가를 떠나지 않고 울었다는 것이다.

그래서 울고 울고 또 울어서 그 눈물이 고이고 고이어서 마침내는 장자 첨지네 고래 잔등 같은 기와집이 하룻밤 새에 큰 못으로 변하였다는 것이다. 그 못이 즉 내려다보이는 저 푸른 못이다.

— 이하 『인간문제』(문학사상사, 2006)

용연 마을 사람들의 삶은 원소 전설의 현실적 재현처럼 느껴지기도 한다. 부자였던 장자 첨지의 형상은 지주인 정덕호로 형상화되어 나타난다. 덕호는 용연 마을의 지주이지만 마을 사람들에게는 조금의 인정도 베풀지 않으며 자기 땅을 부치는 소작인과 농민들을 착취한다. 또한 간난이와 선비 등 젊은 여성들을 농락하고 강간하면서도 전혀 양심의 가책을 느끼지 않는다. 정덕호의 횡포에 대응하는 농민들은 원소 전설 속에서 장자 첨지에게 원성을 보냈던 마을 사람들의 모습과 다를 바 없이 그저 이에 순응한다. 그러다 남녀 주인공인 첫째와 선비가 덕호의 횡포와 성폭행에 못 이겨 고향을 떠난다. 이들은 도시에서 새로이 자본가의 횡포와 직면한다. 즉 『인간문제』는 농촌 마을인 용연과 도시인 인천의 공장가라는 두 개의 상반된 공간을 대조적으로 보여준다.

선비의 아버지는 마름 소작인으로 용연 마을의 지주 정덕호의 일꾼인데, 그의 심부름으로 빚을 받으러 갔다가 소작인을 도와준 죄로 덕호에게 맞은 것이 원인이 되어 죽는다. 그 뒤 어머니마저 가슴앓이 병으로 죽자 선비는 정덕호의 집에 얹혀살며 집안일을 돕게 된다. 덕호에게 강간을 당한 선비는 그의 집에서 도망쳐 나와 자기 이전에 덕호의 첩이었던 간난이를 찾아 서울로 간다. 간난이는 임신을 못해 쫓겨난 상황이다.

남자 주인공인 첫째는 선비를 좋아하던 소작인이다. 첫째는 친구의 빚 때문에 덕호에게 반항하다가 그의 술책으로 소작하던 밭을 모두 떼이고 쌀을 도둑질하다 고향을 떠나 인천의 부두 노동자가 된다. 다른 한편 서울에 사는 대학생 신철은 덕호의 딸 옥점이를 따라 여름방학 때 덕호의 집에 왔다가 선비를 보고 첫눈에 반한다. 그는 옥점과의 결혼을 강요하는 아버지와의 갈등 끝에 가출하고 인천 부두에서 노동자 생활을 하다가 첫째를 만나 그를 노동운동가로 키운다. 선비는 간난이를 만나 일본인이 경영하는 인천의 방적 공장에 취직해 새 삶을 시작한다. 용연 마을에서 함께 살고 만났던 첫째와 선비, 간난이는 모두 인천에서는 신철과 연결되어 노동운동에 가담한다.

부두 노동자들의 시위가 일어나고 사람들이 검거되자 간난이는 자신의 일을 선비에게 맡기고 공장을 탈출한다. 선비는 공장 감독의 성적 유혹을 뿌리치며 노동에 혹사당하다가 폐결핵이 악화돼 죽는다. 첫째는 신철을 만나 계몽되면서 부두 노동자의 파업을 이끌지만, 신철의 전향 소식을 듣고 절망한다. "신철이는 감옥에서 나오자 M국에 취직하고 더욱 돈 많은 계집을 얻고 했다우."[53]

첫째는 죽은 선비를 보고 인간 문제는 신철과 같은 지식인에게서 해결 방법을 찾을 것이 아니라 노동자 자신이 스스로 해결해야 한다는 것을 깨닫는다.

> "이 인간 문제! 무엇보다도 이 문제를 해결하지 않으면 안 될 것이다. 인간은 이 문제를 위하여 몇 천만 년을 두고 싸워왔다. 그러나 아직 이 문제는 풀리지 않고 있지 않은가! 그러면 앞으로 이 당면한 큰 문제를 풀어나갈 인간이 누굴까?"

이 소설에서 첫째와 선비는 서로 그리워하는 관계로 묘사된다. 그러나 이들은 만나지는 않는다. 용연 마을과 인천의 부둣가라는 같은 공간에서 살지만 거의 만나지는 못하고 다만 서로를 그리워하기만 한다.

농사를 잘 지어서 먹고, 남는 것을 팔아서 저축해두었다가 그 돈으로 밭 사고, 그리고 선비를 아내로 맞이해서, 아들딸 낳아가면서 재미나게 살아보겠다고 그는 몇 번이나 생각해보았던가! 그는 자기의 이러한 어리석었던 공상을 회상하며 픽 웃어버렸다. 따라서 희망에 불타던 그의 씩씩한 눈망울은 비웃음과 저주로 변하는 것을 확실히 볼 수가 있었다.

기회주의적 지식인
신철과 양주동

　이 소설에서 신철의 전향은 일제강점기 수많은 지식인의 기회주의적 처신 혹은 변절을 떠올리게 한다. 신철은 대학 동기인 박병식 판사로부터 다음과 같은 회유의 말을 듣고 초라한 행색의 아버지를 보고는 결국 전향을 택한다.

　"나 혼자가 더 그랬댔자 오늘낼로 곧 혁명이 될 것도 아니요, 또 안 그랬댔자 될 혁명이 안 될 것도 아니니, 이 세상에 한 번 나서 어찌 나 개인을 그렇게도 무시할 수가 있는가? 더구나 자네나 나는 집안 형편이 딱하게 되지 않았는가……. 지금부터 이 감옥에서 십 년이 될지, 몇 해가 될지 모르는 그 세월을 희생할 생각을 해보게."

소설 속에서 새로운 사회를 만들어나가는 주역으로 무게가 실린 인물은 신철보다 부두 노동자인 첫째다. 여기에는 강경애 자신이 겪은 양주동(1903~1977)과의 동거와 지식인 양주동에게 실망한 경험이 녹아 있는 듯 보인다. 강경애는 신철을 전형적이고 기회주의적인 소부르주아지로 그린다. 일제강점기를 살아간 이들뿐 아니라 민주화 과정에서 변절한 수많은 지식인들이 신철의 모습과 겹쳐진다.

무소처럼 저돌적이었던 강경애의 문학 인생에 양주동은 큰 영향을 끼쳤다. 1921년 강경애는 평양 숭의여학교에 형부의 도움으로 진학한다. 그러나 1923년 봄, 여성에게 봉건적인 생활 태도와 위선적인 종교 생활을 강요하는 학교교육에 반대하는 동맹휴학을 주도하다 퇴학을 당한다. 한편 1923년 당시 21세였던 양주동은 와세다 대학 예과를 마치고 고향인 장연으로 돌아와 조혼했던 부인과 이혼한다. 양주동은 서구의 자유로운 사상에 경도되어 반봉건 사상을 소리 높여 외쳤다. 그의 강의를 들은 강경애는 그 길로 양주동을 찾아갔다.

"선생님 나 영어 좀 가르쳐줘요! 그리고 시도 문학도, 전 중학교 3년생, 아무것도 아직 몰라요. 그러나 문학적 소질을 담뿍 가졌으니 좀 길러주세요."[54]

강경애의 문학에 대한 열정으로 두 사람은 가까워진다. 반봉건적인 자유주의 사상에 열렬하게 박수를 쳤던 열여덟 살의 여학생은 과감하게 자유연애를 실천했다. 이듬해인 1924년 봄에 강경애는 양주동을 따라가 서울 청진동에서 함께 기거하며 문학공부를 하면서 동덕여학교 3학년에 편입했다. 그해 5월 「책 한 권」이라는 시를 '강가마'라는 이름으로 양주동 등이 창간한 잡지 『금성』에 독자 투고 형식으로 발표했다. 1925년에는 「가을」이라는 시를 『조선문단』에 발표했다. 『조선문단』 역시 양주동이 작품을 발표하던 잡지이다.

서로 '글벗'이자 '연인관계'였던 두 사람은 1924년 9월 1일 서로 헤어졌다고 양주동은 말했다. 이후 강경애는 1920년대 후반 민족주의 문학과 무산계급 문학론의 절충을 주장했던 '중간파' 양주동의 평론 태도와 그의 이론인 절충주의를 강력 비난하고 나섰다. 강경애는 1931년 2월 11일자 『조선일보』에 '강악설'이라는 필명으로 「양주동 군의 신춘평론 : 반박을 위한 반박」이라는 양주동 비판문을 썼다. 이후 양주동은 장연의 지주 집 딸과 결혼해 처가의 도움으로 다시 일본 유학길에 올랐다. 『인간문제』에서 그린 신철은 조혼을 파기하면서 반봉건적 유습 타파를 외치고 강경애와 동거하다 부잣집 딸과 재혼해 일본 유학길에 오른 청년 양주동의 모습과 겹친다.

강경애의 『인간문제』 속 등장인물들의 이야기는 지금 이곳의 우리에게도 생생하게 다가온다. 굳이 이 소설을 계급운동의 관점에서 쓰인 사실주의 소설이라고 규정하며 읽지 않더라도 말이다. 우리 사회에는 지금도 선비를 성폭행한 덕호의 얼굴이, 덕호와 같은 권력자에 기대어 권력을 행사하는 덕호의 딸 옥점과 옥점의 친모 같은 얼굴들이 존재하지 않는가. 노동운동을 하다 감옥 대신 '전향'을 선택하고서 부잣집 딸과 결혼한 신철 또한 마찬가지다.

살아가면서 가끔은 덕호처럼 노추와 탐욕의 화신으로 비난의 표적이 되지는 않았는지, 신철처럼 하루아침에 신념을 저버리면서 동료를 배신하고 일신상의 편안함을 추구하지는 않았는지 돌아볼 일이다. 혹은 선비, 간난이 등 가부장적 세계에서 권력의 하위에 놓일 수밖에 없는 여성을 무심코 차별하고 학대한 적은 없었는지도 돌아보아야 한다. 이웃을 사랑으로 대하고 신념을 저버리지 않으면서 새로운 세상을 향해 부단히 자기혁신을 하면서 살아가는 '첫째' 그리고 부당한 현실과 맞서 싸운 '선비'와 '강경애'의 얼굴이 나 자신의 것이 될 수 있도록 늘 새롭게 다짐하고 경계하면서 말이다.

『인간문제』 읽는 법

강경애의 『인간문제』는 문학사상사에서 2006년 출간한 『소금·인간문제』
를 인용했다. 이 책 표지에는 '강경애는 식민지 시대 하층 여성의 대변자'
라는 문학평론가 권영민의 글이 실려 있다. "강경애의 문학은 한국소설
사에서 하나의 도전이면서 동시에 새로운 가능성으로 기록된다. 가난한
농민의 딸로 태어난 그녀가 가장 관심 있게 그려낸 것이 바로 궁핍한 농
촌 여성의 삶이었다는 것은 부인할 수 없는 사실이다."

연구서로는 이상경의 『강경애 : 문학에서의 성과 계급』(건국대출판부, 1996)과
강경애 탄생 100주년 기념 남북공동논문집인 『강경애, 시대와 문학』(랜덤
하우스, 2006)을 참고했다. 특히 이 가운데 이상경의 연구서에 인용된 강경
애의 말(『동아일보』에 이 소설을 연재하면서 1934년 7월 31일에 쓴 '작가의 말')에 주의를
기울여야 한다. "난 이 작품에서 이 시대에 있어서의 근본 문제를 포착하
여 이 문제를 해결할 요소와 힘을 구비한 인간이 누구이며 또 인간으로
서 나아갈 길을 지적하려고 하였습니다."

정지용 시집

—

최초의 근대적 직업 시인, 고향 상실을 노래하다

—

74

서울대 권장도서 · 74선

충북 정지용 문학관에 세워진 동상
정지용의 출세작인 「향수」는 그의 나이 불과 22세 때 쓴 작품이다. 평론가 유종호는 정지용을 한국 최초의 직업적인 그리고 전문적인 현대 시인이라고 평가했다.

평단과 독자를 모두 사로잡은 정지용

천재적이라는 평가를 받는 국내의 근대 시인 가운데 가장 입에 많이 오르내리는 인물이라면 단연 이상(1910~1937)이 꼽힐 것이다. 이상은 1931년 시 「이상한 가역반응」으로 데뷔했다. 그의 시는 당대 및 후대 평론가들에게 호평을 받았으나 독자들에게 큰 사랑을 받기에는 너무나 난해했다. 한편 박인환(1926~1956)의 시는 독자에게는 좋은 반응을 얻었다. 전후 세대의 허탈감과 상실감을 위로하는 서정으로 한국전쟁이라는 참사를 겪었던 당대의 독자들을 사로잡았다. 하지만 박인환의 시는 연구자나 평론가들의 관심을 끌지 못했다.

독자와 평단의 요구를 모두 충족시킨 20세기 대표 시인이라면 김소월(1902~1934)과 정지용(1902~1950)을 꼽을 수 있을 것이다. 같은 해에 태어난 이들의 시는 한 시대를 풍미하며 많은 사람들에게 폭넓게 읽혔다. 두 사람의 대표작인 「진달래꽃」과 「향수」는 노래로도 불리고 있다. 김소월의 시는 시기의 단절 없이 계속해서 애송되었던 반면, 정지용의 시는 그가 한국전쟁 중에 실종됨으로써 월북 문제가 불거지는 바람에 1988년에 이르러서야 해금되었다.

자주 함께 거론되는 김소월과 정지용의 시를 잠시 비교해 살펴보자.

"나보기가 역겨워 가실 때에는"으로 시작하는 김소월의 「진달래꽃」은 임을 원망하지 않고 보내겠다는 화자의 감정을 표현했다. 인식 주체인 화자, 즉 시적 자아의 감정과 생각을 표현한 시다. 정지용의 「향수」는 정반대다. 이 시에서는 실개천이 흐르고 황소가 우는 들녘이 묘사된다. 화자는 인식 대상인 자연이나 사물 뒤에 숨겨져 있다. 김소월은 자아표출 위주의 시인인 데 비해, 정지용은 대상묘사 중심의 시인이다. 자아표출 중심의 시는 강한 호소력으로 큰 감동을 불러일으킬 수 있는 장점을 지닌 반면 감정을 과잉으로 노출할 위험성이 있다. 대상묘사 중심의 시는 시인의 생각이나 감정을 직설적으로 표현하지 않고 이미지를 통해 그것을 독자에게 간접적으로 전하기에 감동의 폭이 약할 수 있다.

1920년대 초기 한국시의 주류는 감상적인 낭만시였다. 이 낭만시가 바로 자아표출의 시이다. 이에 비해 1930년대 이미지즘 시는 대상묘사를 중심으로 한다. 낭만시가 주류를 이루던 1920년대 한국 시단의 흐름을 전환하는 데 획기적인 공을 남긴 시인이 바로 정지용이다.

평론가들 사이에서 정지용의 천재성에 대한 찬사가 쏟아졌다. 특히 양주동은 정지용을 다음과 같이 평가했다.

독특한 기법을 구사하는 시인으로 현 시단의 경이적 존재이며, 서구 시의 수준을 능가하는 유일한 한국 시인이다.

여기서 '독특한 기법'이란 바로 대상묘사의 기법이다. 정지용의 출세작인 「향수」는 그의 나이 불과 22세 때 쓴 작품이다. 정지용은 12세 때 동갑내기인 송재숙과 조혼을 했다. 옥천에서 보통학교(초등학교)를 졸업하고 서울에 올라와 처가 쪽 친척집에서 한학을 공부했다.

슬픈 패각이 빛나는 수평선을 꿈꾼다.
  – 이상 『정지용 : 20세기 한국시의 성좌』(건국대출판부, 1996)

여기서 '슬픈 패각'은 정지용 자신이며 '빛나는 수평선'은 훌륭한 문학을 의미한다. 고된 식민지 유학생의 가난한 생활 속에서도 정지용은 문학적 열정을 이어나갔다. 그가 자신의 재능을 닦으며 문학에 열정을 쏟을 수 있었던 배경에는 모교인 휘문고보가 자리하고 있었다.

그는 17세 때 입학한 휘문고보에서 인도의 타고르가 쓴 『기탄잘리』를 번역했다. 『기탄잘리』는 김억의 번역으로 출간되었는데 그보다 앞서 무명 시인이 번역을 시도했던 것이다. 당시 휘문고보에는 홍사용·박종화·김윤식·박재찬·이태준 등이 선배와 동료, 후배로 함께 다니고 있었다. 동료 문사들에 둘러싸여 문학적 자극을 충분히 받을 수 있는 환경이었다.

정지용은 휘문고보 2학년 때인 1919년 12월에 잡지 『서광』 창간호에 소설 「삼인」을 발표한다. 이것이 그의 첫 문학 작품이다. 시인 정지용은 소설가로 먼저 데뷔한 셈이다. 이어 21세 때 「풍랑몽」이라는 첫 시를 발표한다. 그리고 22세 때인 1923년에는 휘문고보의 문우회 학예부장을 맡았으며, 4월에 일본 교토의 도시샤 대학에 입학하고 대표작이 된 「향수」를 썼다.

하늘에는 석근 별

알 수도 없는 모래성으로 발을 옮기고,

서리 까마귀 우지짖고 지나가는 초라한 집웅,

흐릿한 불빛에 돌아 앉어 도란도란거리는 곳,

그곳이 참하 꿈엔들 잊힐리야.

- 『정지용 시선』, (지식을만드는지식, 2013)

「향수」는 그의 생애와 밀접한 관계가 있다. 4대 독자로 향촌에서 태어나 가족의 사랑을 독차지하고 자란 그가 14세부터 28세까지 오랜 세월 객지 생활을 했으니 가족에 대한 그리움이 간절했을 것이다. 그러한 절절한 심경이 이 작품 속에 고스란히 담겨 있다.

정지용은 시어 구사의 감각이 탁월하고 자신의 감정을 시에 노출하는 것을 극도로 절제했다. 문학평론가 유종호의 「정지용의 당대 수용과 비판」에 따르면 정지용은 고전을 습득하고 새로운 문예이론을 수용하면서 한국적 전통성과 서구의 현대성을 연결했다. 그를 한국 최초의 직업적·전문적 현대 시인이라고 평가하는 것은 그 때문이다.

탁월한 감각으로 빚어낸 시구

집 떠나가 배운 노래를

집 찾아 오는 밤

논둑길에서 불렀노라.

나가서도 고달프고

돌아와서도 고달팠노라.[55]

「옛 이야기 구절」은 정지용이 24세였던 1925년 4월에 쓴 시이다. 아마도 방학 때 고향에 다녀온 뒤 일본에서 쓴 시일 것이라고 짐작된다. 교토 유학 중 잠시 들렀을 때의 풍경으로, 12세에 결혼한 동갑내기 아내 송재숙은 집에서 방학을 맞아 귀가한 남편을 반겼다. 송재숙은 10명의 자녀를 낳았는데 3남 1녀만 살아남았다고 한다. 당대의 지식인 가운데 몇몇은 조혼의 관행에 반기를 들고 어린 나이에 결혼한 아내를 떠나 신여성과 새로운 관계를 맺기도 했지만, 정지용은 평생 아내와 평온한 관계를 유지했다.

하지만 그의 천재성과 재기는 친일 시 「이토」異土를 『국민문학』에 발표함으로써 다소 빛을 잃게 된다. 『국민문학』은 최재서가 발간한 친일 문예종합지로 「이토」는 1942년 2월호에 실렸다. 정지용은 "일본 놈이 무서워서 산으로 바다로 회피하며 시를 썼다"라고 털어놓았다. "친일도 배일도 못한 나는 산수에 숨지 못하고 들에서 호미도 잡지 못하였다. 그래도 버릴 수 없어 시를 이어온 것인데 이 이상은 소위 『국민문학』에 협력하든지 그렇지 않고서는 조선시를 쓴다는 것만으로도 신변의 위협을 당하게 된 것이었다."[56]

그에게 남아 있던 『문장』이라는 마지막 무기조차 1943년에는 결국 폐간할 수밖에 없었다. 잡지도 우리말을 버리고 일본어로 발간할 것을 강요당했기 때문이다. 그때의 심사를 정지용은 이렇게 말한다.

> 이러한 괴로움이 일제 발악기에 들어 『문장』이 폐간당할 무렵에 매우 심하였다. 나의 시집 『백록담』을 내놓은 시절이 내가 내 정신이나 육체도 피폐한 때다. 여러 가지로 남이나 내가 자신의 피폐한 원인을 지적할 수 있었겠으나, 결국은 환경과 생활 때문에 그렇게 된 것이다. 그러나 모든 것을 환경과 생활에 책임을 돌리고 돌아앉는 것을 나는 고사하고 누가 동정하랴.
>
> – 이하 『선생님과 함께 읽는 정지용』(실천문학사, 2001)

정지용이 『문장』에서 해온 일은 한국 문단의 중대한 사건이자 역사가 되었다. 그는 이태준과 함께 『문장』에 참가해 각각 시와 소설 분야의 신인들을 발굴했는데, 이때 빛을 본 인물들이 조지훈·박두진·박목월 등 이른바 '청록파' 시인들이다. 마치 에즈라 파운드가 1922년 무명의 T.S. 엘리엇을 독려해 「황무지」를 세상에 내놓게 한 것과 같다 할 것이다.

정지용은 또한 해방 전까지 전혀 알려지지 않았던 시인 윤동주를 발굴해 등대 같은 역할을 해주었다. 『정지용 시집』이 간행된 것은 1935년 10월 27일이다. 윤동주는 이 시집을 평양에서 1936년 3월 19일 구입해 밑줄을 그어가며 읽었고 「압천」(가와가미)이라는 시 작품 밑에 '걸작'이라고 써놓았다. 또 정지용의 시를 읽고 모방해서 시를 썼다. 「별똥」이라는 시를 보고 「별똥 떨어진 데」라는 산문시를 썼으며, '향수'와 '고향'에 대한 정지용의 시를 보고 "고향에 돌아온 날 밤에/ 내 백골이 따라와 한 방에 누웠다"로 시작하는 「또 다른 고향」을 썼다.

1947년 2월 13일, 정지용은 자신이 주간으로 재직 중이던 『경향신문』에 윤동주의 유고시 「쉽게 씌어진 시」를 자신의 소개문을 덧붙여 게재해 윤동주의 존재를 처음으로 세상에 알렸다. 1947년 12월 18일에는 윤동주의 유고시집 『하늘과 바람과 별과 시』의 서문을 아래와 같이 쓰고 1948년 1월 시집의 발간을 도왔다.

청년 윤동주는 의지가 약하였을 것이다. 그렇기에 서정시에 우수한 것이겠고, 그러나 뼈가 강하였던 것이리라. 그렇기에 일적日賊에게 살을 내던지고 뼈를 차지한 것이 아니었던가? 무시무시한 고독에서 죽었고나! 29세가 되도록 시도 발표하여 본 적도 없이!

정지용은 일제 때 「이토」를 쓴 악몽으로 인해 절필을 했는데, 윤동주의 시집 서문만큼은 썼다. 이 서문은 윤동주를 암흑기 식민지 시대를 별처럼 빛내는 시인으로 자리매김하게 하는 데 결정적인 기여를 했다.

'호사유피'虎死留皮라는 말이 있겠다. 호피는 마침내 호피에 지나지 못하고 말 것이나 그의 '시'로써 그의 '시인'됨을 알기는 어렵지 않은 일이다.

이 또한 정지용이 『하늘과 바람과 별과 시』의 서문에 쓴 문장이다. 정지용 역시 그 시로써 시인의 시인됨을 알기 어렵지 않다. 「옛이야기 구절」의 "나가서도 고달프고/ 돌아와서도 고달팠노라"에서 보듯이 그의 삶은 고달팠지만 그의 시는 그 고달픔을 아름답게 승화시켰다. 정지용은 바로 시에 대한 '관심'과 '훈련'으로 자신의 천재성을 계발하고 닦아 나갔으며, 더욱이 윤동주와 청록파의 세 천재적 시인들을 발굴했다. 그것도 일제가 숨통을 바짝 죄어오던 엄혹한 시절에 말이다.

내가 인제
나비같이
죽겠기로
나비같이
날라 왔다
검정 비단
네 옷 가에
앉았다가
창窓 훤 하니
날아간다

이는 「나비」라는 정지용의 마지막 시이다. 이 작품을 끝으로 정지용은 우리 문학사에서 훌쩍 사라져버린다. 정지용은 한국전쟁 당시 서울을 점령한 북한의 정치보위부에 의해 녹번리(은평구 녹번동) 초당에서 설정식 등과 함께 납북되었는데 자진 월북으로 잘못 알려져 그의 작품은 남한에서 정당한 평가를 받지 못했을 뿐만 아니라 출간조차 되지 못했다. 1987년 민주화로 해금된 뒤에야 독자들에게 알려질 수 있었다. 그는 납북 도중 폭격으로 사망했다고 전해진다.

"문득, 영혼 안에 외로운 불이/ 바람처럼 이는 회한에 피어오른다." 자신이 쓴 「별」이라는 시에서처럼 그는 '영혼 안에 외로운 불'로 살았고 그런 시를 남겼다. 그리고 그의 시는 윤동주에게 '영혼 안에 외로운 불'을 피어오르게 함으로써 "별을 노래하는 마음으로/ 모든 죽어가는 것을 사랑해야지"라는 「서시」의 시어로 부활한 것이 아닐지. 시는 혹은 천재는 고난에서 피어나는 영롱한 아침이슬과 같다고 할까. 가끔 자신의 영혼이 외롭다고 느껴지거나 포근하고 아련한 향수에 안기고 싶다면 박인수와 이동원이 노래로 부른 「향수」를 감상해보는 것도 좋으리라. 잠시 모든 시름은 잊고 말이다.

정지용 시집 읽는 법

정지용 시집으로는 김성장의 『선생님과 함께 읽는 정지용』(실천문학사, 2001)을 권하고 싶다. 해설을 곁들여 시를 이해하기 쉽게 구성했다. 원문 그대로 읽으려면 이상숙이 엮은 『정지용 시선』(지식을만드는지식, 2013)을 읽으면 좋다. 연구서로는 민병기의 『정지용 : 20세기 한국시의 성좌』(건국대출판부, 1996), 김종태의 『정지용의 이해 3』(태학사, 2002), 최동호의 『정지용 시와 비평의 고고학』(서정시학, 2013) 등을 참고했다. 김성장은 윤동주가 정지용 시로부터 얼마나 영향을 받았는지 들려준다. 정지용과 윤동주의 관계를 통해, 한 시인의 탄생은 사회적이고 역사적인 과정임을 알 수 있다. 이는 이어 소개하는 백석과 그 이후 시인들과의 관계에서도 확인된다.

백석 시집

—

근대적 애잔함을
탁월하게 묘사한 시인

—

75

서울대 권장도서 · 75선

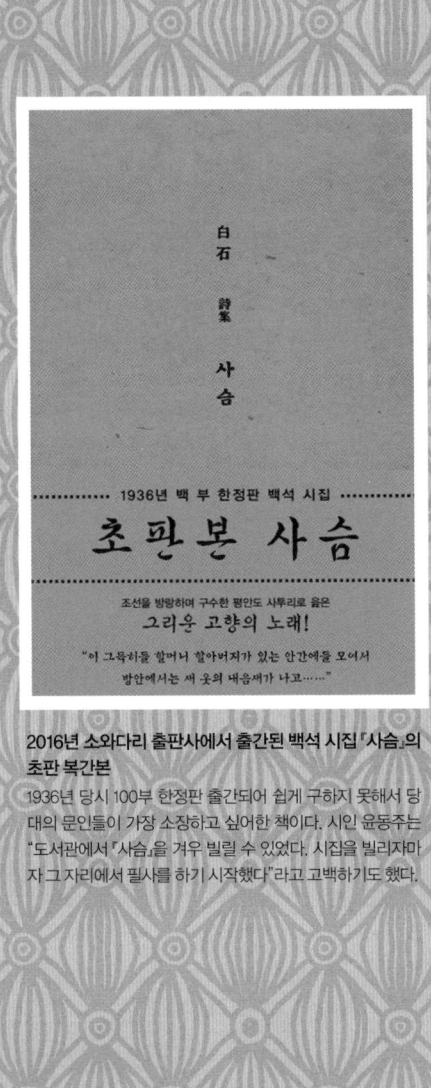

白石 詩集 사슴

1936년 백 부 한정판 백석 시집

초판본 사슴

조선을 방랑하며 구수한 평안도 사투리로 읊은
그리운 고향의 노래!

"이 그윽히 할머니 할아버지가 있는 안간에들 모여서
방안에서는 새 옷의 냄음써가 나고……"

**2016년 소와다리 출판사에서 출간된 백석 시집 『사슴』의
초판 복간본**
1936년 당시 100부 한정판 출간되어 쉽게 구하지 못해서 당
대의 문인들이 가장 소장하고 싶어한 책이다. 시인 윤동주는
"도서관에서 『사슴』을 겨우 빌릴 수 있었다. 시집을 빌리자마
자 그 자리에서 필사를 하기 시작했다"라고 고백하기도 했다.

서글픈 첫사랑의
시어들

흔히 '첫사랑은 실패한다'고 한다. 아마도 뜨거운 청춘 시절에만 경험할 수 있는 감정의 몫이 있기 때문에 나온 말이리라.

윤동주, 신경림, 안도현 등 한국의 내로라하는 서정 시인들이 가장 좋아하는 시인 중 한 사람으로 꼽는 백석(1912~1996). 이 시인에게 위대함을 잉태하게 한 시어는 바로 실패한 첫사랑에서 비롯되었다고 해도 과언이 아니다. 그의 대표적인 시를 읽다 보면 독자들은 어느새 아련한 첫사랑을 추억하게 된다. 백석은 24세 때인 1935년 7월, 절친한 친구 허준의 결혼피로연에서 박경련이라는 여성에게 첫눈에 반한다. 그때 백석과 박경련은 다만 시선을 주고받았을 뿐 말 한마디 나누지 못했다. 첫사랑을 '눈'으로 만난 지 한 달 후인 8월에 백석은 「정주성」이라는 시를 『조선일보』에 발표하면서 시인으로 등단했다.

자신도 모르는 사이 시인의 첫사랑이 된 박경련은 통영 출신으로 이화고등여학교 2학년이었다. 사랑에 빠진 백석은 1935년과 이듬해 1월과 12월까지 모두 세 번에 걸쳐 통영을 방문한다. 세 번째 방문 때 백석은 박경련의 집에 청혼을 했다. 시인은 첫사랑과의 만남을 「통영」(1935년 『조광』 12월호)이라는 시에서 이렇게 적고 있다.

> 넷날에 통제사가 있었다는 낡은 항구의 처녀들에겐 넷날이 가지 않은 천희千姬라는 이름이 많다
> 미역 오리같이 말라서 굴껍지처럼 말없시 사랑하다 죽는다는
> 이 천희의 하나를 나는 어느 오랜 객주집의 생선가시가 있는 마루방에서 만났다
> – 이하 『백석 시전집』(흰당나귀, 2012)

백석은 시와는 달리 첫사랑과의 만남을 정식으로 갖지도 못한 것으로 알려졌다. '이루어질 수 없는 사랑'이라는 예감 때문이었는지 시인은 "미역 오리같이 말라서 굴 껍질처럼 말없이 사랑하다 죽는다는" 천희에 얽힌 전설을 읊조린다.

1936년 1월 8일 전후에 이루어진 두 번째 통영행에서 백석은 통영에 가게 된 속사정을 구체적으로 드러낸다.

> 난蘭이라는 명정明井골에 산다는데
> 명정골은 산山을 넘어 종백(동백)나무 푸르른 감로甘露 가튼 물이 솟는 명정샘이 있는 마을인데
> 샘터엔 오구작작 물을 긷는 처녀며 새악시들 가운데 내가 조아하는 그이가 있을 것만 갓고

내가 좋아하는 그이는 푸른가지 붉게붉게 종백꽃 피는 철엔 타관시집을
갈 것만 가튼데

이 시에서 '난'은 박경련을 시적으로 대상화한 표현이다. 이 시 또한
「통영 : 남행시초」라는 제목으로 『조선일보』 1936년 1월 23일자에
실렸다(백석은 새해를 맞아 기행 연작시로 4편의 시를 『조선일보』에 실었는데, 각각
'창원' '통영' '고성' '삼천포' 등의 제목에 '남행시초'라는 공통의 부제를 달았다). 동백
꽃 피는 철이면 2월을 말하는데, 시인은 이 시절에 첫사랑이 다른 사람
과 결혼을 하지는 않을까 조바심을 치고 있다. 시인의 불길한 조바심은
이내 현실이 되고 말았다. 백석은 그해 4월 조선일보사를 그만두고 함
흥 영생고보 영어교사로 부임했으며, 연말에 친구 허준과 통영으로 가
서 박경련의 집에 청혼을 했다. 박경련은 어머니와 단둘이 살고 있었다.
그녀의 어머니는 청혼을 받고 백석에 대해 알아보던 중 백석의 어머니
가 기생 출신이라는 소문을 듣는다. 그 뜬소문을 전한 이는 조선일보사
동료인 신현중이었다. 신현중은 다른 여성과 약혼한 상태였으며, 박경
련과 어린 시절을 함께 보낸 동무였다. 백석의 사랑에 재를 뿌린 신현중
은 그로부터 4개월 후에 박경련과 결혼했다.

시인은 그 황망한 마음을 다스리며, 배신에 분노하며 시를 썼다. 백석
은 이듬해 『여성』 4월호에 「내가 생각하는 것은」이라는 시를 발표했는
데 당시 상심한 마음이 녹아 있다.

그렇건만 나는 하이얀 자리우에서 마른 팔뚝의
샛파란 피ㅅ대(핏대)를 바라보며 나는 가난한 아버지를
가진 것과 내가 오래 그려오든 처녀가 시집을 간 것과
그렇게도 살틀(살뜰)하든 동무가 나를 벌인(버린) 일을 생각한다

마음을 달래기 위해 백석은 외출도 하지 않고 방 안에 우두커니 앉아 팔뚝의 힘줄을 바라보는 게 고작이었다. 첫사랑이 백석 대신 택한 결혼 상대가 친한 친구라니 그 상실감은 작지 않았을 것이다.

「흰 바람벽이 있어」(1941)라는 시는 백석을 대표하는 시로 널리 애송되고 있다. 이 시에도 어김없이 천희의 그림자가 등장한다.

> 내 사랑하는 어여쁜 사람이
>
> 어늬 먼 앞대 조용한 개포가의 나즈막한 집에서
>
> 그의 지아비와 마조 앉어 대구국을 끓여놓고 저녁을 먹는다

이 시는 박경련이 결혼한 지 4년이 지났을 때 발표된 시인데 오랜 시간이 흘렀음에도 그를 잊지 못하고 있다. 심지어 시인은 지아비와 마주 앉아서 대구국을 끓여놓고 저녁을 먹는 '천희'를 떠올린다.

교과서에서
가장 많은 시를 올린 시인

한창 첫사랑에 빠져 있던 1936년 1월 20일에 백석의 첫 시집 『사슴』 이 100부 한정판으로 출간되었다. 김기림은 「사슴을 안고」라는 서평에 서 백석 시의 모더니티에 주목하며 이렇게 썼다.

한대寒帶의 바다의 물결을 연상시키는 검은 머리의 '웨이브'를 휘날리면 서 광화문통 네거리를 건너가는 한 청년의 풍채는 나로 하여금 때때로 그 주위를 '몽파르나스'로 환각시킨다. 시집 『사슴』의 세계는 그 시인의 기억 속에 쭈그리고 있는 동화와 전설의 나라다. 그리고 그 속에서 실로 속임 없는 향토의 얼굴이 표정한다. 그렇건마는 우리는 거기서 아무러한 회상적인 감상주의에도 불어오는 복고주의에도 만나지 않아서 더없이 유쾌하다. (…) 어디까지든지 그 일류의 풍모를 잃지 아니한 한 권의 시집을 그는 실로 한 개의 포탄을 던지는 것처럼 새해 첫머리에 시단에 내던졌다.

　김기림이 '한 개의 포탄'에 비유한 이 시집은 이후 한국 시단의 뿌리 깊은 나무로 자리 잡고 뭇 시인들에게서 시심을 불러일으켰다. 백석의 시집을 구하지 못한 윤동주는 도서관에서 『사슴』을 빌려 그 자리에서 필사를 했다. 안도현은 "스무 살, 백석이 처음 내게 왔다. 그때부터 30년 동안 그를 짝사랑해왔다"라고 고백했다.

　2009년 개정안에 따른 중·고등학교 국어과 교과서에 백석은 김수영과 함께 가장 많은 시를 올렸다. 「고향」이 세 군데, 「남신의주 유동 박시봉방」 「여우난골족」 「수라」가 두 군데, 「국수」와 「나와 나타샤와 흰 당나귀」 「통영 : 남행시초」 「흰 바람벽이 되어」 등이 한 군데 수록되어 있다.

　오늘날 가장 많이 사랑받고 애송되는 백석 시는 1938년에 발표된 「나와 나타샤와 흰 당나귀」이다. 이 시의 첫 연과 마지막 연을 대하면 절로 사랑하는 연인을 떠올리게 된다.

　　가난한 내가
　　아름다운 나타샤를 사랑해서
　　오늘밤은 푹푹 눈이 나린다
　　(…)
　　눈은 푹푹 나리고
　　아름다운 나타샤는 나를 사랑하고
　　어데서 흰 당나귀도 오늘밤이 좋아서 응앙응앙 울을 것이다
　　– 『백석 시전집』(흰당나귀, 2012)

수많은 국내 시인들에게 영향을 준 백석 자신은 일본 유학시절에 접한 프랑시스 잠과 릴케 등의 영향을 받았던 것으로 보인다.

우리 집 식당에는 윤이 날 듯 말 듯한

장롱이 하나 있는데, 그건

우리 대고모들의 목소리도 들었고

우리 할아버지의 목소리도 들었고

우리 아버지의 목소리도 들은 것이다

그들의 추억을 언제나 간직하고 있는 장롱.

그게 암 말도 안 하고 있다고 생각하면 잘못이다.

그건 나와 이야기를 나누고 있으니까.

– 프랑시스 잠, 「식당」 중에서

프랑시스 잠은 위 시에서 식당에 있는 낡은 장롱을 통해 대고모와 할아버지, 아버지의 목소리를 들을 수 있다고 노래한다. 그 영향이 백석의 시 「목구」木具(1940)에서 느껴진다.

내 손자의 손자와 손자와 나와 할아버지와 할아버지의 할아버지와 할아버지의 할아버지의 할아버지와…… 수원 백씨정주백촌水原白氏定州白村의 힘세고 꿋꿋하나 어질고 정 많은 호랑이같은 곰같은 소같은 피의 비같은 밤같은 달같은 슬픔을 담는 것 아 슬픔을 담는 것

– 이하 『백석 시전집』(흰당나귀, 2012)

목구란 제사에 사용되는 나무 제기로, 고방에 보관해두다 제사 때 제상 위에 올라 여러 가지 음식을 받들고 제사에 참여하게 된다. 후손들은

제상 아래 공손하게 절을 올리고 때로는 애통한 통곡과 경건한 축문을 올리기도 한다. 그때마다 목구는 음식을 공손히 받들고, 후손들의 발원이 조상들에게 잘 전달되도록 전령 역할을 한다.

또한 프랑시스 잠의 이름은 그의 시 「흰 바람벽이 있어」 안에서 직접 호명되기도 한다.

> 하눌이 이 세상을 내일 적에 그가 가장 귀해하고 사랑하는 것들은 모두
> 가난하고 외롭고 높고 쓸쓸하니 그리고 언제나 넘치는 사랑과 슬픔 속에
> 살도록 만드신 것이다
> 초생달과 바구지꽃과 짝새와 당나귀가 그러하듯이
> 그리고 또 '프랑시쓰·쨈'과 도연명과 '라이넬·마리아·릴케'가 그러하듯이

해방 전 남한에서 그는 가장 주목받던 시인의 한 사람이었지만 해방 후 북한에서의 말년은 행복하지 못했다. 일제강점기인 1930년대에 활동하던 백석은 문인들에 대한 탄압과 회유가 본격화되던 29세 때(1940) 만주로 가 유랑생활을 했다. 해방 후 고향인 북한에 정착했는데 사상이 의심스럽다는 죄목으로 1959년부터 37년 동안 함경도 오지인 삼수로 추방돼 1996년 세상을 떠날 때까지 양치기로 살았다.

인간의 삶이 정치나 역사에 의해 얼마나 굴절될 수 있는지, 백석의 사진을 통해 어느 정도 느낄 수 있다. 그가 함흥 영생고보에서 영어교사로 재직하던 당시(25세, 1936)에 찍은 사진은 뒷머리가 독특한 세련된 헤어스타일에 훤한 모습이다. 46세 때인 1957년의 인물 삽화는 수심에 찬 중년의 모습이다가 1980년대 중반 가족과 찍은 사진에서는 그야말로 비애가 가득한 표정이다. 이 사실이 그에게 뒤늦은 위로가 될지는 알 수 없지만, 통영 명정골의 우물을 지키고 있는 것은 백석의 시 「통영」이다.

백석 시집 읽는 법

백석 시집은 지식을만드는지식 출판사에서 나온 『백석 시전집』(이동순 엮음, 2013)과 다산책방에서 나온 『나와 나타샤와 흰 당나귀』(2014), 그리고 흰 당나귀에서 출간한 『백석 시전집』(송준 엮음, 2012) 등이 있다. 연구서로 안도현의 『백석 평전』(다산책방, 2014), 이숭원의 『백석 시의 심층적 탐구』(태학사, 2006), 고형진의 『백석 시를 읽는다는 것』(문학동네, 2013)을 참고했다.

안도현의 『백석 평전』은 백석의 자양분을 받고 시를 썼다는 안도현 시인 자신의 고백을 담고 있다. 그 가운데 「나와 나타샤의 흰 당나귀」의 '나타샤에게'는 시에 등장하는 '나타샤'에게 쓴 편지글이다. 안도현은 이 글을 통해 백석에 대한 아낌없는 애정을 드러냈으며, 읽는 이로 하여금 '나타샤'가 누구인지 궁금증을 자아내게 만들어 시를 읽는 재미를 더한다.

이기영의 『고향』

—

근대성에 대한
빛나는 성찰

—

76

이기영의 초상
이기영은 해방 전까지 '프로문학가'로서 자신의 신념에 충실한 작품 활동을 펼쳐나갔고,
월북한 후에는 북한의 문학과 문학 정책을 주도해나간 것으로 알려졌다.

삭막한 현실을 이겨내는 '공동선'의 힘

월북 후 우리에게 오랫동안 잊힌 소설가였던 이기영(1895~1984)은 계급운동을 지향하는 '카프'KAPF(조선프롤레타리아예술가동맹)의 대표 작가이다. 1920~30년대 카프 작가들은 식민체제의 불합리한 현실을 비판하고 그에 항거하는 농민과 노동자의 투쟁을 긍정하는 작품을 써나갔다. 1936년 10월 출간한 이기영의 장편소설 『고향』은 이른바 '프로문학'의 정점에 해당하는 작품이다. 프로문학은 카프를 중심으로 창작된 '프롤레타리아 문학'으로, 무산 계급인 프롤레타리아의 계급성을 강조하고 그들의 생활상을 반영한 것이다.

소설의 공간적 배경인 1920년대와 30년대는 한국의 농촌이 서구 근대 문물의 도입으로 본격 변화하기 시작한 시기다. 이기영은 전체 인구의 대다수를 차지하고 있는 농민이 근대화 과정에서 점점 빈곤해지고 빈농이나 도시 빈민으로 몰락해가는 과정을 추적했다. 이들의 삶에 대한 작가로서의 문제의식은 '세상은 점점 개명한다는데 사람 살기는 해마다 더 곤란하니 웬일인가?'라는 화두로 표현된다.

이기영이 던지는 문제의식 속에는 '세상이 점점 개명을 하면 사람 살기가 나아져야 한다'라는, 진보에 대한 긍정적 관점과 사회의 모순을 찾고자 하는 지향이 내포되어 있다. 세상이 개명하는 것은 타락하는 것이라고 하는 관점(낭만적 반자본주의)과는 전혀 다르다. 『고향』이 프로문학의 정점에 위치하고 있다는 것은 바로 근대성에 대한 성찰을 기본으로 하고 있기 때문이다.

이기영의 『고향』은 김원칠·김선달·조첨지처럼 땅을 지키고 살아온 원터 마을의 여러 빈농(구세대)들과 새로운 것에 대한 지향을 강렬하게 품고 성장하는 인순이·인동이·방개·막동이 등 농촌의 젊은 남녀(신세대)들을 중심으로 전개한다. 여기에 마름 노릇을 하면서 중간에서 농민들을 수탈하는 안승학과 고리대금업을 하는 권상철 등이 이들과 대립되는 한 축을 이룬다. 소작농의 아들로서 도쿄 유학을 마치고 5년 만에 귀향한 김희준이 농민들을 의식화하고 두레를 조직하여 마름 안승학에 맞서 소작 쟁의까지 이끄는 고리 역할을 한다. 서울에 유학 중이던 안승학의 딸인 안갑숙과, 권상철의 아들인 권경호(후에 친자가 아니라는 출생의 비밀이 드러나 가출한다)처럼 자기의 계급적 한계를 뛰어넘어 공장 노동자와 사무원으로 변신하면서 농민의 편에 서는 지식인까지 『고향』에는 광범위한 인물들이 등장한다.

먼저 마을의 지배자로 군림하는 안승학은 20년 전만 해도 다 찌그러진 오막살이에서 콩나물죽으로 연명하던 처지였다. 그러던 사람이 오늘은 수백 석 추수를 하고 서울 사는 민판서 집 사음(마름)까지 얻어서 이 동리로 옮겨 앉은 것이다. 안승학은 미국 초대 대통령인 워싱턴이 시간의 중요성에 대해 말한 글을 접한 뒤 시계를 수집하면서 근대 문물에 밝은 인사로 통하게 되었다. "시계 이야기는 참으로 자기에게 유익하기 때문에, 우선 좋은 시계라면 돈을 아끼지 않고 사들였다. 그의 집에는 마치 시계점을 벌인 것처럼 갖은 시계를 진열해놓았다." 우습게도 워싱턴의 이 단순한 시계 이야기는 안승학을 출셋길로 이끈다.

> 그는 관청에 다닐 때 지각을 한 일이 한 번도 없었다. 그는 어느 모임이든지 남 먼저 출석했다. 그리고 '조선 사람은 시간관념이 부족하다. 저렇게들 늦게 오니까 외국 사람들에게 게으름뱅이라는 비방을 듣는다'고 뒤에 오는 사람들을 빈정대어주었다.
>
> – 이하 「고향」(문학과지성사, 2005)

안승학의 출세담은 지금의 기준으로 보면 말도 안 되는 것이지만 근대의 문에 들어서던 그 시기만 해도 대단한 것이었다. 이런 안승학과 대립하는 인물이 주인공인 김희준이다. 김희준은 이 소설에서 공동선을 추구하며 근대의 여명기에 황폐해져가는 농촌에 희망을 일구는 인물로 그려진다. 그가 5년 만에 다시 돌아온 고향은 예전의 고향이 아니었다. 희준이 도쿄에서 5년 만에 귀향하던 날 동리 사람들은 모두들 나와 그의 귀향을 반겼다. 그러나 희준의 초라한 행색에 저마다 낙담한다.

> 그들은 희준의 행장이 너무나 초라한 데 그만 놀랐다. 그들의 생각에는 그도 좋은 양복에 금테 안경을 쓰고 금시계 줄을 늘이고 그리고 짐꾼에게는 부담을 잔뜩 지워가지고 호기 있게 들어올 줄 알았다⋯⋯. 한데 그는 시꺼먼 학생 양복에 테두리가 오글쪼글한 모자를 쓰고 행장이라고는 모서리가 해어진 손가방 한 개를 들었을 뿐이다.

희준은 입신출세보다 고향에서 자신의 역할을 찾겠다는 생각을 굳히고 귀향한 것이었기에 결코 '화려한 귀향'이 될 수 없었던 것이다. 그가 목도한 고향의 현실이란 도시화가 급격히 이루어지고 있음에도 마을 사람들의 현실은 더 궁핍해져 있는 모습이었다. 안승학의 딸인 갑숙은 서울에서 방학 때 내려와 술지게미를 사오는 소작농의 아낙네들을 보며 다음과 같이 말한다. "아니 웬 술지게미들만…… 돼지 먹이들을 받어 가나?" 춘궁에 먹을 것이 없어 술지게미를 사러 가는 박성녀의 모습과 술지게미를 보고 웬 돼지죽이냐고 말하는 마름집 딸 갑숙의 모습에서 계층 간 빈부의 격차를 파악할 수 있다.

> 오 년 동안에 고향은 놀랄 만큼 변하였다. 정거장 뒤로는 읍내로 연하여서 큰 시가를 이루었다. 전등, 전화가 가설되었다. C사철私鐵은 원터 앞들을 가로 뚫고 나갔다. (…) 그러나 그동안 변한 것은 그뿐만 아니었다. 제사공장이 높은 담을 두르고 굉장히 선 것이었다. 양회 굴뚝에서는 검은 연기가 밤낮으로 쏟아져 나왔다.

식민지 자본주의에 의한 양극화의 폐해는 안승학·권상철과 박첨지 등 빈농들의 대조로 드러난다. 마름 안승학과 읍에서 포목장사를 하면서 고리대금업을 하는 권상철은 떵떵거리며 사는 반면, 마을의 농부들은 높은 소작료와 고리대의 노예로 살아가고 박첨지는 고리대에 시달리던 나머지 자살을 하고 만다. 빈농들은 철도가 부설되고 제방 공사가 이루어지고 제사공장이 들어서는 등 세상이 날로 개명되어가는 속에서도 자신들의 삶은 더 팍팍해졌다고 느낀다. 식민지 자본주의 사회에서 근대화에 적응하지 못한 농민들은 궁핍한 생활에 피폐해져갔다.

다시 화합하는 고향

김희준은 도쿄 유학에서 돌아오던 날, 변해버린 고향의 모습을 보고 이 현실을 자신이 타개해나가겠노라고 다짐한다. 김희준은 황폐화되어 가는 마을을 회복하는 방안으로 두레를 부활시키자고 제안한다. 안승학 은 자신의 지배력을 상실할까 두려워 희준의 등장을 극도로 경계한다. 안승학은 두레를 만들고자 상의하러 온 희준의 면전에서는 두레를 찬 성하고 돌아서서는 반대한다.

그것은 두레를 반대하거나 자기에게 손해가 돌아올까 해서 겁내는 것이 아니라 역시 희준이의 세력이 커질까봐서 시기를 하기 때문이다. (…) 어 쩐지 마을 사람들이 희준이를 가까이하는 것 같은 생각은 자기의 지위가 흔들리는 것처럼 불안이 없지 않았다.

사람들이 힘을 합치면 자신의 세가 약해질까 두려워진 안승학은 심복인 학삼을 내세워 두레에 훼방을 놓으려 하지만 역부족이다. 소가 콩잎을 뜯어먹는 바람에 큰 싸움을 벌인 백룡의 모친과 쇠득의 모친은 두레를 통해 화해한다. 진보적 견해와 보수적 견해로 대립해온 김선달과 조첨지도 두레를 통해 합심하게 된다.

"세상이 갈수록 그악해지니까 사람들도 늑대가 되고 있다"라는 조첨지의 말처럼, 이기영은 자본주의화로 모든 것이 물신화되면서 삭막해지는 근대사회의 인간관계를 표현한다. 그는 화합의 장으로서 전통적인 두레 공동체를 내세운다. 두레 부활 이후 이웃 간에 친목이 두터워진 마을 사람들은 서로 도우려 했고 불의의 손해를 입은 사람들에게 동정을 아끼지 않았다.

> 그전 같으면 앞뒷집에서 굶어도 서로 모르는 척하고 또한 그것을 아무렇지도 않게 여겼는데 그것은 그들의 처지가 서로 절박하여서 미처 남을 돌아볼 여유가 없을뿐더러 날로 각박해지는 세상 인심은 부지중 그렇게만 만들어놓았던 것인데 지금은 굶는 사람이 있으면 서로 도와주려는 훗훗한 이간의 훈김이 떠돌았다. 두 되만 있어도 서로 꾸어 먹고 한 푼이라도 남의 사정을 보려 들었다.

신세대로 구분되는 인순, 방개, 갑숙, 경호 등은 전근대적인 삶에서 벗어나 근대적인 공간에서 능동적으로 대처한다. 인순은 희준을 졸라 공장에 들어가려 했고, 갑숙은 봉건적인 아버지의 사고방식에서 벗어나기 위해 집에서 가출해 공장에 들어와 노동자가 되었다. 부모의 강요에 떠밀려 한 결혼으로 갈등하던 방개는 공장에 들어가서 새로운 삶을 살게 된다. 이는 봉건적인 사고에서 벗어나 근대적 주체로 살아가고자 함이다. 이 가운데 방개는 원초적 활력을 지닌 여성으로 그려진다. 방개는 담 뱃갑을 괴춤에서 꺼내 박성녀에게 한 개를 꺼내주며 음전에게도 권한 다. 그러나 음전은 안 배웠다고 한다. 방개는 맛있게 흡연을 하면서 "난 술도 먹는단다"라고 말한다.

이 소설의 절정은 소작인들이 홍수 피해를 입고 쟁의를 일으키는 대 목이다. 논이 물에 잠기자 소작농들은 안승학에게 소작료를 탕감해달라 고 청원하나 들어주지 않는다. 그리하여 서울의 민 지주에게 직접 요구 하기에 이르는데 지주는 모든 것을 마름에게 일임한다. 이때 승학은 지 주보다 더 강경한 입장을 취한다. 농민들은 희준의 지도로 단결해 벼를 베지 않기로 한다. 그런데 시일을 끌면서 농민들은 당장의 배고픔 때문 에 벼를 베어야겠다고 동요한다. 이에 희준은 좌절한다.

지금 그들은 문제가 뜻대로 해결되기 전에는 벼를 베지 말자고 맹서한 것도 잊어버리고 마름이 꾀는 대로 벼를 베자는 것이었다. 그래서 농민 의 무지는 일시에 와- 하고, 도리어 자기에게로 총부리를 겨누려 들지 않 는가!

김희준은 그동안 자신이 행한 조직 사업과 농민 의식화 사업에 대해 회의하게 된다. 또한 돈을 마련하러 청년회에 참가했던 사람에게 찾아가 지만 노름을 일삼으면서 돈을 빌려주기를 거부한다. 이때 갑숙과 방개가 공장 사람들의 도움을 받아 기금을 내놓은 덕분에 한숨을 돌린다.

소작쟁의 과정에서 볼 수 있듯이 이 소설에서 갑숙의 반전이 흥미롭 다. 서울 유학을 가 있던 안승학의 딸 갑숙은 고향에 와서 소꿉동무였던 희준의 변화된 모습에 찬탄과 동시에 연정을 품게 된다. 하지만 경호와 의 연애 문제로 아버지와 충돌을 일으킨 뒤 가출해 옥희라는 가명으로 제사공장에 취직한다. 또한 머슴인 친부를 부끄럽게 여겼던 권경호는 갑숙의 조언 덕분에 아버지에 대한 애정을 회복한다. 갑숙은 돈의 죄악에 물든 아버지보다 머슴이지만 성실하게 사는 아버지가 더 좋은 아버지라고 말한다.

갖은 수법으로 재산을 축적한 권상철은 경호가 집을 나가자 삶의 의미를 잃어버리고 만다. 악착같이 모은 재산을 줄 자식이 없어졌기 때문이다. 이기영은 소설 속에서 물질적 가치에 종속되지 않는 가족의 의미를 경호와 그의 친부, 권상철의 관계를 통해 독자들로 하여금 되새기게 만든다.

이기영은 해방 전까지 프로문학가로서 자신의 신념에 충실한 작품활동을 펼쳐나갔고, 월북한 후에는 최고인민회의 부의장을 역임하며 북한의 문학과 문학 정책을 주도해나간 것으로 알려졌다. 죽어서는 애국열사릉에 묻혔다. 하지만 계급문학을 표방한 이기영이 월북 이후 작가의 사명을 다했다고 할 수 있을지는 의문이 든다. 국제법도 통하지 않는 권력 세습의 독재국가로서의 면모를 줄곧 유지하고 있는 북한에서 문학과 예술은 그저 권력을 위해 봉사하는 도구로 전락해버린 지 오래이기 때문이다. 그의 문학가로서의 빛나는 재능과 젊은 시절을 안타깝게 추억할 수밖에 없는 이유다.

『고향』 읽는 법

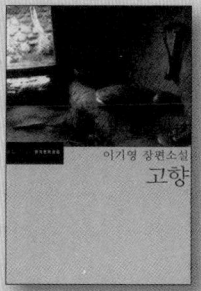

이기영의 『고향』은 문학과지성사(2005) 출간본을 기본으로 보았다. 이 책에는 이상경의 「프로문학의 정점, '고향' : 식민지 자본주의에 대한 성찰」이라는 해제가 실려 있어 소설을 이해하는 데 도움을 준다. 여기에 우종인의 논문인 「이기영의 『고향』에 나타난 근대의식 연구」(『한국문화기술』 통권 제4호 197∼217쪽)를 참고했다.

근대 이전의 사회에서는 고향을 떠나는 일 자체가 대단히 예외적인 일이었으니 시인 두보처럼 절실한 체험을 바탕으로 향수를 노래한 경우는 사실 그리 흔치 않았다. 근대문학이 다루는 향수는 명목상으로는 존재하지만 실제로는 더 이상 존재하지 않는 고향, 오로지 기억 속에만 존재하는 고향을 대상으로 한다. 기억 속에서 고향은, 흔히 짙은 서정성과 전원적·목가적 아름다움을 지닌 근대와 대비되는 공간으로 떠오른다. 이러한 고향론은 『정지용의 이해』(태학사, 2002) 가운데 오성호의 논문인 「'향수'와 '고향' 그리고 향토의 발견」이라는 논문을 참고할 만하다.

박태원의 『천변풍경』

—

1930년대 도시의 삶을 그린
모더니즘의 진수

—

77

서울대 권장도서 · 77선

청계천 복개 공사 장면
서울 시민들과 함께 수많은 곡절을 겪어온 청계천은 박태원의 「천변풍경」 속 주요 배경으로 등장한다. 박태원은 천변을 터전으로 살아가는 소시민들의 삶을 마치 다큐멘터리처럼 독자들에게 전달한다.

고달픈 도시인의 삶을
다큐멘터리처럼 그려내다

청계천은 서울의 도심 한복판에 있으면서도 천변이라는 특수성 때문에 하층민들이 모여들던 곳이었다. 서울 사람들의 가장 오래된 놀이터이자 빨래터였던 청계천을 정부는 1963년 광통교부터 오간수 다리까지 철근과 시멘트로 덮어 도로로 만들었다. 청계천이 다시 인공적인 모습이나마 하천으로 돌아올 수 있었던 것은 청계천 복원 공사(2003년 7월 1일~2005년 10월 1일) 덕분이었다. 서울살이의 애환이 깃든 오랜 무대로서 아우라를 지닌 역사적인 공간을, 뒤늦게나마 복원했다는 데 대해 안도감을 느낀다.

박태원(1909~1986)의 소설 『천변풍경』(1936)은 바로 1930년대 후반 청계천을 배경으로 한 '도시소설'이다. 이 소설을 읽으면서 한 가지 흥미로운 사실이 눈에 띄었다. 바로 청계천을 덮고 큰길을 낸다는 소문이

이 소설을 썼던 1936년에 벌써 회자되고 있었다는 사실이다.

> "더구나 소문을 들으면, 뭐 청계천을 덮어버린단 말이 있지 않어? 위생에
> 나쁘다던가……."
> "그거, 다 괜한 소리……. 덮긴, 말이 그렇지. 이 넓은 개천을 그래 무슨 수
> 루 덮는단 말이유? 온, 참……."
> – 이하 『천변풍경』(문학과지성사, 2005)

『천변풍경』은 한국 모더니즘 문학의 최고봉으로 불리는 박태원이 1936년과 37년 잡지 『조광』에 두 번에 걸쳐 연재한 작품을 장편으로 묶은 것이다. 박태원은 불과 30세에 『천변풍경』과 그 유명한 『소설가 구보씨의 일일』을 출간했다. 『천변풍경』은 제1절 '청계천 빨래터'에서 시작해 제50절 '천변풍경'으로 끝나는데, 1930년대 천변을 중심으로 살아갔던 고달픈 도시인들의 삶을 조명하는 50개의 다른 이야기로 이루어져 있다.

『천변풍경』의 이러한 형식을 위해 박태원은 '카메라의 눈'이라고 하는 영화 기법을 차용한다. 삶의 단편적 장면들을 있는 그대로 독자에게 전달하기 위해서다. 즉 박태원은 자신의 주관을 배제하고 독자들에게 도시 하층민이 살아가고 있는 생활상을 마치 다큐멘터리처럼 전달한다.

근대 유럽 최초의 도시소설은 "사람들은 살아 보겠다고 이 도시로 몰려오는 모양이다. 그러나 나는 오히려 여기서 죽어가는 것이라고 생각하게 된다"라는 서두로 시작하는 라이너 마리아 릴케(1875~1926)의 『말테의 수기』(1910)이다. 당시 작가들은 대부분 귀족이나 구시대를 그리는 데 집중했지만 말테는 근대 도시와 죽음의 문제를 소설로 끌고 들어왔다. 이러한 역할을 한국에서는 박태원과 그의 작품 『천변풍경』 『소설가

구보 씨의 일일』이 수행했다고 할 수 있다.

이 작품의 서술자는 이발소 사환 재봉으로 나타나기도 하지만 전체적으로 볼 때 작가 자신이 서술자가 되는 서술 자아의 입장을 견지하고 있다. 즉 작가는 작중 인물인 재봉의 눈을 통해 천변 사람들의 다양한 삶을 묘사하며, 그 주요 장소는 빨래터와 이발소, 카페이다. 먼저 빨래터는 도시에서 힘들게 살아가는 하층민들의 성제된 삶을 드러내는 공간이면서 동시에 그들이 가지고 있는 연대감이 표출되는 공간이다.

> "아니, 요새, 웬 비웃(청어)이 그리 비싸우?"
>
> "아니, 얼말 주셨게요?"

이 소설의 첫 장면이다. 아낙네들이 청계천변 빨래터에 모여 빨래를 하며 이야기를 나누고 있다. 그들의 화제는 청어 값이다. 아낙네들은 가격에 대한 정보를 교환하면서 청어를 몇 두름씩 살 수 있는 사람들은 싸게(8전) 살 수 있지만 한 마리를 사면 비싸지는(13전) 현실을 이야기하고 있다. 천변에 사는 사람들치고 두름씩 살 수 있는 사람들이 많지 않을 것이다. 아낙네들은 이런 서로의 현실을 서로 동정하며 살아간다.

> "어유, 딱두 허우. 낱개루 사 먹는 것허구, 한꺼번에 몇 두름씩 사 먹는 것허구, 그래 같담? 한 마리에 팔 전씩만 한담야 우리 같은 사람두, 밤낮, 그 묵어빠진 배추김치 좀 안 먹구두 살게?"

이발소는 이곳에서 일하는 재봉의 관찰 장소로 설정되어 있다. 이발소는 중산층 남자들의 허위의식과 문제점이 드러나는 공간이다. 재봉의 눈으로 묘사되는 포목점 주인의 행동이 대표적이다.

더구나 그가 남의 앞에서 즐겨 꺼내보는 그 시계는 참말 금시계지만, 역시 십팔금인 것같이 남이 알아주기를, 은근히 바라고 있는 듯싶은 그 시곗줄이, 사실은 오금에 지나지 않는다는 것을, 이발소 안에서의 풍문으로 들어 알고 있는 소년은, 그의 태도와 걸음걸이가 점잖으면 점잖을수록, 더욱이 속으로 우스웠다.

21세기에도 유효한
천변의 이야기

　세 번째로 카페는 빨래터와 이발소와는 다른 의미를 지닌 공간이다. 빨래터와 이발소에서 잘못된 세태가 폭로되고 있다면, 카페에서는 하층민들이 지닌 성실한 삶의 자세와 미래에 대한 전망이 표출된다. 즉 기미꼬를 중심으로 재봉과 금순과 순둥의 성실함이 카페에서 드러나며, 이는 부분적으로 보다 나은 삶을 영위할 수 있다는 전망을 형성한다.

　기미꼬·하나꼬·금순의 여성 공동체(하나꼬와 기미꼬는 카페에서 일을 하고 금순은 생활을 담당한다)는 기미꼬에 의해 기획된 것이다. 이 소설에서 카페 종업원인 기미꼬는 속악한 근대에서 타락한 방식으로 돈을 벌어야 하지만, 여기에 함몰되지 않고 따뜻한 휴머니티를 유지하는 인물로 제시된다. 그에 대해서는 제21절의 '그들의 생활 설계'에 자세하게 묘사되어 있다.

기미꼬는 부모를 여읜 뒤, 더욱이 얼굴이 못생긴 가난한 계집은 주위에 한 사람의 사랑하는 이도 가져보지 못한 채, 사람의 정이니, 은혜니, 그러한 것을 도무지 받아보지 못하고 지내왔다. (…) 그러나 이제는 이미, 그러한 것을 혼자 슬퍼하지 않아도 좋았다. 불행한 동무들과 함께, 서로 믿고, 의지하고, 깊은 사랑과 따뜻한 정을 가져나갈 때, 참말 삶의 기쁨은 샘과 같이 서로서로의 가슴속에 용솟음칠 것이다.

금순은 시골에서 인신매매범에 의해 끌려왔다. 그녀의 첫 번째 신랑은 서울로 야반도주했고, 두 번째 신랑은 자신보다 세 살 적은 13세였다. 시어머니가 신랑을 끼고도는 바람에 첫날밤도 치르지 못했다. 그러다 금순의 남편은 호열자(콜레라)에 걸려 15세에 죽고 만다. 금순은 음흉한 시아버지를 피해 자살하려고 하다 뜻밖에도 인신매매범에 의해 서울로 끌려와 하숙옥에 묵게 된다. 이를 딱하게 여긴 기미꼬는 하숙옥으로 금순을 찾아가 함께 살자고 제안한다. 한편 금순의 어머니가 세상을 떠나자 빚에 시달리던 아버지와 동생 순둥은 고향을 떠난다. 금순은 우연히 동생을 만나 함께 살게 된다.

박태원은 각박한 도시민들의 삶의 복원은 바로 인간애를 통해 가능한 것임을, 여성 인물들을 통해 암시한다. 특히 기미꼬는 하층민들의 인간애와 연대감으로 가득한 이상적 공간으로서의 천변을 대표하는 인물이다.

반면 이 작품에 등장하는 남성들은 중산층이든 하류층이든 아내에게 폭력을 가하고 주색잡기에나 나서는 타락한 인간으로 그려진다. 민주사는 첩을 두고 있고 가능성 없는 부회의원에 출마해 자신의 권위와 지위를 높이려 한다. 포목점 주인은 중산모와 오금에 지나지 않는 시곗줄을 통해 자신의 권위를 과시한다.

만돌 어머니는 남편의 학대를 견디다 못해, 그가 새로 다른 여자와 살림을 내자 두 아들을 데리고 무작정 상경한다. 남편은 뒤따라 서울로 올라온다. 처음 며칠은 얌전하게 지내던 그는 이내 본색을 드러낸다.

"어디 갔다 오든, 이년아, 니가 무슨 상관야?" (…) 말은 오직 그 한마디로, 다음에 무수한 주먹과 발길이, 가엾은 여인의 몸 위에 떨어졌다.

만돌 아버지는 경제적으로는 무능하고, 아내에게는 맹목적이고 이유 없는 폭력을 휘두른다. 그의 모습은 구시대의 불건전한 생활상과 몰락해가는 가부장적 사회의 한 단면을 보여준다. 즉 무능한 남성들의 폭력은 지위 상승을 기대할 수 없는 현실과 남성 권력이 실추되는 것에 대한 좌절감의 잘못된 표출로서 제시된다.

또한 신전집 주인은 한때는 세월이 좋아 자신만이 만들 수 있었던 징신(비가 와서 땅이 질척할 때 신는 가죽신으로 바닥에 징을 박았다고 해서 징신이라고 함)과 마른신(주로 관리들이 신었던, 장식 없이 가죽으로 만든 신발)을 팔아 십여 년 동안 잘 살았으나, 고무신의 등장으로 가세가 급락해 강화도로 낙향한 인물이다.

천변의 일 년은 다시 시작되었다. 천변의 풍경에는 변화가 없다. 다만 묵묵히 이발소에서 성실히 일한 재봉은 삶의 긍정적 전망을 획득한다.

재봉이는 창수 같은 아이와 달리 구락부에서 놀고 지내며 달에 십 원씩이나 월급을 받는 것에도 이제는 이미 그다지 유혹을 느끼지 않고, 젊은 이발사 김 서방과 밤낮 쌈을 하면서도 좀처럼 그곳을 떠나지는 않았다. 컬러 머리는 아직 만지지를 못하지만, 막 깎는 것은 기계 놀리는 솜씨도 익숙하였고, 면도질은 또 아주 선수여서, 이제 얼마 안 가서 이발사 시험에 어렵지 않게 합격되리라는 것이 이 집 주인의 말이다.

이발사 사환으로 믿음직한 재봉, 이내 시골티를 벗고 도시 총각이 된 창수, 남편의 폭행으로 힘겨운 삶을 살아가는 만돌 어머니, 사글세는 밀려도 곗돈을 내러 가는 점룡 어머니, 남편에게서 달아난 이쁜이나 열여섯에 과부가 된 금순, 또는 행복을 찾아 나섰다가 호된 시집살이로 사위어가는 기미꼬와 인간미 물씬 풍기는 '큰언니' 하나꼬. 금순의 음흉한 시아버지를 비롯해 첩을 두고도 만족하지 못하는 민주사나 이쁜이의 남편으로 주색잡기에 바쁜 강씨, 기미꼬를 행복하게 해주겠다며 새장가를 들지만 다시 기생들을 쫓아다니는 천석지기 아들 최씨, 이쁜이를 잊지 못하고 이쁜이 남편을 흠씬 두들겨 팬 점룡 등 세월이 많이 흘렀지만, 양상 또한 약간씩은 다르지만, 작품 속 인물들의 삶이 현재와 거리가 먼 것 같지는 않다.

부귀영화나 권력에 대한 욕망은 물론이거니와, 객관적 지표가 좋아짐에도 불구하고 점점 어려워지는 시민들의 삶, 경제력 상실을 가정 내에서 폭력을 휘두르는 것으로 보상받으려는 잘못된 가부장들의 모습, 그 혹독한 폭력 아래 놓인 여성들의 삶까지, 우리에게도 해결해야 할 숙제로 남아 있는 문제들이 『천변풍경』에 고스란히 담겨 있다.

『천변풍경』 읽는 법

박태원의 『천변풍경』은 문학과지성사(2005) 출간본을 기본으로 보았다. 여기에 연구서로 김봉진의 『박태원 소설세계』(국학자료원, 2001)와 류수연의 『뷰파인더 위의 경성 : 박태원과 고현학』(소명출판, 2013)을 참고했다. 특히 류수연은 청계천의 '천변'이 근대적인 도시로 질주하는 시대상에 대한 반작용으로서 이상적인 공간으로 그려진다고 강조한다. "이상향으로서의 천변은, 도시에서 태어나 도시에서 성장한 도시세대로서의 박태원이 도시의 생성 과정을 지켜보면서 간직했던 향수를 담아낸 공간으로 형상화되어 있다." 이러한 향수는 우리가 고향에 대해 느끼는 감정과 비슷할 것이다. 고향은 근대적으로 변모했어도 '고향에 대한 기억'은 여전히 변모하기 이전의 모습에 머물러 있다.

채만식의 『탁류』

—

냉소와 풍자 속에서도
희망을 찾다

—

78

ⓒ Ryuch

연미산에서 바라본 금강
채만식은 식민지 조선의 부조리한 현실을 하류에 이르면서 흐려지는 금강에 비유하며, 혼탁한 세월을 헤쳐나가는
소시민들의 삶을 섬세하게 그려나간다.

소시민의 삶을 혼탁하게 만든 식민지 자본의 탐욕

채만식(1902~1950)의 장편소설 『탁류』는 자본의 탐욕에 희생된 소시민들을 그려냄으로써 리얼리즘적 성취를 이루고 있다. 1937~38년에 『조선일보』에 연재된 『탁류』는 군산 미곡취인소(미두장)에서 일제가 조작하는 쌀 선물거래인 미두에 손을 댔다가 가족의 끼니마저 챙기지 못하게 된 정주사와 아버지의 탐욕으로 인해 불행의 나락으로 떨어지는 그의 딸 초봉의 삶을 중심으로 전개된다. 『탁류』는 1930년대 일제의 탐욕적인 자본의 수렁에서 허우적거리는 식민지 조선의 부조리한 현실을 하류에 이르면서 흐려지는 금강에 비유한다. 『탁류』 첫머리는 군산의 배경묘사로부터 시작된다.

여기까지가 백마강이라고, 이를테면 금강의 색동이다. 여자로 치면 흐린

세태에 찌들지 않은 처녀적이라고 하겠다. (…) 그러나 그것도 부여 전후
가 한창이지, 강경에 다다르면 장사꾼들의 흥정하는 소리와 생선 비린내
에 고요하던 수면의 꿈은 깨어진다. 물은 탁하다.

— 이하 『탁류』(문학과지성사, 2014)

백마강은 『탁류』의 주인공 초봉의 인생역정을 암시한다. 이 묘사 속
에는 또한 그 물줄기로 호남평야에서 농사지으며 사는 농민들의 삶도
함축되어 있다.

금강에 대한 묘사에 이어, 군산의 한 미두장에서 돈도 없이 미두 거래
에 뛰어들었다가 돈을 못 내게 된 '정주사'가 자식뻘 되는 젊은이에게
모욕을 당하는 장면이 등장한다. 미두의 가격이 일제에 의해 조작된다
는 사실을 전혀 눈치채지 못한 채 정주사와 같은 소시민은 돈을 향한 마
음만 자꾸 앞세우다가 주머니를 몽땅 털리고 만다. 채만식은 본인은 물
론 가족까지 파탄으로 내몰고 마는 정주사의 이런 행태를 개인의 비뚤
어진 욕망으로만 치부하지 않고 거대한 식민 자본에 의해 농락당한 피
해자로서의 자리와 연민을 마련해준다.

『탁류』를 이끄는 인물은 정주사의 맏딸 초봉이다. 초봉은 사기꾼이자
호색한인 은행원 고태수에게 팔려가듯 시집을 간다. 고태수가 결혼하자
그의 사기행각을 돕고 있던 고리대금업자 장형보가 함께 살게 되고 장
형보는 줄곧 초봉을 노린다. 급기야 장형보의 농간으로 고태수는 탑삭
부리 한참봉의 아내인 김씨(결혼 전에 김씨와 고태수는 불륜관계였고 이것이 발
각될 것을 우려한 김씨가 고태수의 결혼을 중매한 것이다)와 놀아나다 한참봉에
게 맞아죽는다. 장형보가 한참봉에게 이들의 불륜 사실을 알려준 것이
다. 고태수가 참변을 당하는 그 시각에 장형보는 자신의 음모대로 초봉
을 강간한다.

『탁류』는 19장으로 이루어져 있다. 전반부는 고태수가 피살된 후 형보에게 강간당한 초봉이 군산을 떠나려고 결심하는 11장까지이고, 후반부는 초봉이 박제봉의 첩으로 서울살이를 시작한 12장('만만한 자의 성명은')부터다.

결혼한 지 10일 만에 졸지에 남편을 저세상으로 떠나보내고 또 강간까지 당한 초봉은 결혼 전 점원으로 일했던 약국의 주인 박제호(서울로 가서 제약회사를 차렸다)를 찾아 서울행 기차에 몸을 싣는다. 우연히 이리역에서 재회한 박제호는 유성온천에 가 초봉을 농락한다. 박제호는 부인과 별거하고 있다며 초봉의 처지를 이용해 그를 첩으로 들인다. 임신을 하게 된 초봉은 딸 송희를 낳는다. 송희의 친부가 누구인지는 불분명하다(소설에서는 '모듬이 딸'이라고 표현한다). 박제호는 초봉의 출산 이후 욕정이 시들해져버리자 때마침 나타나 자신이 초봉의 '남편'이고 송희의 친권을 가졌다고 주장하는 장형보에게 초봉을 떠넘겨버린다. 장형보의 주장에 의하면 고태수가 죽기 전에 초봉을 맡아달라는 유언을 남겼다는 것이다. 형보에게로 떠넘겨진 초봉은 성적 학대에 못 이겨 결국 장형보를 맷돌로 쳐 죽이고 만다.

초봉의 몰락을 눈감은 이들은 다름 아닌 부모이다. 정주사는 초봉의 혼담이 이루어졌으면 하면서도 월급 이십 원으로 집안 살림을 이끌어가고 있는 돈줄인 초봉이 떠날 것을 생각하면 걱정이 앞선다. 정주사는 초봉이 혼인을 하면 사위가 혹시 장사 밑천으로 목돈을 줄지도 모른다는 공상을 한다. 정주사는 탑삭부리 한참봉의 부인인 김씨로부터 고태수에 대한 미화된 이력과, 그가 수천 원의 장사 밑천을 대줄 것이라는 말을 듣게 된다.

정주사의 머릿속에서 조화를 부리기 시작한 태수의 영상은, 그가 '전문

대학'을 졸업했다는 데 이르러서 비로소 선명해졌고, 다시 정주사한테 장사 밑천을 대준다는 데서 완전히 미화되어버렸다. (…) 생각하면, 자꾸만 꿈인가 싶어진다.

정주사와 그의 아내 유씨는 고태수의 집안 내력이나 됨됨이를 알아볼 마음을 의도적으로 접는다.

두 내외는 태수의 위인이랄지, 또 혼인하기에 꺼림칙한 점이랄지는 짐짓 말 내기를 꺼려했고, 혹시 말이 나오더라도 서로 그것을 싸고돌고 안고 돌아가고 하느라고 애를 썼다. 마치 자리 잡은 부스럼이나 동티나는 터줏대감 건드리기를 무서워하듯.

계봉은 어머니에게 고태수의 행적을 조사해보라고 한다. 어머니 유씨가 고태수는 전문대학교를 졸업했다고 하자 "전문대학교가 어디 있다우? 전문학교믄 전문학교구 대학이믄 대학이지"라고 계봉은 반문한다. 유씨는 "이년아 그럼, 더 높은 학꾼 게로구나!"라며 계봉의 말을 묵살한다.

그러나 당장 눈앞에 보이는 초라한 승재, 그가 의사가 되어가지고 돈도 많이 벌고 의표도 훤치르르하고, 이렇게 환골탈태해서 척 정주사의 눈앞에 현신을 한다면, 그때 가서야 정주사의 생각도 달라지겠지만, 시방의 승재로는 간에도 차지 않았다.

초봉 또한 부친의 이런 마음을 모른 체하지 못한다. 초봉은 결혼을 하고 나면 태수가 장사 밑천으로 돈을 몇 천 원 대줄 거라는 말을 모친으로부터 듣고는 마음에도 없던 태수와의 결혼을 결정해버린 것이다. 옆에서 안타깝게 초봉의 결혼 과정을 지켜보던 승재는, 초봉이 부모와 형제를 살리기 위해서 결혼하는 것이 마치 심청이 같다는 생각을 한다.

초봉이는 불쌍한 부모와 동기간을 위하여, 제 한 몸이나 제 사랑을 희생시키는 것이라서, 그 혼이 거룩하고 그 심정이 감격했던 것이다.

초봉은 심청이처럼 부활하지 못하고 돈에 눈 먼 부모와 그를 둘러싼 이기적이고 폭력적인 남자들 때문에 점점 더 깊은 나락으로 떨어진다. 정주사는 고태수가 살해당하자 딸의 신세를 생각하기보다 자신이 사위로부터 받지 못한 '날아가 버린 장사 밑천'을 더 안타까워한다. "허! 허망한 일이로군!"이라고 말하고 싶은 심정으로.

마지막 장이 '서곡'인 이유

　초봉의 동생 계봉은 남승재와 함께 그 특유의 활달함과 건강함으로 '탁류'를 헤쳐나가는 인물이다. 계봉은 낡은 가부장적 권위를 공격하는 반부권주의자이자, 악습에 얽매이지 않는 투쟁적인 모습으로 그려진다.

　계봉은 기존의 질서로부터 벗어나 스스로의 지성을 갖추는 것, 그리고 스스로 얻은 자유를 향유하는 것이 필요하다고 생각한다. 계봉은 딸을 희생시키는 자신의 부모를 탐탁하게 여기지 않으며, 집안을 위해 자기의 모든 것을 버리는 초봉에 대해서는 동정을 할지언정 긍정은 하지 않는다. 그는 수고 없는 횡재에 대한 병적인 거부감을 가지고 있을 뿐 아니라 반드시 일한 만큼의 대가를 얻어야 한다는 철칙도 지니고 있다. 계봉은 학교에 진학해 기술을 배우고 싶었지만 백화점에 월급 삼십 원을 받는 점원으로 취직한다. 언니와 함께 살고 있는 말종인 형보에게 빌

붙어서 공부를 하는 게 창피했기 때문이다. 계봉은 연애와 결혼은 다르다고 말한다.

"연앤 정열허구 정열허구가 만나서 하는 게임이구. 그러니깐 연앤 아마추어 셈이구……. 그런데 결혼은 프로페쇼날, 직업인 셈이지……."

이런 계봉의 모습은 승재의 마음을 점차 사로잡게 된다. 계봉의 쾌활함과 활력은 괴테나 톨스토이의 여성 인물들을 연상시킨다. 톨스토이도 『안나 카레니나』에서 안나의 활력을 강조해 묘사했다.

계봉은 현실에 대한 인식도 날카롭다. 세상이 가난 병에 걸린 원인이 "분배가 공평털 않아서"라고 승재에게 말한다. 계봉의 말은 승재에게는 충격이었다. 이렇듯 사회에 대한 비판의식을 팽팽히 유지하는 계봉의 건강한 모습을 승재는 좋아한다. 말하자면 승재는 계봉의 진보된 인식을 통해 가난한 현실에 대한 눈을 차츰 떠가는 것이다.

승재의 희생과 좌절, 깨달음과 고민은 물론 당대 식민지 자본주의 사회의 본질을 충분히 인식한 결과는 아니다. 하지만 그것은 실천을 통해서 얻어졌다는 점에서 매우 귀중하다.

금호의원에서 승재는 돈 없는 환자들이 치료도 받지 못하고 쫓겨나는 것을 본다. 하루는 설하선염으로 턱과 얼굴이 부어오른 소녀가 부친인 성싶은 중년의 노동자와 함께 병원에 온다. 치료비를 물어보더니 십원이 넘는다는 말에 두말없이 그는 돌아선다. 승재는 병원 문밖으로 그들을 따라 나와서 집이 어디냐고 물어, 번지와 골목을 잘 알아두었다. 저녁때 승재는 우선 병원에 있는 기구 가운데서 간단한 수술기구와 약품을 빌려 명님이네를 찾아가 수술을 해준다. 그는 가난한 사람들을 치료하는 일을 멈추지 않는다. 사회의 구조적인 변혁과 같이 큰 것만을 바라고 기다리면서 정작 본인은 수수방관하는 것보다는, 그것이 이루어지기 전에 자신이 지금 당장 할 수 있는 작은 일이라도 열심히 하는 것이 더 바람직한 삶의 방식이라고 여기는 것이다.

이 소설에는 '소설 속의 소설', 즉 액자소설로 산신과 거지의 이야기가 등장한다. 승재는 계봉이네를 찾아갔다가 부부싸움 하는 것을 보고는 다음과 같은 이야기를 떠올리는데 여기에 이 소설의 메시지가 잘 함축되어 있다.

산신당에서 거지 둘이 의좋게 살고 있었다. 그 둘이는 저희끼리도 의가 좋았거니와, 밥을 얻어오면 먼저 산신님께 공궤(윗사람에게 음식을 드림)하기를 잊지 않았다. 하루는 산신님의 아낙이 산신님을 보고 거지들한테 보물을 주어서 은공을 갚자고 권면을 했다. 산신님은 보물을 주어서는 도리어 그들을 불행하게 만들 뿐이라며 그 권유를 듣지 않았다. 대신 좋은 구슬 한 개를 위패 앞에다가 내놓아주었다. 두 거지는 이제 팔자를 고쳤다고, 그러니 우선 술을 사다가 산신님께 치하도 하자며 그중 하나가 술을 사러 마을로 내려갔다. 남아 있던 이는 그 구슬을 혼자 차지할 욕심이 났다. 그래서 몽둥이를 들고 섰다가 술을 사가지고 신당으로 들어서는 동무를 때려 죽였다. 그러고는 좋다고 우선 술을 따라 먹었다. 그러나 술을 사러 갔던 자도 그 구슬을 독차지할 욕심이었던지라 술에다 사약을 탔었다. 그래서 그 술을 마신 다른 자도 마저 죽었다.

채만식은 이 이야기를 통해 일제 치하에서 잇속을 챙기기 위해 혈안이 되어 서로를 고통으로 밀어넣는 이들을 고발하고 이러한 사태를 경계하자는 메세지를 전하려 했던 것으로 보인다. 그리하여 정주사, 고태수, 형보의 삶을 계봉이나 승재의 삶과 대비해 보여주었던 것이다.

채만식은 남자들의 야비한 욕망의 희생자가 된 초봉과 주체성을 지니고 꿋꿋하게 살아가는 그의 동생 계봉을 대조함으로써 민족의 현재와 앞날을 암시한다. 초봉이 당대 일제 치하의 상황을 상징한다면 계봉은 우리 민족의 희망에 찬 모습을 그리고 있다고 하겠다. 또한 마지막 장에 붙인 '서곡'이라는 제목은 계봉과 승재의 밝은 미래뿐 아니라 탁류에 휩쓸렸던 초봉의 새로운 출발도 암시한다. 탁류 같은 암울한 현실이지만 언제든 이 현실을 딛고 새로운 역사를 만들어갈 수 있다는 희망, 우리가 '서곡'을 써나가는 도중에 있다는, 여기가 출발 지점이라는 희망 말이다.

『탁류』 읽는 법

채만식의 장편소설 『탁류』는 문학과지성사 출간본(2014)을 기본으로 보았다. 연구서로는 국어문학회가 펴낸 『채만식 문학연구』(한국문화사, 1997)와 군산대학교 채만식연구센터가 펴낸 『채만식 중장편 소설 연구』(소명출판, 2009)를 참고했다.

『채만식 문학연구』에서는 특히 『탁류』를 전통적인 서사인 '흥부전'과 '춘향전'과 결부하여 분석하는 점이 눈에 띈다. 『탁류』는 고전문학의 서사 구조와 인물을 차용하고 있으나, 사건의 진행과 결말부 처리의 양상은 완전히 다르다는 것이다. '흥부전' 및 '춘향전'을 떠올린다면 이 소설을 더욱 흥미롭게 읽을 수 있다.

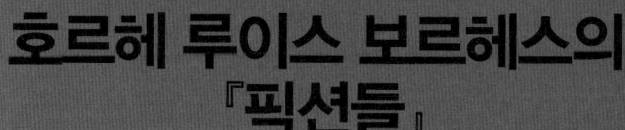

호르헤 루이스 보르헤스의 『픽션들』

—

소설, 20세기 사상계에
자극과 상상력을 제공하다

—

79

서울대 권장도서 · 79선

1987년 아르헨티나에서 발행된 보르헤스 우표
루이스 보르헤스는 작품의 난해성 때문에 일반 독자들보다는 평론가와 작가들의 사랑을 더 많이 받은 작가이다.

세상은 신이 만든 '한 권의 책'이자 미로와 같다

동서고금 가장 난해한 소설을 쓴 작가를 꼽자면 단연 아르헨티나 출신의 호르헤 루이스 보르헤스(1899~1986)를 으뜸으로 세울 수 있을 것이다. 그의 소설과 연구서를 읽다 흥미로운 부분을 만날 수 있었다. 다름 아닌 보르헤스와 칸트의 만남이다.

보르헤스는 칸트 철학에 매혹을 느꼈지만 『순수이성비판』을 독일어로 접하고서 그만 포기하고 말았다. 칸트에 대한 열정은 높았지만 책이 너무 어려워, 칸트보다 한결 쉽게 쓴 쇼펜하우어의 책을 읽는 것으로 대신했다. 칸트는 최초의 직업 철학자였던 만큼, 그의 저서를 쉽게 술술 읽으며 이해하기란 거의 불가능한 일이다. 쇼펜하우어는 칸트가 제기했던 문제를 더욱 밀고 나가면서도, 칸트 방식의 이해하기 어려운 문체를 버리고 비교적 알기 쉽게 글을 썼다. 보르헤스는 『시간의 존재에 대한 부정』등 쇼펜하우어의 저작을 통해 의미의 세계로 다가가는 통로로서 철학의 중요성을 배웠다.

아이러니하게도, 쇼펜하우어를 읽은 보르헤스의 소설은 칸트의 『순수이성비판』만큼이나 난해하다. "내가 우크바르를 발견한 것은 어떤 거울 하나와 백과사전을 접합시킨 덕분이었다." 그의 단편소설 「틀뢴, 우크바르, 오르비스 테르티우스」라는 단편소설은 이렇게 시작한다. 보르헤스는 이 단편이 포함된 『픽션들』(1944)이라는 소설집으로 세상에 알려졌고, 1956년 「남부」 등 세 개의 단편을 추가해 17편으로 구성한 2판을 발행한 뒤 유명해졌다.

『픽션들』에 나오는 열일곱 개의 단편들은 크게 '문학이론을 소설화한 작품'과 '형이상학적 주제를 소설적으로 형상화한 작품'의 두 범주로 나뉜다. 책장을 넘길수록 '이런 것이 과연 소설일까?' 하는 의문마저 생기는 이 소설집에서 독자들이 흥미롭게 읽을 수 있는 작품은 「끝없이 두 갈래로 갈라지는 길들이 있는 정원」과 「원형의 폐허」 등 몇 편에 불과하다.

이탈리아 소설가 이탈로 칼비노는 『왜 고전을 읽는가』라는 에세이집에서 현대 작가 가운데 보르헤스의 작품들이 자신에게 가장 많은 영향을 주었다고 하면서 특히 「끝없이 두 갈래로 갈라지는 길들이 있는 정원」이라는 이 소설에서 큰 충격을 받았다고 밝혔다. 칼비노는 그 이유에 대해 "이 소설의 주제는 바로 '시간에 대한 철학적 사색'이며 난해한 형이상학적 주제를 흥미로운 탐정소설의 장치를 통해 다룬 이 소설을 읽음으로써 문학의 새로운 가능성에 대해 눈을 뜨게 되었기 때문"이라고 밝혔다.[57] 보르헤스는 작품의 난해성 때문에 일반 독자들보다는 평론가와 작가들의 사랑을 더 받은 작가라고 하겠다.

이 작품의 줄거리는 이렇다. 중국 칭다오 대학의 영문과 교수 출신인 유춘 박사는 독일제국 스파이로 영국에서 활약하던 중 영국군 첩보장교 리처드 메든 대위에게 신분이 발각된다. 그는 쫓기면서도 자신이 알아낸 기밀, 즉 영국군 포병대가 주둔한 정확한 위치를 독일 베를린 정보부의 상관에게 알려주려 방법을 찾는다. 그는 기밀을 알려줄 수 있는 단서를 지닌 이름을 전화번호부에서 찾고서 그를 만나기 위해 기차를 탄다. 미행하던 메든 대위가 쫓아오는 게 보였다. 기차를 놓친 메든 대위는 40분 뒤 다음 차를 탈 것이다. 유춘은 그 사이에 사명을 완수해야 했다. 그는 중국인 학자인 스티븐 알버트 박사를 찾아간다. 알버트 박사는 자신을 찾아온 유춘에게 이전의 다른 중국인들처럼 '두 갈래로 갈라지는 오솔길의 정원'을 보러 왔느냐고 물었다. 유춘은 자신의 증조부 취팽이 만든 바로 그 미로 정원이 알버트 박사의 집에 있는 정원이라는 것을 알고 놀란다.

취팽은 윈난성 성주였는데 『홍루몽』보다 더 많은 등장인물이 나오는 소설을 쓰기 위해 그리고 모두가 길을 잃게 될 미로를 만들기 위해 성주의 권력을 포기하고 13년 동안 두문불출하면서 자신의 계획에 몰두했다. 그는 어느 이방인에게 살해당했고 그 미로는 분실되고 말았다. 그 미로가 다름 아닌 알버트의 손에 흘러 들어와 있는 것이었다.

알버트는 미로를 연구하여 그 신비로운 정체를 밝혀냈다. 미로는 공간이 아니라 여러 갈래의 시간으로 이루어졌던 것으로, 한 권의 소설책이었다. 일반적인 소설에서는 시간이 하나의 갈래로 흐르고, 독자는 이 흐름을 따라 사건을 좇아가지만, 취팽의 책에서 일어나는 사건은 모든 가능성을 지닌 채 열려 있다. 취팽이 설계한 미로는 '시간의 그물'로 이루어졌기 때문이다. 즉, 독자는 모든 가능성을 동시에 선택하게 된다. 열린 미래를 향해 영원히 갈라지는 시간처럼 소설의 이야기도 무한히 갈라져 다양한 결말이 함께 일어난다.[58] 여기서 하나의 줄거리가 아니라 여러 갈래로 줄거리가 퍼져나가는 '하이퍼텍스트'의 개념이 예언되고 있다.

알버트로부터 고조부 취팽이 건설했던 미로의 비밀을 듣고 난 유춘의 눈에 창밖으로 메든 대위가 다가오고 있는 것이 보였다. 유춘은 총을 꺼내 알버트 박사를 살해했고 그 순간 메든 대위가 뛰어들어 유춘을 체포했다. 이튿날 저명한 중국학자 알버트 박사가 정체불명의 유춘이라는 중국인에게 살해당했다는 기사가 신문에 났다. 베를린의 독일군은 그 기사를 통해 영국 포병대가 알버트라는 도시에 주둔하고 있다는 것을 알아채고 알버트 시에 폭격을 가했다. 유춘은 교수형을 선고받았지만 임무를 완수한다. 이 내용이 씨줄이라면 유춘의 고조부 취팽의 미로 정원 이야기는 날줄이다.

인생은 늘 무한히 갈라지는 길 앞에 놓여 있다. 바로 다음 순간 내게 어떤 일이 일어날지 아무도 모른다. 우리는 많은 가능성이 얽혀 있는 '시간의 그물' 안에 살고 있다. 알버트는 바로 그 우연과 필연이 엮어내는 시간의 그물에 포획되어 살해당한 것이다.

도서관을 사랑한 작가

보르헤스를 가장 잘 표현하는 수식어는 '도서관의 작가'라는 말일 것이다. 그가 가진 유일한 직업은 도서관 사서였다. 그는 74세에 도서관장 직에서 해임될 때까지 도서관에서 책과 함께 지냈다.

그의 대표 단편 작품인 「바벨의 도서관」은 도서관에서 탄생했다. '진리 없는' 혼돈의 도서관(역설과 무질서의 세계)에서 누구도 모든 진리를 담고 있는 '한 권의 책'을 찾지 못한다. 그의 표현대로 우주는 끝없는 미로로 이루어진 '바벨의 도서관'이고, 신은 모든 지식을 압축한 한 권의 완벽한 책이다. 인간은 그 책을 찾아 미로 속을 끝없이 방황할 뿐이다.

보르헤스는 우주를 하나의 도서관이라고 상상한다. 우주의 모습은 혼돈이요 미궁이다. 우주는 그 의미를 파악할 수 없는 한 권의 거대한 책이자, 무한한 책을 소장하고 있는 거대한 도서관이다. 그 책의 저자 혹은 그 도서관의 설계자는 신이다. 혼란스러운 것으로 보이는 자연현상은 우리가 아직 모르는 자연의 숨은 질서, 즉 신의 질서에 의해 유지되고 있다. 육모방의 무한한 반복으로 이루어진 바벨의 도서관 구조가 암시하는 것은 우주의 숨은 질서와 무한이다. 우리 인간이 우주의 신비를 이해하고 신의 문으로 들어가기 위해서는 신이 쓴 책을 다 읽고 이해해야 하나, 그것은 불가능하다. 우주는 영원히 미궁일 수밖에 없다. 이처럼 보르헤스의 존재론적 탐구가 미로라는 해답 아닌 해답에 이르게 된 것은 그가 신의 선험적 존재를 부정했던 니체·쇼펜하우어 등 후기 칸트학파의 영향을 받았기 때문이다. 신의 존재가 전제되지 않는 형이상학적 물음이 도달할 수 있는 유일한 목적지는 '길 잃음'뿐이다.[59]

> 우리는 그 당시에 팽배해 있던 또 다른 미신에 대해 알고 있다. 소위 '책의 인간'에 대한 미신이 바로 그것이다. 어느 육각형, 어느 책장에는 사람들이 추론하기를 '나머지 모든 책들의 암호임과 동시에 그것들에 대한 완전한 해석인 책'이 존재하고 있는 게 확실하다.
>
> ─『픽션들』(민음사, 1994)

보르헤스의 「바벨의 도서관」은 움베르토 에코의 소설 『장미의 이름』에 모티프를 제공했다. 『장미의 이름』 속 장서관 역시 미궁으로 이루어져 있으며 주인공 호르헤는 미궁의 장서관에서 가장 비밀스러운 한 권의 책을 찾으려 한다. 보르헤스의 도서관과 달리 에코의 소설 속에서는 미궁의 규칙과 질서를 암시하는 기호들을 파악하면 진리를 담고 있는 단 한권의 책, 즉 아리스토텔레스의 『시학』 2권에 닿을 수 있다.

단편 「틀뢴, 우크바르, 오르비스 테르티우스」에서 보르헤스의 사유는 '모든 책들은 단 한 사람 저자의 작품'이라는 생각으로까지 발전한다.

「바벨의 도서관」에서 말한 '모든 책들을 완전하게 해석한 책'은 바로 그 '한 저자의 작품'이며, 즉 '신의 책'이다. 보르헤스는 신의 책은 존재하지만 그 누구도 그 책을 찾지 못했다고 말한다.

「바빌로니아의 복권」에서 보르헤스는 우연들의 만남으로 이루어진 세계를 제시한다. 소설 속에서 '회사', 곧 우연을 조직하는 존재는 복권으로 모든 것을 결정해 세계를 가장 합리적으로 만들려고 한다. 흥미로운 것은 이런 세계가 존재한다는 점이 아니라, 이 세계를 조직하는 '회사'의 역설적인 모습이다. 즉 이 회사(국가) 안에는 완전하게 우연적인 것의 질서만 존재한다. 이런 원리를 추구하는 사람들과 '회사'라는 조직은 모든 경우의 삶을 우연만으로 조합한다. 역사에 대한 일종의 패러디인 이 세계는 모든 것에서 법칙과 질서를 찾으려는 시도를 조롱한다.[60]

보르헤스는 세상을 신의 법칙에 의해서만 알 수 있는, 인간이 아무리 알려고 해도 알 수 없는 미궁으로 보았다. 따라서 미궁의 일부를 안다고 그것이 진리인 양 우쭐대거나 자만하는 인간들이란 어리석은 자들이다. 인간이 창조한 문명세계 역시 미궁과 같은 세계라 잘 알 수 없지만 그것은 인간에 의해 설계된 것이므로 인간의 힘에 의해 해명될 수 있다.[61]

"바빌로니아는 우연들의 영원한 놀이 그 이상의 어떤 것도 아니기 때문이라는 것이지요."

「바빌로니아 복권」에서 보르헤스가 궁극적으로 강조하는 것은, 세상은 우연으로 가득 찬 혼돈으로 보이지만 그 속에 숨은 질서가 있다는 것. 다시 말해 세상살이는 복권놀이처럼 보이지만 결코 복권놀이가 아니라는 것이다.

보르헤스는 어려서부터 인류의 지식이 집약된 백과사전을 끼고 살았으며, 어느 인터뷰에서는 외부의 세상과 백과사전 속의 세계 가운데 하나를 택하라면 기꺼이 후자를 택하겠노라고 말한 바 있다. 그는 백과사전을 가장 선호하는 문학 장르이며 최고의 서스펜스라고도 했다. 알파벳 순서로 되어 있기에 뒤에 어떤 내용이 올지 알 수 없고 그렇기에 소위 '두서없는' 주제이기 때문이다.

보르헤스가 백과사전에서 배운 더 중요한 요소는 그 문체이다. 그는 수많은 에세이나 단편소설의 첫 부분을, 한 사건에 대해 백과사전 식으로 요약하는 것으로 시작한다. 그 후 다음 주제에 대한 분석으로 넘어가며, 결론에 가서는 처음 문제제기와는 전혀 다른 큰 반전으로 끝맺곤 한다. 브리태니커 백과사전의 항목 서술 방식을 그대로 빼닮은 것이다. 물론 보르헤스는 백과사전과 달리 주제를 사실적으로 압축·전달하는 데 그치지 않고 풍자와 패러디를 섞어 픽션으로 승화한다. 이를 위해 그는 가상의 인용구, 거짓 정보, 원작도서 등을 등장시킨다.

보르헤스는 단편소설집 『픽션들』에서 보여주었다시피, 그 난해함으로 인해 사상가나 소설가들에게 사랑받은 작가다. 20세기 서구 지성사를 대표하는 푸코를 비롯해 데리다, 움베르토 에코, 옥타비오 파스 등이 그의 작품을 적극적으로 분석해 더욱 유명해졌다. 텍스트를 쓴 작가의 의도 못지않게 그것을 읽는 독자의 해석이 중요하다는 독자수용미학이나 후기구조주의 등의 골격을 형성하는 데 큰 영향을 미쳤다.

움베르토 에코의 『장미의 이름』에 등장하는, 스페인 출신의 시각장애를 가진 도서관장 호르헤는 보르헤스를 모델로 삼은 것이었다. 실명에 이르게 하는 유전병이 보르헤스 집안에 6대째 내려오고 있었고 실제로 그의 아버지뿐만 아니라 그 또한 중년부터 앞이 거의 보이지 않는 상태였다.

앞이 보이지 않는 고통과 어려움 속에서도 자신이 천착한 철학적 주제를 소설로 풀어내 20세기 사상계에 자극과 새로운 상상력을 불어넣은 보르헤스. 그의 현학적인 문장에 도전하는 마음으로 이 기회에 단편들을 읽어보는 것은 어떨지.

『픽션들』 읽는 법

호르헤 루이스 보르헤스의 『픽션들』은 황병하 번역본(민음사, 1994)을 참고
했다. 여기에 연구서인 김홍근의 『보르헤스 문학 전기』(솔, 2005)와 이남호
의 『보르헤스 만나러 가는 길』(민음사, 1994)을 함께 읽었다. 이외의 연구서
로 김춘진의 『보르헤스』(솔, 2005), 호르헤 루이스 보르헤스의 『보르헤스,
문학을 말하다』(르네상스, 2003), 양윤덕의 『보르헤스의 지팡이』(민음사, 2008)
도 있다.

'시간의 그물'은 보르헤스 문학을 이해하는 키워드 가운데 하나인데, 김
홍근의 『보르헤스 문학 전기』에 이에 대한 설명이 있다. 시간의 그물은
보르헤스가 불교에 심취했을 때 윤회와 업이라는 개념에서 아이디어를
따온 것. 보르헤스의 문학적 주제는 인간의 정체성과 시간과 영원 등 시
대를 초월한 형이상학적 문제이다. 그리하여 보르헤스라는 거울을 통해
우리 내면의 모습과 우리를 둘러싼 세계를 비춰볼 수 있는 것이다.

가와바타 야스나리의 『설국』

—

남성중심적 유토피아를 그려낸 일본 최초의 노벨문학상 수상작

—

80

1946년 무렵의 가와바타 야스나리

가와바타 야스나리는 1935년 『설국』의 단편들을 쓰기 시작해, 9개의 단편을 개작하여 13년 만에 『설국』을 완성했다. 이 작품은 일본에 최초의 노벨문학상을 안겼다.

터널 너머 '설국'이 상징하는 것은 남성적 환상의 세계

흔히 글쓰기나 소설 작법 강의에서는 첫 문장의 중요성을 강조한다. 일본에 첫 노벨문학상을 안겨준 『설국』(1948)의 서두는 일본 근대문학사에서 보기 드문 명문장으로 회자된다.

> 현縣 접경의 긴 터널을 빠져나오자 눈雪의 고장이었다. 밤의 밑바닥이 하얘졌다. 신호소에 기차가 멈췄다.
> – 이하 『설국』(문예출판사, 2015)

독자로 하여금 소설 속 주인공과 더불어 어둑하고 긴 터널을 지나 막 눈부신 은세계로 온 듯한 환한 기분을 맛보게 하는 문장이다. 온통 눈뿐인 적요한 마을을 상상하는 것만으로도 마음이 들뜬다. 마치 어린 시절

함박눈이 내릴 때의 설렘처럼 말이다. 가와바타 야스나리(1899~1972)는 1935년『설국』의 단편들을 쓰기 시작해, 9개의 단편을 개작하여 13년 만에『설국』을 완성했다.

험한 산맥을 관통하는 '터널'은 가와바타의 소설에서 매우 상징적인 도구로 사용된다. 터널은 일상과 비일상 또는 현실과 환상을 넘나드는 통로이며, 터널 너머의 세계에는 이상적인 자연과 아름다운 여성이 존재한다.『설국』의 이야기는 시마무라가 여행지에서 고마코라는 여자를 만나는 것으로 시작된다. 시마무라는 다시 고마코를 만나러 가는 길에 그녀보다 더 아름다운 요코를 만나게 되고, 이는 삼각관계로 발전한다. 그의 또 다른 소설『이즈의 무희』(1926)에서도 주인공은 터널을 빠져나온 뒤 순진무구한 무희를 만난다. 어둡고 긴 터널을 지나면 아늑한 세계가 감싸준다는 설정은 '모태 회귀' 욕망의 표출이다. 고마코가 모성을 겸비한 여성으로 그려지고 있는 것은 우연이 아니다. 고마코는 와병 중인 스승의 아들(유키오)과 약혼한 상태가 아님에도 약혼하기를 바랐다는 스승의 속내를 알게 된 것만으로도 유키오의 간병비를 마련하기 위해 게이샤가 되기를 자청한다. '설국'은 동굴을 빠져나오니 이상향이 펼쳐졌다는 도연명의 모티프, 즉 동양적 유토피아에 대한 해석이라고 할 수 있다. 도연명은 무릉도원을 노래한 중국의 대표 시인이다. 도연명의 『도화원기』에는 진晉나라 때 무릉의 어부가 아름다운 복숭아꽃에 이끌려 강을 거슬러 동굴을 빠져나오니 넓고 아늑한 이상향이 눈앞에 펼쳐졌다는 이야기가 나온다. 소설의 배경인 온천마을은 여성의 사랑과 모성성이 간직된, 지극히 남성중심적 시각으로 그려진 유토피아이다.

터널은 또한 메이지유신으로 서구문명에 의한 근대화가 급속히 진행되는 현실을 표현한다.『설국』에서 터널은 일본 정신과 전통의 정수를 뒤흔드는 유입경로다. 평론가들은 작가가 기차라는 새로운 문물이 실어나르는 근대 문물과 사상 때문에 점점 설 자리를 잃어가는 위기의 일본 전통, 일본 정신을『설국』에서 그리고 있다고 해석한다. 그 위기는 유키오의 허망한 죽음과 요코의 자살로 드러난다. 즉 전통만을 고집했던 무용 선생이나 지나치게 근대에 집착했던 유키오의 삶은 죽음으로 허망하게 끝나버린다. 또 요코는 근대 문화를 제대로 받아들이지 못하고 정신이상 상태에 빠져 결국은 자살을 기도한다.

새로운 것을 받아들이고 기존의 것을 탈락시키는 문제는 살아가면서 결코 피할 수 없는 과제다. 전통이든 새로움이든 지나친 집착이나 무관심은 반드시 문제를 야기한다는 사실을 이 작품은 말하고 있는 것이다.

1966년 가와바타 야스나리에게 노벨문학상을 수여할 때 스웨덴 한림원 측은 "일본 정신의 정수를 표현해낸 완성도 높은 내러티브와 그 섬세함"을 높이 평가했다고 밝힌 바 있다. 가와바타 자신도『설국』으로 노벨상을 받게 된 것은 "일본의 전통을 작품에 썼기 때문"이라고 말했다. 그러나『설국』을 읽다 보면 이 소설이 노벨문학상을 수상할 정도의 작품성을 지녔는지 의문이 생긴다. 주제는 모호하고 인물들의 성격도 뚜렷하지 않다. "몇 번을 읽어봐도 잘 모르겠다"라는 독자들의 평가도 전혀 무리가 아니다. '아름다운 일본의 나'라는 가와바타의 노벨상 수상 연설 제목을 비아냥거리듯이, 26년 후 같은 자리에서 노벨상을 수상하면서 '모호한 일본인의 나'라는 제목으로 연설을 한 오에 겐자부로도 분명 그러한 독자들 가운데 한 사람이 아니었을까.

서구인의 시선으로 본 일본

　단순하게 보면 삼류 사랑 이야기에 불과한 이 소설이 노벨문학상을 수상할 수 있었던 것은 이 작품에 게이샤가 등장하기 때문일 것이다. 서양인, 특히 1세계 남성들의 눈으로 보자면 '게이샤'는 그야말로 이국에 대한 혹은 동양에 대한 호기심을 극대화하는 대상이 아닐 수 없다. 한 남자와 게이샤의 사랑 이야기는 게이샤 문화에 생소한 서구 남성들로 하여금 '성적 환상'을 가지도록 만들기에 충분했을 것이다.

　산행 길에 우연히 찾아든 온천 마을에서 게이샤 고마코(첫 만남 때는 게이샤가 되기 이전이었다)를 만난 시마무라는 그녀의 순수한 아름다움에 매료되어 세 차례 방문한다. 고마코도 시마무라에 대한 애정을 키워간다. 그러나 시마무라는 고마코의 사랑이 현실적인 크기로 다가오자 온천 마을을 떠나기로 결심한다. 시마무라가 추구한 것은 현실적인 사랑이 아닌, 도회의 권태로운 일상을 벗어나게 해주는 환상일 뿐이었다.

시마무라는 현실과의 직접적인 충돌을 피하기 위해 다른 세계의 존재를 추구하며 살아가는 인간이다. 현재를 살면서 과거만을 의식하고 도시에 살면서 시골만을 생각하고 일본에 살면서 서양의 것들만을 접하고 한 여자와 있으면서 다른 여자를 생각한다.[62] 시마무라에게 현실세계를 이루는 축이 부인이라면 '설국'의 고마코는 시마무라가 손을 뻗으면 닿을 수 있는 비현실세계의 축을 이룬다. 요코는 설국의 겨울 밤하늘을 흐르는 은하수 속에 비친 인물로서, 시마무라가 결코 다다를 수 없는, 또 하나의 비현실적 세계를 이루는 축이다.[63]

> 이번에 돌아가면 이젠 절대로 이 온천에는 올 수 없으리라는 느낌이 들었다. 시마무라가 눈의 계절이 다가오는 화로에 기대고 있노라니, 여관집 주인이 특별히 내준 교토산 제품인 오래된 쇠주전자에서 부드러운 솔바람 소리가 나고 있었다. 은으로 된 꽃과 새가 교묘하게 아로새겨져 있었다. 솔바람 소리는 이중으로 겹쳐져서 가까이서 나는 것과 멀리서 나는 것으로 구분되어 들렸는데, 그 멀리서 나는 솔바람의 조금 저편짝에서 작은 방울이 희미하게 계속 울리고 있는 것만 같았다. 시마무라는 쇠주전자에 귀를 가져다 대고 방울 소리를 엿들었다. 방울이 끊임없이 울리고 있는 근처의 저 멀리서 방울 소리만큼 종종걸음으로 걸어오는 고마코의 조그마한 발이 불현듯 시마무라에게 보였다, 시마무라는 깜짝 놀라며 이제 여기를 떠나지 않으면 안 되겠다고 생각했다.

이러한 성적 환상으로 이끄는 것은 감각적이고 몽환적인 그의 문체다. 소설에서는 기차의 차창에 비친 등불에 여성 인물의 얼굴이 나타나는 모습이 다음과 같이 표현되고 있는데, 가와바타의 감각적 글쓰기의 정수를 맛볼 수 있다.

그럴 때에 그녀의 얼굴 한가운데에 등불이 켜진 것이다. 이 거울의 영상은 창밖의 등불을 지워버릴 만큼 선명한 것은 아니었다. 등불도 영상을 지워버리지는 못했다.

일본인들은 가치 있다고 생각되는 어떤 존재들, 그래서 이 변화무쌍한 세상에서 더 연약한 것으로 느껴지는 존재들이 전락하는 것을 목격했을 때의 정감을 '모노노아와레'物の哀れ라 불러왔다. 예컨대 비바람에 만개했던 꽃들이 아스팔트 여기저기 고인 빗물 위로 떨어진 모습을 보았을 때 우리는 어떤 느낌을 갖게 된다. 꽃들이 피어나기까지 꽃나무들은 많은 노력을 기울인다. 우선 땅으로부터 물을 빨아올려야 한다. 잎들을 피워내고 봉우리를 맺어야 한다. 비바람도 맞아야 한다. 꽃들은 그러한 노력과 인내를 통해서만 조심스럽게 피어난다. 그렇게 해서 피어난 것이 어느 날 그렇게도 쉽게 떨어져버리는 것을 보고 인간은 허망한 심정에 사로잡힌다(『홍루몽』에서, 꽃비와 장화총의 모습 또한 그렇게 이해될 수 있을 것이다). 이때 인간이 허망함이나 슬픔을 느끼는 것은 다름이 아니고, 자기 자신을 꽃나무나 꽃에 대응시켰을 때 자신도 저 꽃나무처럼 청춘을 잃게 된다든지 혹은 저 꽃처럼 죽게 된다고 생각하기 때문이다.[64]

시간이 흐름에 따라 자연물들이 변해가고 세월이 흐름에 따라 인간과 사회 또한 변해간다. 자연과 인간과 사회의 변화에 대한 인식은 어떤 느낌을 불러일으킨다. 일본인들은 그 느낌을 모노노아와레라는 이름을 붙여 하나의 미의식으로 형성해왔다. 생이 허무하다는 관념에 빠져 있는 인간은 그것으로부터 벗어나기 위한 노력의 일환으로 변해가는 것들에 관심을 갖게 된다.[65] 『설국』의 주인공 시마무라가 그 전형적인 예

이다. 가와바타는 주인공 시마무라로 하여금 모노노아와레를 의식하게
하고,『설국』을 읽는 독자들로 하여금 같은 감정에 휩싸이도록 만든다.[66]
　가와바타는 자신의 예술적 감각을 열어갈 하나의 방법으로 일본의
고전에 내재된 모노노아와레라고 하는 미적 의식에 관심을 갖게 되었
고 또 모노노아와레를 통해 자신의 예술적 의식을 계발했던 것이다.

『설국』 읽는 법

가와바타 야스나리의 『설국』은 문예출판사(2015)에서 출간한 장경룡 번역을 주로 참고하고 민음사(2002)의 유숙자 번역을 함께 읽었다. 여기에 김채수의 『가와바타 야스나리의 『설국』 연구』(보고사, 2004)와 임종석의 『가와바타 야스나리의 문학세계』(보고사, 2001)를 참고로 했다. 이 가운데 김채수의 글은 『설국』이 하릴없는 한 도시 남자의 연정 이야기가 아니라 일본의 근대화 과정과 잇닿아 있다고 분석한다.

다음은 이 책의 결어의 한 부분이다. "『설국』은 서구문화, 도시문화, 농촌문화라고 하는 서로 다른 세 종류의 가치체계들의 갈등으로 인한 비극적 사건들을 가리키는 기호라 할 수 있다. (…) 기차소리로 시작되는 설국은 근대화 과정에서의 서구와 전통 문화와의 대립, 농촌과 도시 문화와의 대치 등의 극복 과정에서 형성된 만남과 이별의 문화의 한 기호로 받아들여질 수 있는 것으로 고찰된다."

페르낭 브로델의
『물질문명과 자본주의』

—

역사와 경제의 구조와 층위를
분석한 역작

—

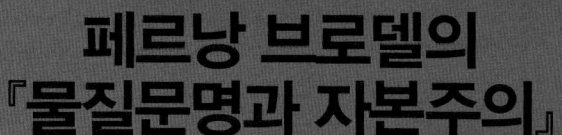

81

노년의 페르낭 브로델
페르낭 브로델은 「물질문명과 자본주의」에서 15~18세기 서유럽을 중심으로 한 시공간
속에서 자본주의가 언제, 어디서, 어떻게 태어났는지를 밝혀내고 있다.

패권은 영원하지 않다

남중국해 등지에서 해상패권을 강화하려 하고 있으며, 심지어 타국에 대한 자국 어선들의 횡포도 눈감고 있는 중국. 21세기 중국은 해역의 중요성에 대해 아는 것을 넘어 이를 무리한 방법으로 추구해가고 있지만, 역사적으로 중국이 늘 바다를 중요한 공간으로 인식했던 것은 아니다. 프랑스의 역사학자 페르낭 브로델(1902~1985)은 『물질문명과 자본주의』(1979)에서 중국이 명나라 때 해상패권을 스스로 놓친 사례를 분석하고 있다.

1421년 명나라가 양자강을 통해 해로와 직접 연결되는 장점이 있는 수도 난징(남경)을 버리고 만주와 몽골 지방으로부터의 위험에 대처하기 위해서 수도를 베이징(북경)으로 천도한 것은 중국이라는 거대한 '세계-경제'가 결연히 방향을 전환한 중요한 사건이었다. 중국은 바다의 편익으로부터 등을 돌려 대지 한복판의 베이징에 뿌리를 박고 모든 것을 자신에게로 끌어당기려 했다. 이 순간부터 세계의 패권을 놓고 싸우는 경쟁에서 중국은 지고 들어가게 되었다.

브로델은 이와 비슷한 것으로 1582년 스페인의 펠리페 2세의 선택을 든다. 당시 스페인은 정치적으로 유럽을 지배하고 있었다. 스페인 국왕인 펠리페 2세는 포르투갈을 정복하고(1580) 리스본에 정부를 세운 다음 약 3년 동안 그곳에 머물렀다. 이때 리스본은 엄청난 요지였다. 대양을 마주하고 있는 이 도시는 전 세계를 지배하고 통제하기에 이상적인 곳이었다. 1582년 스페인 정부는 제국 경제의 훌륭한 중심지가 될 리스본을 포기하고, 스페인의 힘을 카스티야의 활기 없는 중심부인 마드리드에 가두어놓았다. 브로델은 이를 스페인의 크나큰 실수라고 진단한다. 그 결과 오래전부터 양성되어온 무적함대는 1588년 영국에 대패했다. 이는 스페인 국민에게 패배감과 상실감을 안겼다. 이러한 시대적 분위기에서 나온 작품이 세르반테스의 『돈키호테』(1605)이다.

여기서 잠시 브로델이 말하는 '세계-경제'의 개념에 대해 알아보자. 흔히 말하는 글로벌 경제, 즉 '세계경제'는 지구 전역에 걸친 것이다. 이에 비해 '세계-경제'는 독자적인 경제 단위를 말한다. '세계-경제'는 중심 도시가 주변부와 반+주변부를 예속 도시로 두는 계서제階序制를 취한다. 브로델은 1949년에 출간한 『펠리페 2세 시대의 지중해와 지중해세계』(이하 『지중해』)라는 책에서 16세기의 지중해를 '세계-경제' 개념으로 분석했다. 여기서 지중해권은 정치적·문화적·사회적으로 분리되어 있지만 경제적으로는 통일성을 띤다. 또한 북부 이탈리아의 지배적인 도시들, 즉 베네치아를 필두로 밀라노·제노바·피렌체 등을 중심으로 그 주변 도시들에 대해 위계적으로 건설되었다. 서구에서는 베네치아 이후 앤트워프·제노바·암스테르담·런던·뉴욕 순으로 지배적인 도시, 즉 '세계-경제'들이 연이어 출현했다.

　브로델은 역사에서 인구와 지리적 구조를 중시한다. 지중해가 '세계-경제'로 떠오를 수 있었던 요인을 분석하면서 브로델은 지중해의 생존 환경을 거론한다.

> 지중해 세계는 모든 것이 부족했다. 먼저 바다에는 물고기가 부족하다. 이것은 곧 어부의 부족 나아가 선원의 부족으로 연결된다. 선원만 부족한 것이 아니었다. 지중해의 산에는 그 메마름 때문에 항상 목재가 부족했다. 이러한 목재의 위기는 선박 톤수의 감소, 건조비의 상승, 북유럽 경쟁자들의 성공 등과 무관하지 않았다. 또 지중해 세계는 충분한 농작물을 생산하지 못했다. 지중해는 언제나 기아선상에 놓여 있었다.[67]

　브로델의 분석에 따르면 이러한 생존 환경을 이루는 요인은 다름 아닌 '기후'이다. 사람들의 삶이 위험에 떨어지는 데에는 기온이 조금 상승하고 비가 조금 덜 오는 정도로 충분했다. 그만큼 모든 것이, 심지어는 정치조차 기후의 영향을 받는다.

> 지중해 역사의 심장부에는 이러한 구속력이 작용한다. 빈곤, 내일에 대한 불확실성, 아마도 이러한 것들이 사람들의 절제, 검약, 근면의 이유, 그리고 또한 거의 본능적인 어떠한 제국주의—때로는 이것이 일상적인 빵을 찾는 것 이외의 다른 것이 아니다—의 동기일 것이다.[68]

　이러한 자연환경 속에서도 사람들은 체념하지 않는다. 당연히 살 길을 찾아 나선다. 이동 목축을 하거나 늪지대를 개간한다. 브로델은 평원, 이동 목축, 교통로의 중요성에 대해 말한다. 특히 교통로에 대해, 『지중해』에서 그 중요성을 확신하며 "교통로는 모든 잘 짜인 역사의 하부구조이다"[69]라고 강조한다. 브로델이 '세계-경제'의 첫 도시로 언급하는 베네치아는 이러한 지리적 구조를 극복한 도시로서 유럽을 지배하게 된다.

베네치아를 중심으로 한 지중해권의 '세계-경제'는 대서양으로 이동하는데, 그 중심에 네덜란드의 암스테르담이 있다. 네덜란드 또한 지중해라는 지리적 조건의 열악함 속에 놓여 있었고 이를 극복하면서 '세계-경제'의 지배적인 도시가 되었다.

"이 나라에서 생산되는 식량은 닭들을 먹이는 데에도 모자란다"라던 네덜란드는, 열악한 환경 때문에 이미 17세기에 인구 중 절반이 도시에 살았다. 이것은 유럽에서 가장 높은 비율이었다. 이 때문에 교환이 증가했고 지역 간 연결이 정규화되었다. 다른 유럽 지역에서도 활발히 이루어진 육로 수송 외에도 해로·하천·운하 등을 최대한 이용할 수밖에 없었다.

6대 도시를 주축으로 한 네덜란드의 도시들은 함께 살기 위해 공동 행동을 취했다. 비록 이들은 서로 다투고 질투도 했지만, 한 통 안에 사는 벌들처럼 그곳의 법칙을 준수하고 협력하며 상업적·산업적 활동을 함께 수행해나갔다. 이 도시들은 하나의 세력집단을 형성했다.

네덜란드의 인구는 1500년에 100만 명, 1650년에 200만 명으로 늘었는데, 이러한 인구증가율은 자국 내의 인구만 가지고서는 불가능한 수치였다. 경제가 발전하는 데는 외국인들이 필요했고, 네덜란드는 적극적으로 그들을 불러들였다. 이 나라의 발전은 부분적으로는 외국인들이 이룬 것이다. 그러나 이들 모두가 이곳에서 약속의 땅을 발견한 것은 아니며, 부익부 빈익빈이 심각했다. 네덜란드에서 부자는 다른 어느 곳에서보다 더 부유했고 가난한 사람들은 다른 곳보다 더 수가 많고 비참했다. 네덜란드로 이주해온 이들이 모두 가능성이 희박했던 큰 부를 얻기 위해 들어온 것은 아니었다. 이들 가운데는 전쟁을 피해서, 또는 16~17세기의 대재앙이었던 종교 박해를 피해서 온 사람도 많았다.

브로델은 '세계-경제'의 중심이 되는 도시들도 영원하지 않다고 강조한다. 주변의 도시들과 위계를 이루고 있던 하나의 '세계-경제' 수도가 함락되면 그 파장은 주변부 멀리까지 미친다. 베네치아는 패권을 상실하자 식민지도 잃게 되었는데, 네그로폰테는 1540년, 키프로스는 1572년, 칸디아는 1669년에 상실했다. 그리고 암스테르담이 우위를 확보하자 포르투갈은 극동의 식민지를 잃었다. 프랑스는 영국과의 투쟁에서 1762년 승기를 놓치자 캐나다를 상실했을 뿐 아니라 인도에서도 미래를 보장받을 수 없게 되었다. 마찬가지로 1929년 이후, 그전까지 런던을 중심으로 돌아갔던 세계는 뉴욕을 새로운 중심으로 삼았다. 오늘날 미국이 패권을 잃어버린다면 그것이 전세계적으로 거대한 영향을 미치게 되리라는 것은 어렵지 않게 상상할 수 있다.

페르낭 브로델의 『물질문명과 자본주의』의 원제는 '물질문명, 경제, 자본주의, 15~18세기'로, 모두 3권으로 구성돼 있다. 제1권 『일상생활의 구조』는 1967년에 출간됐고, 1979년에 제2권 『교환의 세계』와 제3권 『세계의 시간』이 출간됐다.

브로델은 14~15세기에서 18세기 사이 약 400년 동안의 서유럽 역사를 세 가지 개념을 이용해 분석한다. 브로델에 의하면, 역사는 삼분구조로 되어 있다. 즉 '구조-콩종크튀르(국면 변동)-사건'이 역사의 층위를 이루고 있다는 것이다. 그는 바다의 비유를 즐겨 사용하는데, 맨 아래에는 '거의 움직이지 않는 역사'가 있고 이것이 구조에 해당한다. 그 위에 '완만한 리듬을 가진 역사'가 있는데 이게 콩종크튀르conjoncture이다. 맨 위의 '표면의 출렁거림'은 사건에 해당한다. 콩종크튀르는 브로델이 장기적으로 지속되는 구조로서의 사건과 단기적인 사건 사이에 '중기적' 시간대로 설정한 것으로, 10년에서 50년 정도의 기간을 두고 오르내리는 경제·사회·문화 상의 추세적 변동이나 순환을 가리킨다. 구조는 맨 아래에 무겁게 놓여 있을 뿐, 브로델의 역사 설명에는 별로 등장하지 않는다. 단기간의 사건 또한 무시될 정도다. 브로델의 역사에서 인간과 사건을 지휘하고 지배하는 것은 '국면 변동'이다.

브로델은 장기적으로 영향을 미치는 사건에 특별히 '장기지속적인 사건'이라는 명칭을 부여한다. 장기지속적인 사건은 더욱 오랫동안 국면 변동과 구조에 영향을 미친다. 명나라의 해상 철수와 난징에서 베이징으로의 수도 이전, 펠리페 2세의 리스본에서 마드리드로의 수도 이전은 '장기지속적 사건'의 대표적 사례다. 한국의 경우 일제 강점이나 세종시로의 행정부 이전을 꼽을 수 있을 것이다.

자본주의는 '밤의 손님'이다

브로델은 역사를 삼분구조로 보았듯이 자본주의 또한 삼분할 체제로 분석하는데, 즉 '물질생활(물질문명)-(시장)경제-자본주의'가 그것이다. 경제란 전통적인 시장경제와 유사한 개념이다. 수요와 공급이 만나 가격이 결정되고 그 가격에 따라 경제활동 및 사회활동이 조정되는 영역으로, 시골장이나 정기시가 대표적이다.

시장경제 아래에는 시장에 편입되지 않은 채 이루어지는 인간의 활동이 엄청난 두께로 존재한다. 예를 들어 자기 밭에서 경작한 농산물을 자가소비한다든지, 시골의 마을 공동체 내에서 서로 일손을 나누는 활동 같은 것들 말이다. 오늘날에는 시장경제가 인간 활동의 많은 부분을 차지하지만, 과거로 거슬러 올라갈수록 자급자족적의 영역, 아주 한정된 범위에서 물물교환을 하는 영역의 비율이 커진다. 이렇게 엄청난 부피를 차지하는 이 층을 브로델은 '물질문명' 혹은 '물질생활'이라 명명한다.

'경제' 위에도 시장경제와 다른 세계가 자리 잡고 있다. 이 영역은 자신의 아래에 깔고 있는 '물질문명'과 '경제' 위에 군림하고 지배하면서 힘과 이익을 누린다. 이 영역을 대표하는 사람들은 대규모 국제무역을 수행하는 대상인들이다. 이들은 시장가격에 좌우되지 않고 여러 지역의 시장 가격들을 이용하며, 더 나아가 그것을 조작한다. 예를 들어 직물업의 수익성이 좋아 보이면 그곳에 투자했다가 농업의 수익성이 좋아지면 그곳으로 투자처를 바꾼다. 환거래 등 정교한 돈놀이를 통해 쉽게 자본을 불리고, 국제기구나 지방 권력체와 결탁하거나 그것을 장악하기도 한다. 이 영역의 사람들은 시장법칙과는 다른 규칙을 따라 움직인다. 이것이 브로델이 이야기하는 '자본주의'이다.

이와 같이 브로델의 자본주의는 기존의 경제학자들이 말하는 자본주의와는 성격이 다르다. 자본주의가 경쟁을 바탕으로 하기는커녕 경쟁을 없애는 '반시장'을 추구한다는 브로델의 견해는 자본주의에 대한 기존의 시각을 뒤집는다. 자본주의는 경제 발전의 다음 단계가 아니라 경제의 위에 존재하는 영역이다. 그것은 최상층에 군림하면서 자신의 아래에 위치한 층위들을 조작하는 과정에서 이익을 취하는 또 다른 질서다.

예를 하나 들어보자. 설탕은 16~17세기에 희귀한 사치품에 속했다. 이것은 안틸레스 제도를 비롯한 주변부 지역에서 노예 노동을 동원한 플랜테이션 방식으로 생산된 뒤 유럽의 몇몇 대도시에서 정제하여 백설탕이 되었다. 그다음에 대상인들이 이것을 사들여 각지에 배분하고 다시 소매상에 의해 최종 소비자에게 판매된다. 이 과정에서 가장 큰 이윤을 누리는 사람은 누구인가? 브로델의 분석에 의하면 생산자는 겨우 연명할 정도밖에 얻는 것이 없다. 정제업자는 그보다는 낮지만 큰 이윤을 얻지 못하며 소매상인도 크게 다르지 않다. 최고의 이윤을 누리는 곳은 정제업 바로 뒤, 즉 도매 상업이 이루어지는 곳이다. 자본주의는 바로 이와 같은 지점에 자리 잡고 이윤을 취한다. 자본주의가 '경제'의 위에 위치하고 있다는 것은 아래의 경제활동 전부를 장악하고 있다는 것이 아니라, 이처럼 자기에게 유리하다고 생각하는 곳에 스며들어가서 최대의 이윤을 취한다는 의미이다.

브로델은 근대국가는 자본주의를 만들어낸 모태가 아니라 자본주의를 물려받았을 뿐이라고 강조한다. 국가는 자본주의에 우호적일 때도, 적대적일 때도 있었다. 자본주의가 팽창하도록 내버려두는 경우도 있었지만 파괴하기도 했다. 브로델은 "자본주의는 국가와 한 몸을 이룰 때에만, 즉 자본주의가 국가가 될 때에만 승리한다"라고 강조한다. 베네치아·제노바·피렌체 등 이탈리아의 도시국가에서 자본주의가 처음으로 크게 성장했을 때 권력을 쥔 사람들은 돈 많은 엘리트 층이었다. 17세기 네덜란드의 특권계급인 레헨트는 사업가와 상인, 대부업자의 이해를 대변했고 심지어 그들의 지침에 따라 통치했다. 잉글랜드에서는 1688년 명예혁명 후 네덜란드와 마찬가지로 상인들이 권력을 쥐고 정계에 진출하는 일이 부분적으로 일어난다. 프랑스에서는 1830년 7월 혁명에 이르러서야 상인 부르주아지가 정부 안에 자리 잡게 된다.

브로델은 유럽과 가장 대척에 있는 문명지역으로 중국을 든다. 중국에서도 하층에서는 지방 시장, 수공업, 행상, 상점 등이 아주 활발하게 발달해 있었다. 말하자면 '경제' 단계까지는 유럽과 마찬가지로 발전했다. 그러나 그 위로는 국가기구가 모든 것을 장악해버렸다. 국가는 비정상적으로 부유해진 상인을 감시했고 심지어 원하면 언제든지 이들을 없애버릴 수 있었다. 코홍公行처럼 국가의 보장을 받는 집단이나 중앙정부의 통제를 벗어나 해외로 발전해나간 화교들이 아니고서는 상인 자본은 일정 수준 이상으로 발전할 수 없다. 국가와 국가기구만 자본 축적이 가능하다. 상층부가 이익을 독점하는 식의 해결책에 대해 브로델은 부정적인 결론을 내린다.

> 만일 우리가 진지하고도 정직하게 해결책들을 모색한다면 경제적인 해결책들은 어렵지 않게 발견할 것이다. 그것은 시장영역을 확대하여 이제까지 한 집단이 홀로 누려왔던 경제적 이점들을 시장으로 돌리는 것이다. 그러나 진정한 어려움은 거기에 있는 것이 아니다. 그 어려움은 사회적인 것이다. 국제적인 차원에서 세계-경제의 중심부에 위치한 국가들이 그들의 특권을 포기하는 것을 기대하기가 어려운 것처럼, 국내적인 차원에서 자본과 국가를 연결하고 거기에 국제적인 지원을 확보하고 있는 지배집단들이 게임의 규칙을 지키면서 활동하고 또 다른 사람에게 주도권을 넘기리라고 기대할 수 있을까?
>
> – 『물질문명과 자본주의 3-2』(까치글방, 2014)

브로델은 자본주의를 '밤의 손님'에 빗댄다. 별다른 수고 없이 진수성찬을 즐긴다는 의미이리라.

> 긴 역사의 관점에서 보면 자본주의는 '밤의 손님'이다. 모든 것이 다 갖추어져 있을 때 자본주의가 당도한 것이다. 달리 말하면 수직적 위계라는 문제 자체는 자본주의 너머의 문제이고, 자본주의를 초월하는 문제이며, 자본주의가 출현하기에 앞서 존재하며 자본주의를 통제했다. 1968년 장 폴 사르트르는 수직적 위계를 파괴해야 한다고 말했는데, 과연 가능한 것일까?
>
> – 『물질문명과 자본주의 읽기 : 자본주의라는 이름의 히드라 이야기』(갈라파고스, 2012)

자본주의가 수직적 위계를 필요로 하는 것처럼 브로델은 사회도 수직적인 구조이며 소수의 특권층이 독점하는 구조라고 분석한다.

> 놀라운 일은 특권층은 언제나 아주 소수라는 점이다. 우선 사회적 상승이 존재하고 또 이런 소수 사회는 비특권 사람들이 생산해 가져다 바치는 잉여에 의존한다는 점을 볼 때, 전체 잉여가 증가하면 사회 상층의 소수 인구도 증가할 법하다. 그런데 실제로는 거의 그런 일이 일어나지 않는다. 그것은 과거에도 그렇고 오늘날에도 그렇다.
> – 『물질문명과 자본주의 2-2』

만일 모든 사회에 대해 사회 최상층부에서의 등락에 관한 대조표를 작성해보면, 근대성이라는 것은 부와 권력의 확대라기보다는 오히려 그 집중에 있다는 것을 읽을 수 있다고 브로델은 주장한다. 피렌체·베네치아·제노바 등지에 관한 제법 정확한 수치를 보면 이곳의 특권 가문들은 규칙적으로 감소하고 심지어 사라져버리기도 한다는 것을 알 수 있다. 이때는 귀족들의 충원 작업이 이루어진다. 때로는 돈을 받고 새로운 귀족가문을 받아들이기도 한다. 브로델은 말한다. "모든 사회의 핵심적인 임무는 최상층에서의 재생산을 확보하는 것, 즉 최상층 지배집단이 완전히 몰락하지 않고 유지하도록 하는 것이라는 점을 받아들여야 한다."[70] 그에 따르면, 부르주아지와 부르주아라는 용어는 12세기부터 사용되었는데 부르주아란 한 도시의 특권시민을 가리켰다. 이들이 산업혁명과 프랑스혁명을 거치면서 새로운 신흥부자이자 지배세력으로 등장하게 되는 것이다.

브로델은 산업혁명에 대해서도, "왜 영국에서 산업혁명이 가능했을까?"라는 문제를 제기하고서 "세계가 영국 산업혁명을 위한 효율적 조건을 만들어주었다"라고 분석한다. 17세기 영국에서는 석탄 활용이 늘어났는데 이것이 존 네프가 지적한 대로 최초의 산업혁명이었다. 산업혁명의 동력이 어느 구석에서도 멈춰서지 않았고 어느 길목에서도 병목 현상이 일어나지 않은 채 나라 전체가 환상적인 성장을 연출했다. 영국의 농촌에서 노동력이 빠져나갔지만 농촌의 생산력은 그대로 유지되었다. 새로 등장한 사업가들은 필요한 노동력을 구했다. 내수 시장은 물가가 오르는데도 계속해서 성장했다. 해외 시장이 꼬리에 꼬리를 물고 차례차례 열렸다. 면직물 산업에 이어 철도 산업이 나타나 성장이 지속되었다.

산업화에 성공한 나라들을 비교한 결과 인구보다 더 빠르게 농업 생산량이 증가한 것이 성공의 일차 조건이었다고 한다. 농업은 특히 철공업의 고객이었다. 편자, 쟁깃날, 큰 낫, 탈곡기 등은 철에 대한 수요를 창출했다. 1780년 영국의 철 수요는 1년에 30만 톤 정도였다. 철도의 발달과 더불어 면직물을 식민지로 수출하여 수송과 소비를 촉진했다. 노동자이자 소비자가 될 사람들(인구)은 계속 증가했고, 농업 소득이 증대되어 많은 농민들이 공산품을 소비할 수 있었다. 이 모든 것이 무르익어 영국에서 산업혁명이 일어났던 것이지 기술의 발전에 힘입어 일어난 게 아니라는 말이다.

그렇다면 "누가 역사를 만드는가? 무엇이 역사인가?"라는 질문이 남는다. 브로델은 이렇게 강조한다.

> 인간이 역사를 만든다고 말한 마르크스는 반 이상 틀린 것이다. 더 분명한 것은 역사가 인간을 만들었다는 것이다. 인간들은 역사를 겪어나간다.
> – 『근대 세계체제론의 역사적 이해』(까치, 1996)

이런 측면에서 브로델을 구조주의자 또는 결정론자라고 부를 수 있겠으나, 역사의 장기지속적인 구조를 강조하면서 인간의 자유와 우연의 역할을 제한하는 관점을 취하는 것이지, 그가 개인의 역할을 부정한 것은 결코 아니다. 그 자신은 『지중해』에서 '인간의 몫'을 강조하는 표현을 덧붙인다. "지리적 공간이 역사를 만드는 것이 아니라. 이 공간을 지배하거나 만들어낸 인간이 역사를 만든다."[71]

『물질문명과 자본주의』 읽는 법

페르낭 브로델의 『물질문명과 자본주의』는 15세기에서 18세기까지 자본주의를 파헤친 대작으로 까치글방에서 2014년 번역서(주경철 옮김)를 출간했다. 이 책을 읽기 전에 『물질문명과 자본주의』에 대한 간략한 해설서인 페르낭 브로델의 『물질문명과 자본주의 읽기 : 자본주의라는 이름의 히드라 이야기』(김홍식 옮김, 갈라파고스, 2012)를 먼저 읽기를 권한다.

한국서양사학회가 펴낸 『근대 세계체제론의 역사적 이해』(까치, 1996)에는 김응종의 「브로델의 지리적 역사 : 장기지속과 변화」와 주경철의 「브로델의 상층구조」라는 논문이 실려 있는데 이 논문들을 읽어보면 『물질문명과 자본주의』를 심층적으로 이해할 수 있다. 이 밖에 김응종의 『페르낭 브로델 : 지중해·물질문명과 자본주의』(살림, 2006)도 참고하면 좋다.

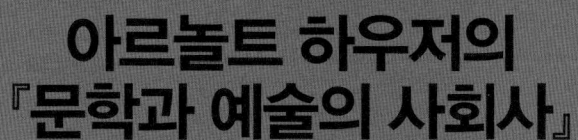

아르놀트 하우저의
『문학과 예술의 사회사』

—

인간과 사회와 예술을 함께 탐색한
20세기 지성사의 업적

—

82

서울리뷰 · 82권

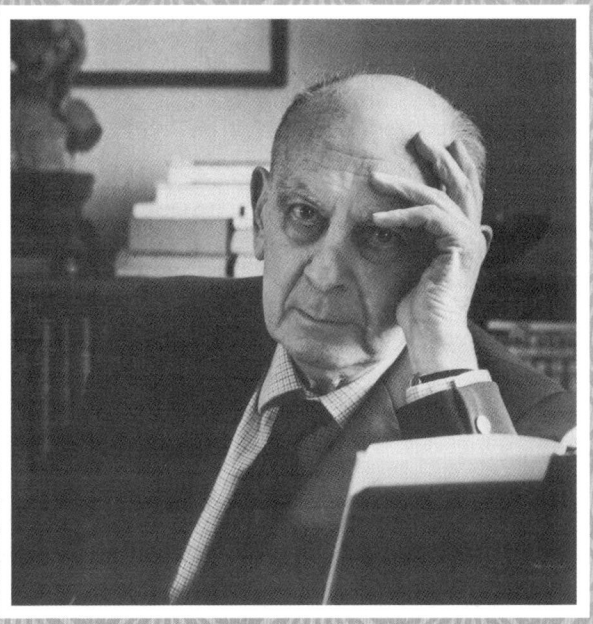

아르놀트 하우저의 초상
하우저는 『문학과 예술의 사회사』라는 방대한 저작에서 선사시대부터 오늘날 대중영화의
시대에 이르기까지 인간과 사회와 예술의 관계를 풀어냈다.

예술은 천재의 전유물인가?

헝가리계 유대인인 아르놀트 하우저(1892~1978)는 1938년 히틀러가 오스트리아를 접수하며 빈에 더 머물 수 없게 되자 친구 만하임의 권유로 런던에 건너갔다. 그리고 '예술사회학'으로 묶일 만한 글을 수집해달라는 청탁을 받아 작업에 착수했다. 평일에는 저녁 6까지 영화사에서 일한 뒤 밤늦은 시간을 쪼개 작업하며, 휴일에는 대영박물관 도서실에 틀어박혀 타자기를 두드리는 생활을 10년간 이어갔다. 예술사회학 선집은 끝내 미완으로 남았지만, 그 지난한 여정은 하우저 자신의 언어로 내놓은 책 『문학과 예술의 사회사』(1953)로 결실을 맺는다.

이 책에서 하우저는 선사시대부터 오늘날 대중영화의 시대에 이르기까지 인간과 사회와 예술의 관계를 풀어냈다. 그는 예술이 시대와 사회의 관계 속에서 빚어진 산물이라는 '예술사회학'의 관점을 취하고 있는

데, 이는 말하자면 마르크스주의적 관점이라 할 수 있다. 하우저는 이러한 관점을 토대로 하나의 예술작품 또는 한 시대의 주도적 양식은 어떤 사회적 조건에서 탄생하는가, 어떤 사회적 요인에 의해 양식의 변화와 교체가 이루어지는가, 서로 다른 예술 장르 사이에는 어떤 연관성이 있는가, 예술작품과 수용자의 관계는 시대에 따라 어떻게 변화하는가 등을 다룬다.

『문학과 예술의 사회사』에서는 수천 년에 걸친 예술사를 크게 두 시기로 나누고 있다. 첫 번째 시기는 구석기 시대부터 중세까지로, 이 시기 예술의 기본 성격을 하우저는 '실용적 목적과 미적 관심의 직접적 일치'로 설명한다. 예술이 추구하는 미적 가치가 자연의 지배나 종교 제의 같은 예술 외적인 목적에 종속되어 있었다는 것이다. 가령 구석기 시대의 동굴벽화는 동물 사냥 장면을 그대로 재현함으로써 수렵에 의존하던 원시 경제생활을 촉진하는 효과적인 수단으로 기능했다. 중세 기독교 예술 역시 예술을 실용적(종교적) 목적에 종속시킨 예다. 두 번째 시기는 르네상스 이래 근대까지로, 이 시기의 예술은 차츰 실용적인 목적에서 벗어나 예술의 자율성을 추구해갔다. 이는 종교로부터 예술의 해방을 뜻하는 동시에, 인간 존재에 관한 근본적인 질문과 보편 가치의 추구가 이제는 예술의 몫이 되었음을 의미한다.

예술과 사회의 관계를 탐사하는 이 책에서 하우저는 세 가지 키워드로 예술에 접근한다.

첫 번째 키워드는 예술형식이다. 그는 고대인의 동굴벽화에서 오늘날 영화에 이르기까지 문학·미술·음악·연극·영화 장르에서 예술형식이 어떻게 등장했으며 어떤 식으로 분화·전개해갔는지를 분석한다.

하우저는 개개의 사회는 그 사회의 요구에 최적화된 예술형식을 고안해낸다고 강조한다. 예컨대 요즘 우리가 즐겨 읽는 소설은 18세기에 이르러서야 주도적 문학 장르가 되었다. 그것은 소설이 당대에 제기된 개인주의와 사회 사이의 대립을 가장 포괄적으로 깊이 있게 다루었기 때문이다. 다른 어떤 문학 장르도 당시 부르주아 사회의 모순, 그리고 개인의 투쟁과 패배를 그렇게 박력 있게 묘사하지 못했다. 이를 표현하기 위해 등장한 문학사조가 낭만주의라고 하우저는 주장한다.

> 낭만주의는 소설에서 개인과 세계, 꿈과 생활, 시와 산문 사이에서 생기는 갈등의 가장 적합한 서술방법을 발견하고, 이 갈등의 유일한 해결처럼 보이는 체념의 가장 깊이 있는 표현을 찾아냈다.
>
> — 『문학과 예술의 사회사 4』(창비, 2016)

흔히 문학과 예술에서 가장 대조적인 사조로 고전주의와 낭만주의를 꼽는다. 고전주의는 고대 그리스와 로마의 조화로운 세계를 지향한다. 고전주의자는 스스로를 현실의 주인이라고 생각했다. 그는 스스로를 지배하고 또 모든 존재를 지배할 수 있다고 믿었기 때문에 지배를 받는 것에도 동의했다. 고전주의는 18세기 말 프랑스 대혁명이 시작되자 혁명적 고전주의의 모습으로 등장하기도 했다.

고전주의와 대조되는 낭만주의는 수많은 얼굴을 하고 있어 정확히 규정하기 힘들다. 하우저는 먼저 낭만주의는 그 기원으로 볼 때 영국적인 운동이라고 주장하면서 낭만주의적 경향은 루소를 통해서 처음으로 그 모습을 드러냈다고 본다. 루소의 "자연으로 돌아가라!"라는 구호는 결국 단 하나의 동기로 귀결되는데, 그것은 사회 불평등을 초래한 시대의 발전에 대해 저항을 강화하라는 것이었다. 루소는 계몽주의의 근본 교의는 미신에 불과하다며, 이성과 진보에 반기를 들었다.

당대 사람들은 계몽주의를 대변하는 '볼테르주의'와, 역사적 전통을 무시하고 완전히 새로운 시작을 표방한 '낭만주의', 즉 '루소주의' 가운데 하나를 선택해야 했다. 유럽 문화사에서 볼테르와 루소의 관계보다 더 의미있고 상징적인 개인 간의 관계는 없을 것이다.

> 루소의 자연주의는 볼테르가 문화의 본질이라고 생각했던 모든 것에 대한 부정을 의미한다. 루소 이전의 시인은 어떤 형식의 서정시를 제외하면 간접적으로만 자신에 관해 말했으나, 루소 이후의 시인은 거의 자기 자신에 관해서만 말했고 아무런 거리낌이나 숨김없이 그렇게 했다.
>
> – 이하 『문학과 예술의 사회사 3』

이로부터 처음으로 체험문학·고백문학의 개념이 성립되었다. 자기 작품들이란 모두 '거대한 고백의 조각들'에 불과하다고 선언했을 때 괴테가 염두에 둔 것도 이러한 루소주의 개념이었다는 것이다. 문학에서의 자기관찰과 자기탐닉에 대한 병적인 열광, 그리고 벌거벗은 작가 자신을 드러내면 드러낼수록 작품은 더욱 진실하고 설득력 있다는 견해는 루소의 유산이다. 문학가들뿐 아니라 수많은 위대한 사상가들도 루소의 영향을 받았다. 루소의 『고백록』이 출간되자 칸트는 매일 정해진 시간에 하던 산책도 잊고 몰입해 읽었다는 일화는 매우 유명하다. 칸트는 루소에게서 '윤리세계의 뉴턴'을 보았고 헤르더는 그를 '성자요 예언자'라고 불렀다.

하우저는 이 책에서 루소를 예찬하며 매우 중요한 인물로 다루었다. 루소의 사상이 아리스토텔레스와 플라톤에 버금가는 서구 사상사의 주류로 자리매김하면서 괴테와 톨스토이 등 대문호들에게 큰 영향을 끼쳤다는 것이다. 루소가 나타남으로써 처음으로 소시민 계층과 빈민 등 일반 대중, 법적 보호를 받지 못하는 사람들 등 더욱 다양한 계층의 사람들이 문학적 발언대에 올랐다. 루소는 가장 가난하고 가장 비천한 사람들 편에 서서 절대적 자유의 쟁취를 위해 진력했을 뿐 아니라 평생 동안 태어났던 그대로의 소시민으로, 생활환경이 만들었던 그대로의 '뿌리 뽑힌 존재'로 일관했다.

볼테르는 루소가 문명화된 인간을 다시 네 발로 걷는 짐승의 차원으로 끌어내리려 한다고 말한 바 있는데, 그가 루소의 평민적 감상성과 무비판적 열광과 역사에 대한 몰이해를 공격한 데는 부르주아 내지 부유한 신사의 입장만 반영된 것은 아니었다. 그는 냉정하고 회의적이며 현실주의적 사고를 지닌 시민이자 학자로서 루소가 열어젖힌, 계몽주의라는 구조 전체를 집어삼키려 하는 비합리주의의 심연을 우려한 것이다.

계몽주의와 반대되는 개념으로서 '질풍노도'는 초기 낭만주의와 관련이 있다고 하우저는 분석한다. 계몽주의가 이 세계를 이해할 수 있고 설명할 수 있으며 언젠가는 해명할 수 있는 것으로 생각했다면, 질풍노도는 이와 반대로 세계를 근본적으로 불가해한 것, 신비스러운 것, 의미가 없는 것으로 간주했다.

> 계몽주의가 현실을 정복하고 지배할 수 있다는 확신의 결과였다면, 질풍노도는 이 현실에서 길을 잃고 버려져 있다는 느낌의 표현이다.

이러한 초기 낭만주의는 프랑스 대혁명을 통해 다시 재기할 수 없을 정도로 결정적 패배를 맛보았다. 혁명 이후의 낭만주의는 새로운 세계감정과 생활감정을 반영하고 있으며 무엇보다도 '예술적 자유'를 낳았다. 예술적 자유는 이제 더 이상 '천재'의 특권이 아니라 예술가나 재능 있는 개인이면 누구나 가질 수 있었고, 일체의 개성적 표현과 법칙의 기준은 모든 개인에게 있다고 생각되었다.

이때에 이르러서야 비로소 낭만주의 운동은 전통과 권위, 그리고 규칙이라는 원칙 자체에서 벗어나기 위한 해방투쟁이 된다. 이러한 투쟁은 혁명에 의해 조성된 정신적 분위기 없이는 상상조차 할 수 없는 것이다. 어느 의미에서는 근대의 모든 예술은 이러한 낭만적 자유운동의 결과다.

프랑스 낭만주의는 1820년 이후까지도 왕정복고의 대변인 역할을 했다. 그러다 1820년대 후반에 이르러 자유주의적 운동으로 발전하여 정치 혁명에 대응할 만한 예술적 목표를 정립하기에 이른다. 빅토르 위고를 선두로 한 프랑스의 대표적 낭만주의자들은 아직 교회와 왕실의 충실한 지지자였지만, 낭만주의는 교권주의적·전제주의적이던 종전의 입장을 포기했다.

낭만주의와 새롭고 한층 높은 프랑스혁명의 비전이 이와 같이 결합함에 따라 나온 가장 두드러진 귀결은 1830~1848년(7월혁명~2월혁명)의 기간 중에 정치적 예술이 압도적으로 승리한 일이다. 가장 비이데올로기적인 예술가마저도 흔히들 정치에 대한 봉사를 그들 예술가의 제1차적 의무로 생각하는 점에서 이 시기보다 더했던 시기는 찾아보기 어렵다.

– 『혁명의 시대』, (한길사, 2014)

낭만주의는 왕당파·자유주의파·보수파 등으로 얼굴을 바꾸어 나갔다. 독일에서 낭만주의가 자유주의에서 왕당적·보수적 입장으로 정치적 태도를 바꾸었다면, 프랑스에서 낭만주의는 이와 정반대되는 방향으로 발전했다. 영국에서는 혁명과 복고 사이를 오락가락하는 더 복잡한 양상을 띠었지만 전체적으로 보면 프랑스와 비슷하게 발전했다.

이처럼 낭만주의의 정치적 입장이 변화한 이유는 낭만주의가 혁명에 대해 이중적인 태도를 취했기 때문이다. 이에 대해 엥겔스는 최초로 작가의 정치적 입장과 예술적 창작 사이의 모순을 과학적 탐구의 방식으로 다루고, 그를 통해 예술사회학 전반에 걸쳐 가장 중요한 원리의 하나를 공식화했다. "예술적 진보성과 정치적 보수주의는 완전히 양립할 수 있으며, 현실을 충실하고 올바르게 묘사하는 모든 정직한 예술가는 본래 그 시대에 계몽적·해방적 영향을 끼친다는 것이 명백해졌다는 것이다. 그러한 예술가는 자기도 모르는 사이에 반동적·반자유주의적 요소들의 이데올로기의 밑바닥을 이루는 인습과 상투어, 터부와 도그마들을 파괴하는 데 기여한다는 것이다."[72]

엥겔스는 이에 대한 사례로 발자크를 든다. 발자크는 귀족사회를 우러러 보았으나 한편 귀족들을 서술할 때만큼 그의 풍자가 더 예리해지고 신랄해진 적이 없다는 것이다. 즉 귀족사회를 이상적인 신분 사회라고 여기면서도 귀족들에 대한 가차 없는 고발을 담은 발자크의 양면성이야말로 리얼리즘의 가장 위대한 승리의 하나라고 본다.

예술의 관객과 예술가의 실존

　이 책의 두 번째 키워드는 예술의 수요자 혹은 관객이다. 흔히 예술사는 작품과 예술가 중심으로 기술되지만, 이 책에서는 수요자 혹은 관객의 비중을 이들과 거의 대등한 수준으로 끌어올려 다룬다. 근대 이전에 예술은 특권층을 위해 만들어졌고 소비자 혹은 수요자도 특권층에 국한되었다. 18세기까지 작가란 단지 자기 독자층(후원자나 소수의 지배계급)의 대변인에 불과했다.

　하인과 관리들이 그들의 물질적 재산을 관리하듯이 작가들은 독자의 정신적 재산을 관리했다. 그들은 당대에 통용되던 일반적 도덕원리와 취미 표준을 받아들이고 이를 확인했을 뿐 그런 것들을 새로 만들어내거나 개혁하지는 않았다. 그들은 분명히 규정되고 한정된 독자층을 위해서 작품

을 썼으며, 구태여 새로운 독자를 얻으려고 애쓰지 않았다. 그러므로 현
실의 독자와 이상적 독자(혹은 잠재적 독자) 사이에는 아무런 긴장도 생기지
않았다.

－『문학과 예술의 사회사 4』

18세기에 와서 독자층은 서로 다른 두 진영으로 분리되고 예술 역시
서로 대립하는 두 경향으로 나뉜다. 이때부터 모든 예술가는 반대되는
두 질서인 보수적 귀족의 세계와 진보적 부르주아의 세계 사이에서 선
택을 하지 않을 수 없게 된다.

낭만주의 이전의 예술가와 시인들이 무조건 예술의 수용자나 감상자 그
룹의 요구와 소망에 부응하려고 노력했었다면, 낭만주의 시대와 낭만주
의 이후의 예술가들은 이제 더 이상 어떠한 집단적 그룹의 취미와 요구
에 종속되지 않으며 어느 한 그룹의 호응을 받지 못하면 언제든지 다른
그룹의 감상자 층에 호소하려는 마음의 준비를 하고 있다.

－『문학과 예술의 사회사 3』

낭만주의 이후의 예술가들은 창작 과정에서 끊임없이 감상자 층과
긴장관계를 형성하게 된다. 문학과 예술작품의 수요자 혹은 소비자가
대중으로 확산되기 시작한 것이다. 작품을 주문하고 향유하며 예술 생
산에 개입하는 것이 한때 귀족이나 성직자 같은 특권계층만의 일이었
다면, 근대 이후 예술의 수요자 혹은 관객은 시민계급으로, 20세기 이후
에는 대중으로 점차 확산되었다. 대중을 위한 예술의 생산과 향유의 최
고점에 존재하는 것이 바로 영화이다.

예술을 창조하는 사람들과 예술에 대한 진정한 관심이 없는 사람들 사이의 중재자로서 예술전통의 보존에 줄곧 기여해온 동질적이고 고정적인 관중은 예술 감상의 민주화가 진전되면서 사라졌다. (⋯) 그 이후로는 단지 때에 따라 산발적으로 그러한 통합된 관중이 형성될 뿐이다. 이러한 관중이란 대개 그저 가벼운 마음으로 영화관을 찾아오는, 따라서 항상 새로운 매력을 동원하여 그때마다 새로 붙잡아야 하는 관중과 동일한 것이다.

－『문학과 예술의 사회사 4』

특권층에 의해 생산·소비·향유되던 근대 이전의 예술은 질적 수준을 유지할 수 있었으나 대중과는 동떨어져 존재했다는 한계를 지닌다. 하우저는, 진정한 '예술 민주화'로 나아가기 위해서는 다수 대중의 현재 시야에 맞춰 예술을 제약하기보다 대중의 시야 자체를 될 수 있는 한 넓혀야 함을 역설한다. 대중의 시야에 맞추다 보면 예술의 질적 저하를 피할 수 없다.

마지막 세 번째로 하우저가 이 책에서 제시하는 키워드는 예술가의 실존이다. 하우저는 중세의 '장인'을 비롯해 낭만주의의 '천재' 등 시대와 함께 변모해온 예술가들을 다루면서 사회적 요구와 욕망 사이에서 줄타기해온 그들이 겪은 내적 갈등을 입체적으로 조명한다. 예를 들어 17세기 네덜란드의 화가 렘브란트는 당대의 화풍인 부르주아의 고전적 취향에서 벗어난 순간 가차 없이 시장으로부터 버림받았다. 〈야간순찰〉을 비롯한 몇몇 작품들은 부르주아 고객을 만족시키기를 포기한 듯한 렘브란트의 실험정신을 보여준다. 자유주의적인 네덜란드 사회는 더 이상 고분고분하지 않은 그를 외면했다. 이에 하우저는 "예술가의 정신적 실존은 동서고금을 막론하고 위험에 처해 있게 마련이다"[73]라고 강조한다. 권위주의적 사회질서도 자유주의적 사회질서도 예술가에게는 완전히 편안한 것이 못된다. 권위주의적 사회질서가 자유를 속박한다면 자유주의적 사회질서는 안전을 위협하기 때문이다. 자유 속에서만 안전하게 느끼는 예술가가 있는가 하면, 안전 속에서만 자유롭게 숨 쉬는 예술가도 있게 마련인 것이다.

예술을 신비의 영역이 아닌, 사회적으로 생산되고 소비되는 경제활동의 일환으로 보는 하우저는, 고대에서 현대까지의 인류사를 탐사하며 '예술은 사회적 산물'임을 밝히고 있다. 그러면서도 그는 '예술사의 철학'에서 예술작품의 사회적 결정론과 형식주의(장르) 모두와 비판적 거리를 두면서 예술과 사회의 관계를 변증법적 통일이 이루어지는 관계가 아닌 '역설적 관계'라고 정의하고 있다. 빅토르 위고가 좋은 예다. 위고는 왕당파와 보나파르티즘을 숭배했지만 그의 작품은 자유주의적 관점으로 독자들에게 수용되고 있다.

'예술은 영원하다'라는 말은 이 책에서도 여전히 위력을 발휘하지만 예술이 천재의 전유물인 시대는 더 이상 오지 않을 듯싶다. 작가 혹은 예술가가 정신적 지도자 역할을 했던 시기는 세계가 불가해한 것으로 비춰지던 질풍노도의 시기이거나 정치적 혼란기인 혁명 때라고 하우저는 강조한다. 그렇다면 세계의 모순이 극명하게 드러나고 혁명의 이상이 환멸로 바뀌면 천재적 예술가의 역할은 사라지게 될까. 오늘날 작가 혹은 예술가는 어떻게 자리매김되어야 할까. 이 책을 읽으면서 머리에서 줄곧 이 생각이 떠나지 않았다.

『문학과 예술의 사회사』 읽는 법

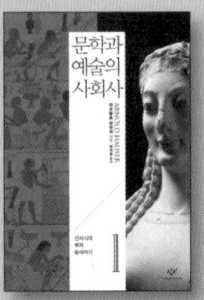

아르놀트 하우저의 『문학과 예술의 사회사』(전4권)는 창비에서 2016년에 개정판을 출간했으며, 이것이 유일한 번역본이다. 국내에 『문학과 예술의 사회사』가 처음 출간된 것은 1974년이다. 2016년의 개정판에는 도판이 포함되었다.

필자는 이 책을 대학 재학시절에 구입했는데 몇 년 전까지 소장해오다 글씨체가 너무 작아 처분했다. 최근 다시 이 책을 새로 구입해 읽으니 다시 학창시절로 되돌아간 기분이었다. 책이란 잊었던 기억을 이어주는 좋은 매개체이다. 학생들뿐 아니라 오래전 이 책을 읽었던 분들께도 개정판 일독을 권한다.

황순원의 『카인의 후예』

—

사실주의와 이상주의를
동시에 추구한 소설

—

83

서울대 권장도서 · 83선

경기도 양평군 소나기마을에 위치한 황순원문학관
유명 문인들이 작고하면 대개 문인의 고향에 문학관을 건립하나, 황순원은 고향이 평안남도 대동군이기에 고향 대신 그의 유명한 단편소설 「소나기」의 배경인 경기도 양평군에 '소나기마을'을 조성하고 황순원문학관을 건립했다.

누가 카인을 만드는가?

흔히 어려운 때를 만나면 인간성의 면모가 드러난다는 말이 있다. 황순원(1931~2000)의 소설 『카인의 후예』(1954)는 혼란하고 어려운 시기, 즉 1946년 3월 북한에서 일어난 토지개혁을 배경으로 상황에 따라 변모하는 인간들과 그 도덕적 타락에 대해 다루고 있다. 토지개혁은 두 개의 계급, 즉 지주와 소작인을 전혀 다른 운명에 처하게 만든다. 작품의 표제가 되고 있는 '카인의 후예'는 성경에서 아벨을 죽인 인류 최초의 살인자로서의 카인을 상징하기보다는 농민으로서의 카인을 상징한다. 조상 대대로 땅 파 먹고사는 농민의 후예들이 변모하는 세태에서 그들의 삶이 어떻게 변모하는지를 이 소설은 보여주고 있다.

마을 공동체는 토지개혁에 의해 완전히 다른 모습으로 변모한다. 그 변화에 대해 주인공 박훈은 "누구의 잘못도 아니고 모두가 세월 탓"이라고 말하면서도 "사람이란 몇 번 변하는지 모르는" 것이라고 말한다.

시류에 편승해 급격히 변해가는 대표적 인물은 박훈네 마름이었던 도섭 영감이다. 그는 토지개혁 이전에는 지주의 편에, 토지개혁을 전후해서는 농민의 위치에 선다. 지주의 소작농 착취를 일선에서 대리 수행한 마름이었다는 그의 과거는 농민들의 나라가 된 북조선에서 씻기 힘든 원죄일 수밖에 없었다. "이십여 년 동안이나 훈네 마름으로 있은 게 이제 와서 꿀리는 것"이다. 그에게는 이런 자신의 과거를 적극적으로 부정하는 것밖에는 살아남을 방법이 없다.

그 상징적 행위가 바로 박훈 할아버지의 송덕비를 부순 사건이다. 도섭 영감은 모두 다 죽이고 싶다고 외치면서 도끼로 송덕비를 부순다. 도섭 영감이 진짜 부수고자 했던 것은 송덕비가 아니라 자신의 과거였을 것이다. 그는 "자기가 벌써 얼마 전부터 지난날의 지주였던 훈과 왕래를 끊은 게 잘했다고 생각"하면서 "그것을 앞으로는 더 칼로 베듯이 해버려야 한다고 마음" 먹는다. 따라서 도섭영감은 딸 오작녀와 아들 삼득이에게 훈과 관계 끊기를 강요한다. 심지어 아들이 용제영감의 장례식에 참석했다는 이유로 면 농민위원장에서 숙청되자 도섭 영감은 "아들이고 누구고 비위에 거슬리는 놈은 모조리 낫으로 찔러버리고만 싶었"을 정도로 살의를 드러낸다.

박훈에게 도섭 영감은 "꼭 무엇에 취한 사람" 같다. 그러나 도섭 영감의 이러한 도덕적 타락과 변화는 그의 악한 본성 때문이 아니다. 도섭 영감은 용기와 희생정신을 가진 인물이었다. 한번은 홍수가 났을 때 자신의 생명을 무릅쓰고 물에 떠내려가는 박혁(박훈의 사촌)을 구해내기도 했다. 이렇게 박훈네를 위해 헌신적으로 일해주던 도섭 영감이 토지개혁을 앞두고는 누구보다 먼저 지주들을 숙청하는 데 앞장섰고 마침내 농민위원장이 되었다가 나중에는 농민위원장 자리에서 쫓겨난다. "당에서 볼 때 이제는 도섭 영감의 이용가치가 없어진 것"이다.

토지개혁이 진행되면서 가락골 농민들은 적극적으로 현실에 적응하려 하고, 그러면서 도덕적으로 타락해간다. 농민들은 쟁기나 낫을 들고 지주를 처벌하러 다니고, 지주의 집에서 물건들을 도둑질한다. 곰실이 아버지와 미륵이 형 등은 윤주사에게서 땅을 사며 치른 돈을 다시 강탈하여 뺏기도 한다. 이것을 지켜본 탄실이 아버지는 "정말 세상만사가 확 뒤집히는 판"이라고 느낀다. 이런 일을 당한 윤주사는 "기른 개한테 물렸다"라고 되뇌인다. 그에게 세상은 정말 "다 된 놈의 세상"으로밖에는 느껴지지 않는다. 도섭 영감과 마을 농민들을 변화시킨 것은 바로 외적 현실의 변화이다. 이들을 카인의 후예로 만들어가는 것은 다름 아닌 그들을 둘러싼 역사이다.

반면 도섭 영감의 자식인 삼득이와 오작녀는 시대의 변화에도 타락하지 않는 인물이다. 박훈은 삼득이가 토지개혁을 전후해 자신을 미행하고 있다는 소리를 듣게 된다. 그러나 삼득의 미행은 바로 훈을 보호하기 위한 것임이 드러난다. 도섭 영감을 살해하려다 실패한 훈을 구해주는 인물도 바로 삼득이다.

오작녀는 어려서부터 훈을 연모해왔지만 박훈이 평양으로 이사를 한 뒤에 다른 남자와 결혼을 한다. 그러나 훈을 잊지 못하는 바람에 남편에게 쫓겨나 고향으로 돌아온 뒤 훈을 뒷바라지 하게 된다. 토지개혁 중에는 훈의 재산을 뺏으러 온 사람들로부터 훈을 보호해주기도 한다.

즉 오작녀는 박훈이 숙청당할 위기에 처하자 입술을 잘끈 깨물고선, "우리는 부부가 됐이요!"라며 박훈을 보호하기 위해 극단적인 조치를 감행한다. 아버지와 연을 끊고 동네 사람과 남편 앞에서 박훈과 부부가 되었다고 선언하는 것. 이로 인해 『인민일보』에서는 지주와 마름의 딸이 계급의 고리를 끊고 결혼했다고 보도한다.

박훈에게 오작녀는 '타는 듯한 눈'의 이미지로 표상된다. 융에 의하면 눈의 상징 의미는 어머니의 가슴을 상징한다.(장현숙,『황순원 문학연구』) 이 작품 속에서 눈의 이미지는 헌신과 희생을 표상하는 '어머니의 가슴' 즉 모성적 사랑을 상징한다.

어느 날 잔디에 불이 나 모두 도망가버리지만 오작녀는 자신의 몸을 굴려 잔딧불을 끈다. 그때 훈은 처음으로 오작녀의 '타는 눈'을 발견한다.[74] 오작녀의 타는 눈은 생명에 대한 무한한 긍정의 눈길이요, 사랑을 위해 어떠한 인고와 위험도 두려워하지 않는 헌신과 의지의 눈길이며, 죽음을 생명과 선에 합치시키려는 모성의 눈길이다.[75] 또한 그의 눈은 사랑의 영원성을 의미한다. 절대적이고 헌신적인 오작녀의 사랑은『카인의 후예』에서 모든 도덕적 행동의 모델이 된다.

박훈은 서울로 유학 가 공부할 때나 평양에 돌아와 있는 동안 몇몇 여자와 알고 지냈다. 그때마다 이상스레 떠오르는 건 이 오작녀의 눈이었다. 어느 여자이고 이 오작녀의 눈보다는 못하다고 생각했다. "내가 찾던 그 눈이다. 이 눈을 찾아 여태 해맨 것이다! 그리 달려가 오작녀의 가슴을 안았다. 오작녀, 이제 당신은 내 사람이오. 당신의 그 건강한 핏속에 내 씨를 뿌리고 싶소. 거기에 내 옹졸한 피를 씻고 싶소."[76]

오작녀의 남편이 해방군인(소련군)의 총에 맞아 죽었다는 사실을 알게 된 박훈은 이런 꿈을 꾼다. 꿈을 통해 박훈의 소망이 이루어지며, 소설의 결말부에서 박훈과 오작녀가 동반하여 월남하는 것이 암시된다. 오작녀는 남편의 죽음으로 윤리의식의 억압으로부터 벗어난 것이다.

오작녀의 행복을 염원하는 삼득은 박훈과 도섭 영감이 서로를 죽일 듯 갈등을 빚자 아버지의 폭력에 저항한다. 두 사람 사이에 형성된 살육의 원한을 푸는 자리에 서는 것이다. 삼득은 훈에게 누이를 데리고 남한으로 탈출하라고 말한다. 훈은 오작녀에게로 달려가면서 끝이 난다.

소설은 우리로 하여금 인간을 수단으로 삼는 국가권력이 조장하는 대결의식을 넘어, 인격을 수단이 아닌 목적으로 대하라는 칸트의 근대적 정언명령에 도달하게 한다.[77]

폭력적 상황을
견디게 해주는 '사랑의 힘'

　1946년 북한의 토지개혁이라는 사건을 배경으로 쓴 『카인의 후예』는 국가권력이 폭력적으로 사회를 재편할 때 벌어지는 사건을 보여준다. 국가권력은 국민을 둘로, 즉 충직한 시민과 불충한 시민으로 가르면서 정체성을 확립한다. 북한의 경우 지주와 소작인으로 이를 나누었고, 지주를 착취자로 규정하면서 그들을 배제하였다.(이재용, "국가권력의 폭력성에 포획당한 윤리적 주체의 횡단 – 황순원의 카인의 후예")

　『카인의 후예』는 국가권력에 의해 잠재적 죄인으로 지목된 박훈과 그와의 관계를 끊기 위해 노력하는 도섭 영감의 갈등을 핵심으로 하여 전개된다. 농민대회는 점차 지주를 넘어 자작농까지 숙청 대상으로 분류해버리는 광폭함을 보인다. 도섭 영감은 이러한 광기에 휩쓸려 박훈에게 호의를 가진 자신의 아들 삼득이와 딸 오작녀를 폭행한다.

아들에게까지 살의를 품는 도섭 영감이 카인의 심성을 가진 인간이라면, 오작녀는 에덴과 같은 구원을 상징하는 존재다. 즉 오작교가 견우와 직녀를 연결하는 사랑의 다리이듯이, 오작녀는 생명을 존엄하게 여기는 의식과 모성적 사랑을 통해서 좌우 이데올로기의 대립과 갈등을 해소하는 존재, 즉 사랑의 가교로 설정되어 있다.[78]

빅터 프랭클(1906~1973)은 『죽음의 수용소에서』(1946, 원제는 『Man's Search for Meaning』)라는 책에서 극한 상황에서는 사랑하는 사람에 대한 기억들을 떠올리며 상상으로 대화하면서 위안을 얻고 다시 살아야겠다는 희망의 끈을 이어갈 수 있다고 강조한다. 사랑하는 사람들과 나눈 대화들이 위기 상황에서 구원이 되어주는 가장 강력한 힘이라는 것이다.

프랭클은 나치 수용소 경험을 바탕으로 '로고테라피'Logotherapy라는 일상 속의 심리 치료법을 창안한 정신분석학자다. 로고테라피란 마음이 가지는 의미 추구 경향을 파악해 정신분석적으로 치료한다는 것이다. 프랭클에 따르면 수용소에서 배고픔·곤욕·공포·불의에 대한 강한 분노 등을 참고 견디게 하는 것은 사랑하는 자의 소중한 모습이며, 신앙이며, 괴이한 유머 등이라고 한다. 심지어 한 그루의 나무나 지는 해와 같은 자연의 아름다움이 우리의 마음에 약이 되어주기도 한다고 강조한다. 이를 생각함으로써 괴로움을 잊는다는 것이다.

이 소설에서도 그런 대목이 나온다. 불장난을 하다가 불이 크게 번지자 몸을 던져 꺼주는 오작녀에 대한 기억과 그녀가 냇가에서 목욕을 하는 어린 훈에게 참외를 가져다준 기억은 피와 배신과 환멸로 가득 찬 이 소설에서 가장 행복한 순간으로 묘사된다. 즉 훈은 오작녀가 가져다준 참외를 먹자 꿀같이 달콤한 단물이 온 입안에 퍼졌는데, "지금도 훈에게는 그 타는 듯한 오작녀의 눈과 함께 어떤 그윽한 향기가 그대로 맡아지는 것만 같았"던 것이다.

이 작품은 황순원의 개인적인 경험을 바탕으로 쓰였는데, 그는 북한에서 토지개혁을 시행한 1946년 3월 직후에 고향인 평양 근처 대동군 빙장리에서 탈출해 가족들과 함께 월남했다. 황순원의 집안은 지주계급이었다.

『카인의 후예』는 당대 북한에서의 토지개혁의 실상을 드러냈다는 점에서 리얼리즘을 대표하는 작품이지만 박훈과 오작녀의 사랑을 그려낸 점에서는 이상주의와 영원주의를 지향하는 소설이라고 볼 수 있다.

『카인의 후예』 읽는 법

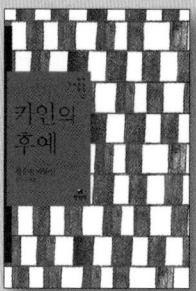

황순원의 『카인의 후예』는 현대문학 출간본(김수이 엮음, 2011)을 기본으로 읽었다. 연구서로는 장현숙의 『황순원 문학연구』(푸른사상, 2013)를, 논문으로는 박은태가 쓴 「황순원의 『카인의 후예』 연구」(현대문학의연구, 2006, Vol.30)와 이재용이 쓴 「국가권력의 폭력성에 포획당한 윤리적 주체의 횡단 : 황순원의 『카인의 후예』」(어문논집, 58집)를 참고할 수 있다.

박은태는 이 논문에서 황순원은 몰락하는 지주 계급의 관점에서 세계를 묘사하지만, 세계를 왜곡하지는 않았다고 평한다. 그가 비록 농민들을 부정적 시선으로 그리고 있지만, 그들의 행위를 사실의 차원에서 벗어나게 그리지는 않았다는 것이다.

클로드 레비스트로스의 『슬픈 열대』

—

서구의 눈으로 세계를 바라보는 것을 경계하다

—

84

2005년의 클로드 레비스트로스
레비스트로스는 브라질 오지 탐험의 경험을 풍부한 인문학적인 통찰과 더불어 기록한 「슬픈 열대」에서 서구를 지배해온 '문명'과 '야만'의 개념을 통렬히 비판하고 있다.

야만인은 없다, 다만 야생적 사회가 있을 뿐이다

므바야족은 귀족과 무사계급, 천민으로 나뉘어 있었다. 므바야족의 귀족들은 시합을 즐기면서 노예인 구아나족의 시중을 받았다. 구아나족은 농사를 지어 농작물을 므바야의 지배자에게 세금으로 바쳤다. 이것은 말을 타고 다니면서 약탈을 일삼던 무장한 떼거리로부터 구아나족을 보호해준 대가로 지불하는 것이다. 16세기 이 지역을 탐험했던 어느 독일인은 구아나족과 므바야족의 관계가 중세 유럽의 봉건영주와 농노 사이에 존재했던 관계와 유사한 것이라고 기록했다.[79]

또한 카두베오족 귀부인들은 공공연하게 남자들과 연인관계를 맺었다. 그러나 이 같은 경우에도 남편들은 결코 질투를 드러내지 않았으며, 만약 질투를 드러내는 이는 체면을 잃게 된다. 19세기 프랑스 살롱에서 귀부인들은 정부를 두는 것을 경쟁적으로 추구했고 남편들은 이를 눈감아주어야 했다. 귀부인들이 정부를 두는 문화는 발자크의 『고리오 영감』에 재현되고 있고 톨스토이의 『안나 카레니나』에서도 적나라하게 묘사된다.

위의 내용은 클로드 레비스트로스(1908~2009)가 남아메리카 원주민들이 살고 있는 지역을 탐사한 경험을 토대로 쓴 여행기인 『슬픈 열대』(1955)에 나오는 것이다. 이 책에서 분석한 부족은 서구인들이 식인 습관을 지닌 야만인으로 묘사했던 부족들이다. 레비스트로스는 가장 자연적인 상태의 삶을 살고 있는 브라질의 네 부족을 탐방하면서 그들의 심성과 사고방식, 사회조직과 생활양식, 종교와 의례, 예술과 상징 등을 통해 그들이 본질적으로는 문명인과 다를 바 없음을 보여준다. 서구의 '문명'과 비서구의 '미개'를 별개의 것으로 논하던 종래의 습관을 벗어나 문명과 미개란 모두 서구인의 욕망이 발명한 상상적 개념에 불과하다고 주장하는 것이다.

레비스트로스는 원시인의 사고가 일반적으로 생각하는 것처럼 단순하거나 무질서한 것이 아니라고 말한다. 즉 원시인들도 고도의 복합적인 형식으로 사고하지만, 그들이 사용하는 논리가 서구인들에게 익숙한 추상과학의 논리와는 다른 종류의 질서를 지녔을 뿐이다. 그러므로 우리가 원시적 사고를 단순하고 유치하며 미신적이라고 규정하는 것은 전적으로 잘못된 것이다.

레비스트로스는 사회에 앞서 존재한다는 뜻의 '전前사회적' 상태로서 자연을 이해하던 기존 관행을 벗어버린다. 원시인은 자연적이고 현대인은 문화적이라는 도식을 받아들이지 않는 것이다. 원시 상태든 문명 상태든 사람은 자연과 문화의 길목에 있다.

레비스트로스는 '신석기시대에 사는 사람들'이라고 말한 남비콰라족 사례를 통해 그들 또한 동시대의 과학화·문명화된 사회에 못지않은 조직을 갖추고 있음을 드러낸다. 남비콰라족은 '준비된 리더'가 촌락을 다스리며 정치권력은 세습되지 않았다. 족장이 연로하면 후계자를 선택한다. 족장이 대중에게 가장 큰 호감을 얻은 사람을 최종 후계자로 지명하는 것이다. 후계자로 지목된 이가 "천만에 나는 족장이 되기 싫소!"라고 말하면서 거부하기도 한다. 족장의 특권에 대해 몽테뉴는 이렇게 전한 바 있다. "족장은 전쟁할 때 선두에 나아가는 사람이다." 1560년 항해자를 따라온 세 명의 브라질 원주민을 만났던 이야기를 몽테뉴는 자신의 『수상록』에 기술하면서, 그 원주민의 자신만만함에 놀라움을 나타내고 있다.[80]

흔히 레비스트로스는 구조주의의 창시자라고 불린다. 그가 『슬픈 열대』와 『야생적 사회』와 같은 저서들에서 원시적 사회를 분석하면서 이론적 틀로 이른바 '이항대립법'을 적용했기 때문이다. 그는 이항대립법을 단순히 방법론적으로 차용했다기보다 문화 인식의 근본원리로 받아들였다. 모든 분석의 단서는 두 가지 대립되는 사항의 변별에서 얻을 수 있고, 주어진 요소의 가치는 그런 대립적 차별에서 드러난다. 예를 들어 언어학의 음운론에서 유성음/무성음, 예음/둔음 등이 구분되듯이 문화 요소도 그렇게 분석할 수 있다고 보는 것이다.[81] 그리하여 레비스트로스는 야콥슨이 이항대립관계를 통해 얻어낸 음운체계의 원초적 형태인 음운 삼각형을 신화 분석에 그대로 확장·적용하였다. 대표적인 분석이 『슬픈 열대』에서 보로로족의 케자라 마을 분석이다.

레비스트로스에 따르면 보로로족은 이항대립적인 거주지 문화의 정교함을 보여준다. 마을은 개간지의 중앙에 있었다. 그곳은 한쪽 편으로는 강과 경계를 이루었고, 다른 쪽으로는 숲이 연결되어 있었다. 이 개간지를 빙 둘러서 그가 거처했던 것과 동일한 형태의 오두막이 모두 스물여섯 채 있었다. 이 오두막들은 원을 그리고 있었으며, 중심에는 오두막이 한 채 있었는데, 이것은 다른 오두막보다 훨씬 큰 '바이테마나지오' (남자들의 집)였다. 미혼 남자들은 모두 이곳에서 잠을 잤고, 사냥이나 고기잡이 또는 공식적인 의식을 치르기 위해 밖으로 나오는 날을 제외하고는, 낮 동안에 부락의 모든 남자들이 그곳에 모여 있었다. 여자들이 이곳에 출입하는 것은 엄격하게 금지되었다. 남자들의 집은 작업장, 클럽, 합숙소, 회합소로 쓰이는 것 외에 종교의식을 위해서도 쓰였다.

여자들의 거주지는 남자들의 집을 둥그렇게 둘러싸고 있는 오두막들이었으며, 남자들은 하루에도 몇 번씩 잣나무 숲 사이 길을 따라서 그들의 회합 장소와 부부가 거주하는 곳을 왕래했다. 보로로족 마을은 마치 수레바퀴처럼 독신자 숙소가 중심을 이루고, 주위로 뻗은 작은 길들이 살을 이루며, 가족이 거주하는 오두막들이 가장자리를 이루고 있었다.[82]

보로로족이 거주하는 케자라의 원형 부락은 페르멜로 강의 왼쪽 강변과 접선을 이루었다. 부락민들은 부락을 수직으로 가로지르는 하나의 선에 의해서 반족半族, 즉 두 개의 집단으로 나뉜다. 북쪽에 사는 사람들은 '세라'('약한'이라는 뜻)라고 불렀고, 남쪽에 사는 사람들은 '투가레'('강한'이라는 뜻)라고 불렀다. 이 구분은 두 가지 이유에서 기본적이다. 첫째는 각각의 개인들은 그의 어머니가 속한 집단에 영구적으로 소속된다는 점에서, 둘째는 각각의 개인은 다른 집단의 성원과 결합하도록 되어 있다는 점에서 그렇다. 즉 만약 나의 어머니가 세라라면 나도 세라이고, 배우자는 투가레여야만 한다.[83] 주거지에서의 계급적 위계라는 비대칭성이 반족이라는 대칭성에 의해 균형을 이루는 것이다. 기타 주거지역, 결혼 법칙, 무기나 도구의 장식, 장례 의식, 종교생활 등에 이르기까지 이와 같은 이원주의가 적용되어 기능적 조화를 이룬다.[84]

여자들은 그들이 태어난 집안에서 살고 또 그 집을 상속받는다. 그러므로 보로로족의 남자는 결혼을 하게 되면 개간지를 가로질러, 한 반족과 다른 반족을 분리하는 그 이념적 경계선을 넘어가야 한다.

반족의 기능은 결혼 이상의 문제로 확대된다. 예를 들어 세라인의 장례식은 투가레인에 의해 거행되고, 투가레인의 장례식은 세라인에 의해 거행된다. 이 두 개의 반족은 짝을 이루고 있으며, 모든 사회적·종교적 과업은 상대편의 참여를 초래하며, 또 상대편은 이 같은 참여를 통해 보충적인 역할을 수행한다.[85]

외관은 언제나 믿을 수 없는 것

레비스트로스는 이러한 이항대립 분석을 통해 여러 집합에 공통적인 원리를 찾아낸다면 이를 구조라고 할 수 있다고 말한다. 그는 특정 사회의 틀 안에서 문제를 보는 것에 머물지 않고 모든 사람과 모든 사회를 가로질러 공통적으로 작용하는 추상적 사유의 원형으로서 보편적 형식을 발견하는 데 관심을 쏟았다. 레비스트로스는 얼핏 보아 제각각이고 우연적인 것처럼 보이는 뭇 현상들도 그 뒤에는 그들의 동기·과정·결과의 조건이 되는 어떤 무의식적 기제가 있다고 믿었다. 그 기제는 추상적으로 개념화함으로써 모형화할 수 있는 하나의 구조라고 생각했다.[86]

여기서 보듯이 레비스트로스가 말한 구조는 우리가 흔히 생각하는 구조와는 사뭇 다른 개념이다. 말하자면 레비스트로스가 개념화한 구조는 겉으로 보이는 것이 아니라 보이지 않는 심층에 존재하면서 전체를 움직이게 하는 '메커니즘'이라고 할 수 있다.

이 책에서 그는 첫 번째로 '친족의 기본구조'에 대해 탐구하며, 미개인이 생물학적 충동으로 단순히 반응하는 '자연'으로부터 그의 사회집단을 기능화하는 '문화'로 이행하는 과정에서 나타나는 몇 가지 특징을 정리한다. 그는 미개인이 비합리적이고 비논리적이라는 견해와는 반대로, 자연적 환경이 제공하는 것을 논리적이고 체계적으로 조직화한다는 사실을 밝힌다. 뿐만 아니라 그는 모든 기존의 사회집단에서 공통적으로 실천되고 있던 근친금혼近親禁婚의 본질을 명확하게 설명해냈다.[87]

근친금혼 제도는 어느 인간사회에서든 보편적으로 나타나는 현상일 뿐 아니라 인간을 동물과 구분지어준다. 다시 말해서 자연과 문화를 구분하는 경계선인 것이다. 근친금혼이 이루어지게 된 원인에 대해서는 유전적인 악화를 방지하기 위한 것이라는 고고학자 모르강 식의 생물학적 해석과, 친족체계의 위계질서를 유지하기 위한 것이라는 인류학자 베스터마르크 식의 도덕적 혹은 심리학적 해석이 있다.[88]

그러나 레비스트로스는 한 집단이 근친금혼에 의해 사회적(구체적으로는 경제적) 이익을 얻을 수 있기 때문에 이러한 제도를 유지해온 것이라는 주장을 폈다. 경제생활에 있어 재화와 용역의 순환과 유사한 '여자의 자유로운 순환'이 발생한다는 것이다. 여자를 집단 간에 교환할 수 있는 기호로서 간주하여, 집단들은 이 기호를 교환함으로써 서로가 공통적인 유대와 협력관계를 얻을 수 있다는 것이다. 교환에 관한 그의 이론은 마르셀 모스(『증여론』의 저자)의 영향을 받았다.[89]

그는 젊은 시절 자신을 자극한 학문, 즉 스승과 같은 역할을 한 것으로 지질학, 프로이트의 정신분석학, 마르크스주의를 들고 있다. 이 세 가지의 공통점은 의식할 수 있는 표면이 아닌, 의식이 접근하지 못하는 심층에서 진실을 찾으려 한다는 것이다. 레비스트로스는 마르크스로부터

"의식은 자신을 속인다"라는 명제를 포착해낸다. 이 짧은 문장만큼 구조주의의 핵심을 잘 이야기해주는 것도 없을 것이다. 이 세 가지 사유의 공통점은 겉으로 드러나는 표층이 아니라 겉으로는 보이지 않는 심층을 주목한다는 데 있다. 개인적 삶이든 사회적 생활이든 그 안에는 오랜 시간 변화하지 않는 법칙·원리·틀이 존재하는데, 그것들을 통칭해 '구조'라고 부른다.

레비스트로스를 비롯해 많은 구조주의자가 표방하는 논리 속에는 르네상스 이래 강조되어온 인본주의에 대한 매우 깊은 불신이 들어 있다. 인간은 우주의 중심이 아니라 한 부분일 뿐이고, 때로는 아주 나약하고 보잘것없는 존재에 지나지 않는다. 사람은 오묘한 자연의 섭리와 자신을 감싸고 있는 구조적 조건에서 벗어날 수 없다. 사람의 이성이나 감각은 그렇게 믿을 만한 것이 못 된다.[90]

그는 '문명의 사고'와 '미개의 사고'라는 이분법을 거부했다. 미개의 사고는 문명의 사고보다 결코 열등하지 않은 야생의 사고다. 그에 따르면 인류학자들이 즐겨 다루는 토테미즘은 신화적 사고로서 야생의 사고가 갖는 특징을 잘 드러낸다. 토테미즘에는 사물들의 분류체계와 위계질서의 기초가 담겨 있다. 다시 말해, 토테미즘은 미개인의 종교적 현상이 아니라 인간 사유의 보편적 특성을 보여준다.

남비콰라족은 벌거벗은 채 땅바닥에서 잔다. 건계의 밤은 춥기 때문에, 그들은 서로 꼭 부둥켜안고 자면서 몸을 덥히거나 아니면 꺼져가는 모닥불 곁으로 다가간다. '땅바닥에서 그대로 자는 사람들'이라는 별명이 붙은 것도 이 때문이다. 레비스트로스는 이렇게 말한다.

이것이 나로 하여금 외관이라는 것은 언제나 믿지 못할 것이라는 생각을 또다시 하게 만들었다. 그들의 헐벗은 모습에도 불구하고, 신체형은 멕

시코 최고의 주민을, 또 언어의 구조는 치브차 왕국을 닮은 이들 남비콰라족이 진정한 의미의 미개인일 가능성은 희미한 것이다.

– 이하 『슬픈 열대』(한길사, 1998)

"외관은 언제나 믿지 못할 것이다"라는 명제야말로 『슬픈 열대』의 핵심이다. 진실은 외관이 아니라 그 이면의 심층에 있다. 세포를 보기 위해 현미경이라는 도구가 필요하듯, 심층을 보기 위해 '이론적 도구'가 필요하다는 게 그의 생각이다. 그 이론적 도구가 바로 구조주의다.

『슬픈 열대』에서 드러난 관점 때문에 그는 역사의 진보에 회의적이라는 비난을 받았다. 레비스트로스 식의 역사인식에 따른다면, 인류 역사의 전 과정은 하나의 동일선상에서 유지되어온 의미나 지식의 축적이라기보다는 오히려 각 시대와 공간적 특성에 따라 동일한 구조가 다양하게 변모한 것이다. 그는 진보란 단지 인간 발달 차원에 대한 하나의 범주로서, 어떤 사회가 자기인식의 단계에 도달하면 언제든지 다른 차원으로 이전되는 동일한 구조이며 그 안에서 발생하는 불연속적 다양화일 뿐이라고 간주한다.[91]

이 세계들 중에서 어떤 것은 활동 가운데서 이해될 수 있으나, 다른 어떤 세계들은 우리가 그것들을 우리의 사고 속에 지니고 있기 때문에 존재한다. 그러나 이 세계들의 공존에서 생기는 명백한 모순은, 우리들이 우리에게 보다 가까운 세계에 대해서는 의미를 부여하고, 보다 떨어진 세계에 대해서는 의미를 제공하지 않도록 강요받고 있다는 사실에 의해서 해결되고 있다.

레비스트로스는 『슬픈 열대』의 마지막 문단에서 이렇게 적었다. 이어 그는 "진실은 오히려 의미의 점진적인 확대 가운데 존재하는 것"이라고 강조한다. 원시적 사회는 열등하고 문명적 사회는 우월하다는 식의 폭력적 이분법으로부터 탈피해야 한다는 목소리는 이미 오래전부터 이론의 뒷받침을 받으며 확산되어왔다. 하지만 우리는 쉽게 타자를 대상화하고 약자와 소수자를 억압하는 차별적인 논리의 함정에 빠진다.

최근 심화되어가는 배외주의는 '나'만을 올바른 것, 가치 있는 것의 기준으로 두고 그 기준에서 벗어나는 것들을 배제하는 타성적·반지성적 목소리가 힘을 얻은 결과이다. 이를 극복하기 위해서는 다각도로 사유하고 그 과정에서 대화를 나누고 설득하는 훈련을 모두가 해야만 한다. 무용한 것이라며 지성을 조롱하는 경향에 함몰되지 말고, 고전과 함께 사유의 폭을 넓히는 기회를 가져보도록 하자.

『슬픈 열대』 읽는 법

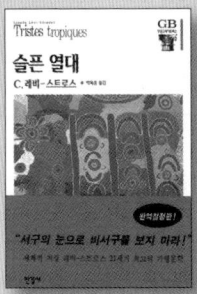

클로드 레비스트로스의 『슬픈 열대』는 박옥줄이 번역해 삼성출판사(1997, 절판)에 이어 한길사(1998)에서 출간했다. 연구서로 주경복의 『레비스트로스 : 슬픈 열대와 구조주의자의 길』(건국대출판부, 1996)을 참고하면 레비스트로스의 이론적 기반을 이해할 수 있다.

주경복은 레비스트로스가 구조주의자 야콥슨과 함께 얼마나 루소의 영향을 받았는지를 분석한다. 루소의 문제의식을 이어받은 레비스트로스는 자연과 문화를 진보의 개념으로 파악하지 않았다. 그는 자연 상태와 문화사회를 나누지 않고 지금 있는 그대로 모든 사람들의 삶과 마음속에서 무엇이 본원적이고 무엇이 인위적인 것인지를 밝히려 했다.

귄터 그라스의 『양철북』

—

강렬한 언어로
부끄러운 역사를 참회하다

—

85

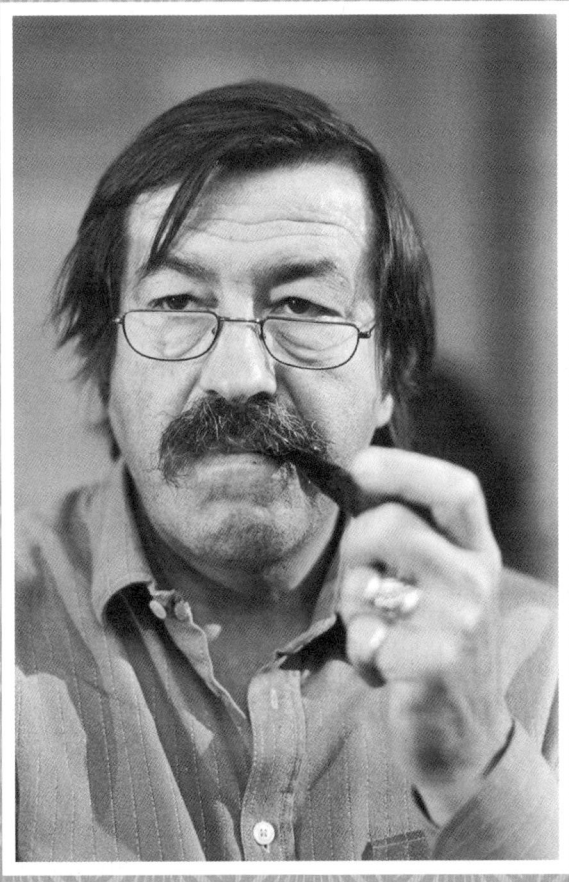

1985년 무렵의 귄터 그라스
전쟁 후 독일에는 나치를 악마화하면서 죄악식과 수치심을 덜고자 하는 사회 분위기
가 팽배했다. 그라스는 이를 강하게 거부하고 『양철북』을 통해 독일 소시민 사회가 나
치를 만들었음을 폭로하여 그러한 분위기에 저항하려 했다.

'우리 안의 파시즘'을 고발하다

오스카와 클레프와 숄레는 재즈밴드를 결성해 독일 뒤셀도르프의 '양파 켈러'라는 그로테스크한 술집에서 음악을 연주한다. 술집 주인인 시무는 홀로코스트(2차 세계대전 중 나치 독일이 벌인 유대인 대학살)에서 살아남은 유대인인데, 그는 자신의 도덕적 우월성을 상업적으로 재치 있게 이용한다. 양파 켈러라는 상호에서 알 수 있듯, 이곳은 양파를 손님들에게 나누어주고 직접 썰게 하는 이색적인 주점이다. 이 주점의 손님들은 울지 못하는 사람들이다. 울지 못하는 손님들을 인위적으로 울게 만들어주기 위해서 양파가 필요한 것. 손님들은 도마 위에 놓인 양파를 썰면서 눈물을 흘린다.

1, 2차 세계대전의 주범인 독일 사람들은 전쟁을 치르면서 눈물이 모두 말라버렸다. 그래서 이들은 돈을 내고 눈물을 사는 것이다. "최근 혹

은 수십 년 동안 많은 사람들은 결코 눈물을 흘릴 수 없었다. 따라서 장차 우리가 맞이할 세기는 눈물 없는 세기라고 명명될 것이다. 눈물이 말라버린 까닭에 지불 능력이 있는 사람들은 시무의 양파주점으로 가서 (…) 그것을 잘게, 더 잘게 썰었다. (…) 그래서 드디어 사람들은 울 수가 있었다."[92]

이렇게 눈물을 흘릴 때에야 비로소 사람들은 자기 마음을 털어놓으며 인간적인 면모를 보인다. 양파 값은 무려 12마르크에 달했지만 사람들은 양파를 사서 썰었다. 이 주점에서 유일하게 먹을 수 있는 것은 양파뿐이었다. 사람들은 양파 껍질 일곱 장을 벗겼다.

"이때 일동은 울었다. 마침내 또다시 울었다. 조심스럽게 울었다. 끝없이 울었다. 염치없이 울었다. 눈물은 흘러 떨어져 모든 것을 씻어내렸다." 손님들은 양파의 냄새를 맡고 난 뒤에 이웃 사람들에게 마음을 털어놓기 시작한다. "어떤 질문이든 대답을 하며 마치 외투를 뒤집는 것처럼 자신을 뒤집어 보였다."[93]

이러한 대화 가운데서 젊은이들의 사랑 이야기가 소개된다. 피오흐와 빌리의 사랑은 이색적이게도 발톱을 매개로 한다. 전차 안에서 빌리가 피오흐의 발을 밟아 발톱이 상하게 된다. 이것을 계기로 그들의 사랑이 시작되지만 발톱이 자라면 빌리의 사랑은 식어버린다. 그래서 피오흐의 발톱은 계속 희생될 수밖에 없다. 피오흐는 콘서트홀에서 사랑이 식어 떠나갔던 빌리를 만난다. 빌리가 피오흐를 발견하고 다시 그의 곁에 와 앉은 것이다. 피오흐는 오른쪽 발을 그에게 내민다. "그는 밟았습니다. 그렇지만 나는 콘서트에 방해가 되게 소리를 지르는 일은 하지 않았습니다." 빌리는 또 발가락의 상처가 아물자 7주 후 떠나갔다. 그 뒤에도 두 번, 이들 연인은 사랑과 이별을 반복한다.

한 번은 왼발 엄지발가락을, 다음에는 오른발 엄지발가락을 내가 내밀었기 때문입니다. 지금은 양쪽 발가락이 모두 이상한 모양이 되어버렸고 이제는 발톱이 자랄 것 같지 않습니다.

- 이하 『양철북』, (청목, 2001)

그러다 양파 주점에 피오흐가 찾아오고 이어 빌리도 함께 와서 양파를 썰며 눈물을 체험한다. 그 뒤로 두 사람은 이제 발가락을 희생시키지 않고도 서로 사랑할 수 있게 된다.

이 밖에 구드룬과 레르하르트의 사랑은 남성답지 않게 털이 없는 점과 여성답지 않게 털이 많은 점이 서로 장애가 되어 이루어지지 못하였지만 양파 주점에 다녀간 뒤 이를 극복하고 결혼에 이르렀다.

눈물로 감성이 회복되기 전 이들의 사랑은 이기적이다. 또 겉모습 때문에 방해를 받는다. 피오흐의 경우 아픔과 함께 사랑이 존재하다가 그 아픔이 사라지면 사랑 또한 떠나버린다. 이는 전후 곤궁한 시대에는 그래도 과거에 대한 책임의식을 다소나마 유지하다가, 번영의 시대가 되자 이내 과거의 기억을 잊어버리는 서독 사회를 암시하는 것으로 읽을 수 있다. 또 구드룬의 이야기에서는 겉모습 때문에 진정한 사랑에 이르지 못하는 두 인물을 통해 독일 사회의 겉치레와 허영을 비판한다.[94]

양파 주점에서 손님들은 계속 눈물을 흘리면서 집단 최면과도 같은 상태에 빠져들게 되는데, 이는 "사람들과 함께 있으면 훨씬 울기가 쉬웠기" 때문이다. 이들의 광기를 진정시키기 위해서는 오스카 밴드의 음악이 필요했다. 오스카는 세 살짜리처럼 행동하며 북을 두드려 그들이 망각하고 있던 유아성을 일깨운다. 이들은 유치원 아이들이 되어 그를 졸졸 따라다니며 오줌을 싸는 등 우스꽝스러운 광경을 연출한다.

나는 이 원아들을 행진 대열로 서게 하고는 이 줄을 이끌고 양파 켈러 안을 걸었다. (…) 그러고서 나는 함께 지낸 유치원의 오후를 기념하기 위해서 오줌 싸는 것을 허용했다. 나는 북으로 "자, 해도 좋아요" 하고 말했다. 그러자 그들은 유아의 욕구를 충족시키면서 오줌을 쌌다. 신사 숙녀들이 오줌을 쌌다.

이러한 블랙유머를 통해 오스카는 과거와 같이 누군가 나타나서 선동의 북소리를 울리면 또다시 무비판적으로 추종할 수 있는 맹목성이 이들 소시민 가운데 여전히 존재하고 있다는 점을 암시적으로 보여준다. "내가 북을 앞세우고 매력이 전혀 없지도 않은 단조로운 리듬을 택하여 유리, 유리, 유리 쪼가리를 북으로 치며 유리 쪼가리와 홀레 아주머니를 압도하면서 지나가면, 아이들은 내가 쥐를 잡는 사나이가 아닌데도 나를 졸졸 따라오기 때문이다."[95]

그의 북소리는 마치 동화『하멜른의 피리 부는 사나이』의 요술피리 소리처럼 사람들을 현혹했다. 독자들은 이 모습에서 나치시대에 독일 소시민들이 히틀러에 열광하며 그를 추종했던 역사적인 사실을 연상하게 된다.

1952년 여행길에 오른 그라스는 어느 날 오후 커피를 마시는 어른들 사이에서 양철북을 목에 건 세 살짜리 어린이를 우연히 발견했다. 여기서 모티프를 얻어 완성한『양철북』(1959)을 통해 귄터 그라스는 불과 얼마 전에 겪었던 역사의 교훈을 잊어버리고 지금도 누군가가 앞장서서 북을 두드리면 현혹하여 따라가는 어리석은 현대 독일인의 심리적 취약성을 드러내려 한다.

'양철북'은 오스카의 자아를 표현하는 도구다. 따라서 이를 빼앗으려 드는 어른들에게 오스카는 유리를 파괴하는 괴성을 질러서 가차 없이 공격을 가한다.

북 치는 소년 오스카는 어둡고 잔혹한 범죄의 시대에 성장을 거부하는 국외자 예술가의 이미지로 우리의 뇌리에 깊이 각인되어 있다. 오스카는 태생적으로 뛰어난 지적 능력을 갖추었고, 세 살 되던 해부터 양철북을 두드렸다. 그는 계단 아래로 굴러떨어져 신장 94센티미터에서 신체 성장이 멈추고 만다. 오스카는 어른의 세계에 들어가지 않기로 결심한다. 식품점 주인의 아들로 태어난 그는 아버지의 뜻과는 달리 유리를 깨는 목소리를 얻고 예술가의 길을 간다. 북을 치고 유리를 깨는 행위는 나치를 배태한 독일 소시민 사회를 고발하고 각성시키는 장치다. 말하자면 그라스는 '양철북'을 통해 '우리 안의 파시즘'을 드러내려 한 것이다.

나치소년단 출신의 그라스가
『양철북』을 쓰기까지

『양철북』에서는 거시적인 국가 폭력이 묘사되거나 형상화되지는 않는다. 다만 거시적 폭력에 자리를 양보했던 미시적 폭력에 대한 증거들이 세부 묘사를 통해 드러난다. 이를 통해 우리는 당시 소시민들의 일상이 곧 파시즘의 온상이자 폭력의 근거지였다고 진단해볼 수 있을 것이다. 여기서 오스카는 소시민의 일상적 부조리에 경악을 금치 못하는 관찰자로서 이야기를 서술해간다.

오스카는 카펫 두들기는 아낙네들을 관찰한다. "백 명이나 되는 주부들이 (…) 카펫을 건조대 위로 던져서 걸치고 (…) 삭막하게 두들기는 소리로 안뜰의 구석구석을 들썩거리게 했다."[96] 그리고 그 소리를 묘사하면서 은연중에 독일 파시즘의 집단주의적 경향을 비유적으로 보여준다. 일치된 소리로 부르는 청결함에 대한 찬양에 오스카는 혐오감을 느낀다. 이는 나치시대의 집단주의에 대한 전조로 읽힌다.

나치시대의 전조를 보여주는 또 하나의 에피소드는 해양박물관의 관리인 헤르베르트 트루친스키의 죽음이다. 이 해양박물관의 수집품 가운데에는 15세기에 건조된 피렌체 범선의 뱃머리를 장식했던 목각상이 있다. 이 목각상의 모델 노릇을 했던 소녀는 마녀재판에서 화형을 당했고, 이 목각상과 범선에 관련된 사람들은 모두 목숨을 잃거나 화를 입었다. 이후에도 이 목각상이 가는 곳이면 어김없이 불행이 뒤따랐다. 이 '목각의 니오베'는 새로 건립된 해양박물관에 전시되는데, 이를 주선한 박물관장은 패혈증으로 사망했다. 그 뒤로도 많은 사람이 이 목각의 니오베 앞에서 의문의 죽음을 당했다. 박물관 관리인을 자청하는 사람이 없었던 것은 당연했다.

박물관 관리인으로 취직한 헤르베르트도 예외 없이 니오베의 저주에 사로잡혀 목각상과의 성적 접촉을 시도하다가 목숨을 잃는다. "구급대원들은 헤르베르트를 니오베로부터 분리하느라 애를 먹었다. (…) 그의 열려 있는 바지 아래쪽은 아직까지도 발기된 채 이성을 잃고 밖으로 돌출되어 있는데, 닻을 내릴 장소를 발견하지 못하고 있었다."[97] 니오베 일화는 인간의 의지로는 억누를 수도 피할 수도 없는 운명에 굴복하는 모습을 비유적으로 보여준다.

오스카 역시 방관자적인 소시민이었으나, 어린 시절 만났던 서커스단원 베브라를 통해 상황을 인식하고 소시민의 세계를 벗어나게 된다. 그러나 베브라는 정치적 상황을 명확하게 감지하면서도 나치의 선전관이 된다. 즉 그는 구체적인 실천으로 나아가지 못하는 예술가나 지식인이 어떻게 부정적인 상황에 동화되어 무너지는가를 보여주는 인물이다.

소설 속에서 독일의 몰락과 예술가의 전락은 같은 맥락에서 다루어진다. 오스카 역시 베브라의 전선 위문극단에 따라감으로써 이 굴레에서 벗어나지 못함을 보여준다. 대서양 요새에서 수녀들을 학살하는 모습을 그저 지켜보는 그들의 모습은 잔학 행위에 대한 '방관'과 '동조'의 거리가 그리 멀지 않다는 것을 증명한다. 소설 끝부분에서 베브라는 오스카에게 그가 살아오면서 간접적으로 자행한 살인을 상기시키고, 오스카는 순순히 자신의 죄를 인정한다.

식료품점 주인의 아들로 태어난 그라스는 소시민으로서 자신의 출신을 자랑스럽게 여기는 동시에 소시민 계급이야말로 히틀러 정권을 맹목적으로 지지한 책임을 면할 수 없다고 생각했다. 그라스는 10세에 나치소년단에 입단하고 14세에 히틀러 유겐트(청소년단)를 거쳐, 17세가 되는 1944년에는 공군보조병으로 입대해 최전선 대전차 부대에 투입되었다.

그라스는 자신의 소년 시절을 회상하면서 "죄를 짓기에는 너무 어리고 아무것도 모르기에는 이미 나이가 들은" 자신과 같은 세대에게 주어지는 면죄부적 특권을 거부하며 이렇게 고백한다. "나는 1945년 전쟁이 끝날 때까지도 우리의 전쟁이 정당한 전쟁이라고 믿었다."[98]

1945년 코트부스에서 부상당한 그라스는 미군 포로로 군 병원에서 입원 치료를 받았다. 이후 연합군 재교육의 일환으로 다하우 나치 포로수용소를 방문한 그는 그곳에서 처음으로 나치의 실상과 마주하게 되었다. "우리는 수용소의 목욕실과 화덕을 보고 아무도 믿으려 하지 않았다."[99] 그는 나치 청소년 지도자 발두어 폰시라흐의 진술을 듣고서야 비로소 나치의 진실을 믿게 된다. 이는 청년 그라스의 인생관을 완전히 뒤바꾸어놓았다.

전쟁의 끔찍했던 기억과 죄의식은 청년 그라스에게 고통스러운 소명을 부과했다. 이제까지 살아왔던 세계가 와해되고, 그 결과 새롭게 형성된 윤리적·정치적 토대 위에서 그라스는 작품 활동을 해나갔다. 1945년 이후 서독 내에서 회자되던 이른바 '극복되지 못한 과거'라는 말은, 전쟁과 그에 따른 독일인들의 과오에 대한 죄의식을 건전하게 극복할 때에만 새로운 출발이 가능하다는 인식에서 비롯된 것이다.[100]

> 작가란 사라져가는 시간에 거역해서 글을 쓰는 사람이다.
> – 『양철북 읽기의 즐거움』(살림, 2005)

전후 독일에는 나치를 악마화하면서 죄의식과 수치심을 덜고자 하는 사회 분위기가 팽배했다. 그라스는 이를 강하게 거부하고 독일 소시민 사회가 나치를 만들었음을 폭로하려 했다.

과거의 어두운 역사와 과오에 대한 직시야말로 건전한 국민 정체성 확립을 위한 필수 과정이다. 오늘날 독일 사회가 나치의 과거를 청산하고 극복할 수 있는 단계에 이르게 된 것은 그라스와 같은 작가의 공헌이 있었기에 가능하지 않았을까. 최근 군국주의로 급속히 퇴행하면서 과거의 망령을 되살려내고 있는 일본에서도 그러한 북소리를 울릴 인물들이 더욱 많아지기를 기대하며, 우리 역시 우리 사회 안의 파시즘을 경계하는 파수꾼이 될 수 있도록 각자 노력하고 배워나가야 한다.

『양철북』 읽는 법

권터 그라스의 『양철북』은 청목(김영석 옮김, 2001) 출간본을 참고했다. 여기에 양태규의 『양철북 읽기의 즐거움』(살림, 2005)과 조영준의 『권터 그라스의 『양철북』: 독일 소시민 사회의 해부』(한국학술정보, 2004)를 함께 읽었다. 양태규는 권터 그라스의 삶을 소개하면서 그의 10대 시절의 나치 체험이 얼마나 깊은 죄의식을 형성했는가에 초점을 맞춘다. 이러한 죄의식과 『양철북』의 탄생을 연관지어 분석한 것이다. 앞서 마르셀 프루스트가 표층자아와 심층자아와는 관련 없다고 주장한 것과 반대로, 그라스의 경우는 작가의 표층자아가 작품의 심층자아로 이어지고 있음을 보여주는 인물이다.

찰스 길리스피의 『객관성의 칼날』

—

서구 과학의 계보 속에서 과학의 본질을 말하다

—

86

서가명강 · 86권

1636년의 갈릴레오 갈릴레이 초상
찰스 길리스피는 「객관성의 칼날」에서 근대과학의 지성사는 갈릴레이와 함께, 즉 그가
이룩한 운동 개념의 변환과 함께 시작되었다고 말한다.

과학적 선과 악의 경계는?

찰스 길리스피(1918~2015)는 '과학 사상의 역사에 관한 에세이'라는 부제가 붙은 이 책 『객관성의 칼날』(1960)에서, 본격적인 논의에 앞서 이전까지의 과학사를 들려준다. 그 과학사를 따라가다 보면 피타고라스로 거슬러 올라가고, 베이컨 이전 과학사상의 주류를 이룬 아리스토텔레스에 닿는다. 그 뒤 피타고라스학파와 아르타르코스에 의해 주창된 태양중심설, 즉 지동설이 나오고 이는 프톨레마이오스의 지구중심설, 즉 지동설을 거쳐 코페르니쿠스로 이어진다. 그리고 베이컨에 이르러 실험과 관찰을 중시하는 과학의 문이 열리게 된다. 그러나 그때까지만 해도 과학은 정식 학문의 분류에는 포함되지 않았다.

베이컨은 『학문의 존엄과 진보』(1623)에서 모든 학문을 역사, 시, 철학, 신학으로 분류했다. 역사는 인간 문명에 관한 것과 자연에 관한 것으로 나누었다. 이는 더 높은 차원에서는 과학과 철학의 분리이고, 낮은 차원에서는 과학과 인문학의 분리가 시작되었음을 의미한다. 문명의 역사는 인간의 사건들을 다루고 자연사는 자연의 사실들을 다루기 때문이다.

베이컨과 거의 비슷하게 데카르트가 수학적 명증성을 학문에 도입하면서 근대 이성주의가 확립되기 시작한다. 지동설은 갈릴레오 갈릴레이(1564~1642)에 이르러 주류 이론으로 자리매김된다. 이어 뉴턴과 아인슈타인을 거치는 동안 근대 과학은 거대한 체계를 형성한다. 인류 문명은 과학기술 중심으로 재편된다.

길리스피는 수많은 과학자들의 계보를 짚어가며 서구 과학의 흐름을 조망한다. 각각의 사상가는 다른 후대 사상가들에게 영향을 미친다. 또 어느 과학자는 또 다른 과학의 갈래를 탄생시키는 창조적인 인간들에게 영향을 미친다.

길리스피가 작성한 계보 속에 등장한 인물들은 모두 서구 출신으로, 동양인은 단 한 명도 없다. 여기서 다시 한 번 동양과 서양의 지적 풍토의 차이를 확인하게 된다. 말하자면 동양에서는 형이상학이 발달해온 반면 서양은 아리스토텔레스로부터 시작된 형이상학을 극복하고 베이컨과 데카르트를 거치면서 철저하게 관찰과 실험을 앞세운 기계론적 세계관으로 질주하기 시작한 것이다.

『인문고전 100선 읽기』 2권에서 소개한 『과학고전선집』의 경우 코페르니쿠스에서 뉴턴에 이르기까지 과학사의 주요 논문들을 다루고 있는데, 이 책은 갈릴레이부터 다루면서 전반적으로는 과학을 연대기 순으로 기술하며 발전상을 보여준다. 제목에서 '칼날'이라고 번역된 '에지' edge라는 단어는 '경계' '가장자리'라는 뜻도 지닌다. 길리스피는 갈릴레이로부터 근대 과학이 태동한 이래 서양 과학의 발전 과정 전체를 '객관성'이라는 도구를 통해 바라본다. 객관성이야말로 자연세계가 설명·이해되고 그 경계가 규정되는 과정으로 보았다.

한편으로 나는 과학이 전능하지는 않더라도 무지, 미신, 도그마(독단), 물질적 약탈에 맞서 싸우는 데에는 강력한 무기임을 확신한다. 핵분열의 발견이 제아무리 양날의 검이라 할지라도, 비록 지식이 위험할지라도 무지는 더욱 위험한 것이다. 과학에 동반하는 필요악을 줄이는 것은 과학의 후퇴나 퇴각이 아니라 더 나은 방향으로 과학을 이끌어나가는 데 요구되는 것이다.

과학은 생명을 죽이기도 하고 살리기도 하는 양면성을 가지고 있다. 과학은 선하게 이용할 수도 악하게 이용할 수도 있다. 악으로 향하는 것을 완전히 차단할 수는 없다 하더라도 과학의 발전은 계속될 수밖에 없는 숙명을 지니고 있다. 길리스피는 '문제는 인간이 어떻게 과학의 길을 가꾸어가느냐이다'라고 강조한다.

길리스피는 과학의 시작이라고 흔히 이야기하는 고대 그리스 과학이 아리스토텔레스의 주장처럼 '인간이 발견할 수 있는 법칙들을 따르는, 질서 있는 전체로서의 우주에 대한 합리적 관념'을 만들어냈다고 보았지만 고대 그리스 과학과 그에 기초한 중세 서양과학이 합리적이지만 주관적이었다고 강조한다. 그 까닭은 고대와 중세 과학이 아리스토텔레스의 사상에 입각해 있기 때문이다. 즉, 아리스토텔레스의 사상은 객관적이라기보다 진리를 삼단논법으로 추론하였던 것이다. 훗날 베이컨이 아리스토텔레스의 학문을 비판한 핵심적인 내용이 바로 이 부분이다.

그리스 과학은 주관적이고 합리적이며 순수하게 지적이었다. 그리스 과학은 정신의 내부에서 시작했고 목적, 영혼, 생명, 유기체와 같은 개념들은 친숙한 자기 이해의 용어로 현상을 설명하기 위해 외부로 투사된 것이다. 이 개념들로 어떤 현상을 설명할 때 성공 여부는 그 이유를 충족시킬 수 있는 보편성과 이성을 만족시키는 능력에 달려 있다. 그리스 과학은 실험을 거의 알지 못했다.

갈릴레이 시대 이전까지 아리스토텔레스의 과학과 권위는 서구 정신을 오랫동안 끌고 온 마차와도 같았다. 아리스토텔레스의 철학은 원리에 있어서 모든 것을 설명했고, 구조보다는 추론을, 추상보다는 범주를 좋아했다. 아리스토텔레스는 왜 돌이 떨어지며, 왜 불꽃이 위로 올라가고, 왜 별이 그 궤도를 따라 움직이는지를 설명할 수 있었다. 그가 말하는 운동은 물리적으로는 '이동'으로 표현되지만 실은 형이상학적인 것이었다.

아리스토텔레스의 물리학은 자연현상을 논리정연하고도 고도로 정교하게 관념화한 것이다. 이것은 상식에 의해 파악된 경험에서 출발하여 정의·분류·연역을 거쳐서 논리적 증명에 도달한다. 이것이 바로 우리가 익히 알고 있는 삼단논법이다. 중세까지 기독교 사상은 플라톤의 이데아론과 함께 아리스토텔레스 사상에 기대어 성장해갔다.

근대과학의 객관성

근대 과학은 비인격적이고 객관적이다. 근대 과학은 그 출발점을 인간 정신 외부에 있는 자연에 두며, 사건들에 대한 관찰을 끌어내며 가능하면 수학적으로 표현하고 또 실험적으로 검증하는데 이를 통해 새로운 사건을 예측하고 새로운 개념들을 제안한다. 근대 과학은 합리성을 포기하지 않았지만, 무엇보다도 개량적이고 경험적이다.

근대 과학의 포문은 연 이는 코페르니쿠스였다. 코페르니쿠스는 신플라톤주의 안에서 기독교화된 피타고라스 숭배에 열중했다. 태양, 바로 그것이 피타고라스적 숭배의 대상물이었다. 기독교 신비주의에서 '광명'은 영혼을 꿰뚫는 진리의 빛이었다. 그렇기에 코페르니쿠스는 세계의 등불인 태양이 중심을 차지하지 않는 배열은 상상할 수 없었다.

우주의 중심에는 태양이 왕좌를 지키고 있다. 이토록 아름다운 사원보다 찬란한 빛을 발산해 우주 전체를 밝힐 수 있는 장소가 또 있을까! 태양은 모든 것을 동시에 비출 수 있다. 태양이 등불, 정신, 우주의 지배자로 불리는 것은 정당하다. (…) 이렇게 태양은 왕좌에 앉아 그의 주위를 도는 자식들인 행성을 지배한다.

코페르니쿠스 저작의 가장 값진 독자는 요하네스 케플러(1571~1630)와 갈릴레이였다. 케플러는 "나는 코페르니쿠스의 견해가 진리임을 고백하며, 황홀하게 그 조화를 명상한다"라고 말했다. 모든 사상은 이를 추종하는 이가 있을 때 더 강력한 사상으로 부상하게 된다. 코페르니쿠스의 사상, 즉 지동설은 케플러를 거쳐 갈릴레이에 이르러 마침내 기독교적 세계관을 넘어설 수 있었다.

길리스피는 "자연이나 신화나 집단 등에 도피처가 있다는 원시적인 환영에 빠지기를 그치고 객관성의 칼날을 들이대어 우리를 현실에 적응시키려 했던 것이야말로 갈릴레오의 공적이다"[101]라고 강조한다. 근대과학의 지성사는 갈릴레오 갈릴레이와 함께, 그가 이룩한 운동 개념의 변환과 함께 시작되었다는 것이다. "물리학은 갈릴레오 이래 과학의 예리한 칼날이 되었다. 따라서 그것을 수학적으로 표현하여 동역학을 수립한 것은 과학혁명에서 결정적인 행위였다."

또한 길리스피는 과학은 문학이나 예술과 달리 시대적인 상황이 만들어낸 결과물임을 강조한다. 문학작품은 그 작가가 아니면 존재할 수 없지만 과학은 그가 아니더라도 다른 누군가가 성취할 수 있다고 말이다. 즉『햄릿』〈모나리자〉〈B단조 미사곡〉 등은 셰익스피어, 레오나르도 다빈치, 그리고 바흐가 없었더라면 결코 존재하지 않았을 것이다. 하지만 과학자가 발견하는 과학적 사실들은 그가 발견하지 않더라도, 즉 누군가가 규명하지 않더라도 과학적 사실로서 우리 세계를 지배하고 있다.

> 조산아로 태어난 뉴턴이 모두의 예측처럼 이내 죽었다 할지라도, 행성들
> 은 여전히 만유인력의 중력법칙에 따라 움직일 것이다. 어느 누구도 '프
> 린키피아', 즉 『자연철학의 수학적 원리』라는 책을 쓰지 않았다 할지라
> 도, 다른 누군가가 그 시절을 전후해 고전 역학의 주요 내용들을 모두 저
> 술했을 것이고 설득력 있게 주장했을 것이다.

과학적 사실들은 한 사람에 의해 발견되는 경우도 있지만 여러 사람
이 동시다발적으로 발견하는 경우가 많다. 예컨대 찰스 다윈은 월리스
의 연구논문을 편지로 받아보고 먼저 선수를 쳐 『자연선택』을 내놓았다
(제2권 찰스 다윈의 『종의 기원』 참고.).

혁명적인 과학의 방법론은 수많은 사상가에게 영향을 미쳤다. 예컨대
영국의 경험주의 철학자 존 로크는 인간 본성에 관한 과학을 탐구하기
위해 물리학을 모범으로 삼아 그 유명한 『인간 오성론』을 완성했다. 애
덤 스미스와 볼테르는 뉴턴의 물리학으로부터 큰 영향을 받아 『국부론』
을 썼다. 특히 볼테르는 부인과 함께 뉴턴 물리학을 연구해 널리 전파하
는 전도사를 자임했다.

길리스피는 과학의 본질을 객관성에서 찾는데, 이때 과학은 낭만주의
사상과 대립된다. 오늘날에도 과학문명의 폭력성과 그 과학기술에 기
초한 서구문명을 '질병'으로 보는 시각이 낭만주의 사상에 짙게 깔려 있
다. 그것은 낭만주의가 과학기술이 추구하는 합리성·이성에 대립되는
루소의 자연주의에서 출발하기 때문이다. 즉 낭만주의는 물리학에 대한
도덕적 반역으로서 시작되었다는 것이 길리스피의 분석이다. 그에 따르
면, 낭만주의는 "자연을 완전히 객관화함으로써 과학의 창조자를 그의

창조물로부터 소외시키는 계량적 수량적 과학에 대항한다".[102]

이 책에 등장하는 인물 가운데 특히 '음극'과 '양극'을 명명한 마이클 패러데이(1791~1867)의 일대기가 흥미롭다. 패러데이를 과학으로 이끈 것은 『화학에 관한 대화』의 저자인 마세트 부인이었다. 가난 속에서 보낸 유년 시절을 회상하며 그는 다음과 같이 말한다.

나는 매우 왕성한 상상력의 소유자여서, 『대영 백과사전』을 믿는 것처럼 손쉽게 『아라비안나이트』도 믿었다. 그러나 나에게는 사실이 무엇보다 중요했고, 사실이 나를 구해주었다. 나는 사실을 신뢰할 수 있었고, 주장에 대해서는 언제나 예리하게 반문할 수 있었다.

패러데이의 말은 서구 과학의 출발점 그 자체다. 뚜렷하게 다른 방향으로 진행된 동양과 서양의 사상적 분기점은 바로 이것, 즉 사실의 중시와 이를 추적하는 실험과 관찰에 있었다. 패러데이는 마세트 부인의 책을 읽고 혼자서도 할 수 있는 실험에 착수했다. "책에서 내가 이해한 것과 사실이 일치했으므로, 나는 화학적 지식에서 키를 붙잡은 느낌을 받았고 단단하게 그것을 붙잡았다."

서구문화는 자연과학의 끊임없는 진보를 이루어냈고, 아인슈타인은 그 진보로 가는 길의 정점에 서 있었다. 아인슈타인은 자신의 자서전 말미에 이렇게 적었다. "물리학은 실재가 관찰되는 것과 관계없이 사색에 의해서 실재를 개념적으로 파악하려는 시도이다." 과학은 사실을 바탕으로 하지만 사실에 이르기 위해서는 사색의 과정을 거쳐야만 한다는 의미다.

인류의 과학기술은 데카르트의 기계론이 주창된 이후 500년도 안 되는 사이 심각한 부작용에 직면하고 있다. 환경 및 윤리 등의 영역에서도 과학은 첨예한 주제이며, 몇몇 집단의 이익에 복무하거나 복무하게 될 가능성을 안고 있다. 미래의 과학은 선의 측면보다 악의 측면에 더 세심한 주의를 기울여야 하며, 이는 아인슈타인이 과학적 사실에 이르는 길이라고 여겼던 '사색'이 반드시 필요한 부분이다. 과학에 이끌려가지 않고 과학의 고삐를 쥐기 위해, 우리는 사색과 성찰을 통해 우리의 윤리 의식과 비판 능력을 갈고 닦아야 한다.

『객관성의 칼날』 읽는 법

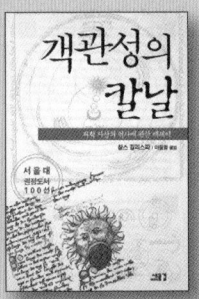

『객관성의 칼날』은 2권에 소개한 『과학고전선집』과 내용상 중복되는 부분이 있다. 『과학고전선집』이 코페르니쿠스에서 뉴턴까지 다룬다면 『객관성의 칼날』은 갈릴레이에서 아인슈타인까지 근대 과학 사상의 역사를 다루고 있다. 이를 통해 길리스피는 과학의 본질을 '객관성'으로, 근대 과학사를 객관성의 전진으로 파악한다.

찰스 길리스피의 『객관성의 칼날』은 이필렬 번역으로 새물결 출판사(2005)에서 독점 출간되었다. 우리 책은 『The edge of objectivity : an essay in the history of scientific ideas』(Princeton University Press, 1990)을 직접 번역 및 참고했다.

최인훈의 『광장』

—

분단 문제를 다룬
기념비적 작품

—

87

사람들이 모여 있는 뉴욕의 유니언 스퀘어
최인훈은 『광장』에서 주인공 이명준의 목소리를 빌려 이렇게 말한다. "인간은 그 자신의 밀실에서만 살 수 없어요. 그는 광장과 이어져 있어요."

밀실과 광장의 오묘한 이중주

최인훈(1936~)의 『광장』은 한국전쟁 때 포로로 잡혔던 이명준이 남과 북 어느 쪽도 거부한 채 중립국인 인도를 삶의 정착지로 선택하고, 포로 수송선인 타고르호에 탑승해 하루 남짓한 시간동안 전쟁 전후 삼사 년간을 회상하는 내용의 소설이다. 포로수송선에서 끝내 바다에 투신한 이명준은 국가에 의해 죽음으로 내몰린 개인이다. 세월호부터 백남기 농민의 죽음까지, 우리는 최근에도 뉴스에서 이러한 죽음을 마주한다.

이명준은 삶의 의미를 깨닫기 위해 갖은 고통을 겪으며 순례의 길을 떠나는 인물이다. "갈빗대가 버그러지도록 뿌듯한 보람을 품고 살고 싶다"[103]던 이명준은 월북한 아버지로 인해 경찰서에서 모욕과 구타를 당한 뒤 월북을 선택한다. 그곳에는 약탈이 횡행하는 남한의 광장과 달리 '때 묻지 않은 광장'이 있을 것이라는 환상을 안고서 말이다.

프랑스 가톨릭 철학자 가브리엘 마르셀은 인간의 속성을 '끊임없이 옮겨다님'에서 찾으려고 했다. '호모비아토르'Homo Viator라는 개념이 바로 그것이다. 마르셀의 이론은 인간의 속성을 '지식'(호모사피엔스)에서 찾으려고 한 생물학자 칼 폰 린네나, '노동'(호모파베르)에서 찾으려고 한 칼 마르크스나, 또한 '유희'(호모루덴스)에서 찾으려고 한 요한 하위징아의 이론과 다르다. 마르셀에 따르면 인간은 한낱 나그네처럼 끊임없이 이 세상을 떠도는 존재에 지나지 않는다.[104]

『광장』의 주인공 이명준이야말로 호모비아토르의 개념으로 들여다볼 수 있는 적절한 인물이다. 최인훈은 이명준을 '삶의 바닷속'으로 내려 보냈다고 말하면서 그야말로 '안내 없는 바다에 내려간 용사'였다고 말한다. "이명준은 이데올로기와 사랑이라는 심해의 숨은 바위에 걸려 다시는 떠오르지 않았다."[105]

이명준이 보기에 남한에 있는 것이라고는 비루한 욕망과 탈을 쓴 권세욕과 섹스뿐이다. 그는 이곳이 "백귀야행百鬼夜行 하는 도시 알 수 없는 난장판"이라는 결론에 이른다.

> "아무도 광장에서 머물지 않아요. 필요한 약탈과 사기만 끝나면 광장은 텅 빕니다. 광장이 죽은 곳. 이게 남한이 아닙니까? 광장은 비어 있습니다."
> ―『광장』(문학과지성사, 1996)

결국 그는 월북을 택한다. 선실에서 잠시 졸고 있던 그는 꿈을 꾸고, 그 꿈속에서 보는 북한 사회는 너무나 환상적이었다.

> 광장에는 맑은 분수가 무지개를 그리고 있었다. 꽃밭에는 싱싱한 꽃이 꿀벌들 잉잉거리는 속에서 웃고 있었다. 페이브먼트는 깨끗하고 단단했

다. 여기저기 동상이 서 있었다. 사람들이 벤치에 앉아 있었다.

— 이하 『『광장』을 읽는 일곱 가지 방법』(문학과지성사, 1996)에서 재인용

그러나 이명준이 막상 북한에 도착했을 때 이러한 환상은 산산조각 나고 만다. 남한이 허위와 기만으로 가득 찬 부르주아 사회라면 북한은 '잿빛 공화국'에 지나지 않았다.

> 어느 모임에서나, 판에 박은 말과 앞뒤가 있을 뿐이었다. 신명이 아니고 신명난 흉내였다. 혁명이 아니고 혁명의 흉내였다. 흥이 아니고 흥이 난 흉내였다. 믿음이 아니고 믿음의 소문뿐이었다.

한마디로 이명준에게는 그 어느 쪽에도 "기를 꽂을 빈터가 없었다". 포로수용소에서 풀려난 그가 조국을 버리고 남한도 북한도 아닌 제3의 국가를 망명지로 선택한 것은 당연한 귀결처럼 보인다.

흔히 어떤 이상적·초월적인 것에서 환멸을 느낀 사람은 현실적·지상적인 것에 집착하게 마련이다. 이명준은 "지금 나한테 무엇이 남았나? 나에게 남은 진리는 은혜의 몸뚱이뿐"이라거나 "손에 닿고 만져지는 참에만 진리는 미더웠다"라고 털어놓는다. 좌절과 절망에서 오는 울분을 오직 은혜의 육체에서 달래려고 한다. 그런데 그 은혜마저 세상을 떠나자 그는 살아갈 의지를 잃어버린다. 환상이 환멸로 드러나자 그는 목숨을 내던진다.

이명준이 순례와도 같은 여정을 통해 깨닫는 가장 값진 교훈은 의견과 실재·이상과 현실·그리고 기대와 결과 사이에는 본질적으로 엄청난 괴리가 있다는 점이다. 이 세상에 이상적인 체제나 사회란 존재하지 않는다. 이상적인 기업도 마찬가지다. 다만 이상을 꿈꾸며 그 방향으로 나

아가려고 몸부림칠 뿐이다. 환상을 크게 가졌다면, 이명준과 같이 절망의 심연도 깊을 수밖에 없다.

이때 필요한 것이 바로 개인의 광장인 밀실이다. 잠시 밀실로 '도피'해 마음을 추스르고 내면을 단단하게 갈고 닦을 시간이 필요하다. 그것은 자신에 대한 성찰이기도 하고 사회와 국가의 역할에 대해 되돌아보는 시간이기도 할 것이다. 그리고 때가 되었다는 판단이 들면 다시 광장으로 나와 행동하는 사회적 동물로 살아가는 것이다. "인간은 그 자신의 밀실에서만 살 수 없어요, 그는 광장과 이어져 있어요"라는 이명준의 말처럼.

> 인간을 이 두 가지 공간의 어느 한쪽에 가두어버릴 때, 그는 살 수 없다. 그럴 때 광장에 폭동의 피가 흐르고 밀실에서 광란의 부르짖음이 새어나온다.
>
> — 이하 『광장』

이상과 실재 사이,
성찰을 위한 밀실로의 도피

최인훈이 밝힌 '광장론'에 따르면 인간은 밀실과 광장의 조화를 이루는 것이 관건이다. 어떤 사람은 밀실에서의 삶이 전부이기도 하고 또 어떤 사람은 광장에서의 삶이 전부라고도 한다. 이때 밀실만을 선호하면 사회적 관계가 원활하게 작동할 수 없고, 광장만을 선호하면 자칫 허울 뿐인 광대의 삶이 될 수 있다.

밀실에서 칩거해야 할 때도 있지만 반대로 광장에서 치열하게 경쟁해야 하는 순간도 있다. 최인훈은 밀실이 광장에서 패한 경우에만 찾는 곳이 아니라고 강조한다. 밀실은 도피처이기만 한 것이 아니며, 광장 또한 승자들의 독무대가 아니라 개인이 꿈과 이상을 펼쳐나가는 무대다. 밀실에서의 합리적 논의를 거쳐 무대에서의 실천이나 행동으로 옮길 때, 정치의 광장이든 경제의 광장이든 문화의 광장이든 합리적인 광장이 될 수 있다고 최인훈은 강조한다. 그래야 "갈빗대가 버그러지도록 뿌듯한 보람을 품고" 살 수 있는 광장이 된다는 것이다. 그러나 이명준이 목도한 현실의 광장은 그렇지 않았다. 이명준은 정선생과의 대화에서 남쪽의 광장에 대해 이렇게 말한다.

> "정치는 인간의 광장 가운데서두 제일 거친 곳이 아닌가요? (…) 한국 정치의 광장에는 똥오줌에 쓰레기만 더미로 쌓였어요 (…) 한국 정치가들이 정치의 광장에 나올 땐 자루와 도끼와 삽을 들고, 눈에는 마스크를 가리고 도둑질하러 나오는 것이지요. 그는 돈이 떨어지면 또다시 칼을 품고 광장으로 나옵니다. (…) 추악한 밤의 광장, 탐욕과 배신과 살인의 광장. 이게 한국 정치의 광장이 아닙니까? (…) 바와 카바레에서는 공범자처럼 술을 권합니다."

이명준은 남쪽의 광장에 절망해 무지개가 피어오를 것이라는 환상을 품고 북쪽의 광장을 찾아가지만 그곳에서는 혁명의 허울과 흉내만 난무했다. 최인훈이 이 작품에서 말한 광장은 '지금 이곳'의 정치·경제·문화의 광장과 크게 다르지 않다. 오늘 우리 사회에서 벌어지고 있는 추악한 광경들은 바로 자신을 성찰하는 밀실이 아닌 야합의 밀실에서 공범자들끼리 주고받은 검은 거래의 산물인 것이다.

『광장』을 읽다 보면 섬뜩한 장면을 만나게 된다. 이명준은 경찰로부터 모욕과 구타를 당하고 피투성이가 된 채 경찰서 밖으로 나와 경찰서 뒤편의 동산으로 향한다. 법과 시민을 보호해야 할 경찰이 법을 조롱하며 그를 잔인하게 폭행한 것이다. "시민의 목숨이 그렇게 어둠 속에서 다뤄질 수는 없지"라고 생각하는 그의 머릿속에 불쑥 예전 찻간에서 일어난 한 가지 생각이 떠오른다.

한 사람이 승무원 석에 앉아 있고, 그 앞에 또 다른 사람은 마루에 꿇어앉아 있다. 올라앉은 사나이는, 검은 안경을 끼고 있다. 자리가 떨어져서 무슨 말인진 알 수 없었지만, 검은 안경은 무엇인가 한마디 하고는 꿇어앉은 자의 뺨을 후려갈긴다. 또 뭐라 하고는 발길을 들어 무릎을 걷어차고, 무릎으로 턱을 올려치는 것이었다.

영문을 알 수 없는 백주대낮의 폭행 장면을 목격한 것이다. 이명준 또한 경찰서에서 폭행을 당하고 피 묻은 옷을 입은 채 경찰서를 나선다. 그는 이렇게 독백한다. "한 사람 시민이 앞자락에 핏물을 들인 채 경찰서 문을 나서는 걸 그들을 꺼려 하지 않는다는 뜻이다."

이명준은 개미를 잔인하게 밟아 죽인다. 경찰서에서 형사에게 당한 자신을 떠올리면서 말이다. 여기서 그가 발로 짓뭉개는 개미는 바로 그 자신일 것이다. 형사는 그에게 "빨갱이 새끼 한 마리쯤 귀신도 모르게 해치울 수 있어"라고 협박했다. 이명준은 "나는 법률 밖에 있는 건가? 돈과, 마음과, 몸을 지켜준다는 법률의 밖에"라고 독백한다. 그리고 동산에 올라 무릎을 끌어안고 앉아서는, 제 몸집보다 훨씬 큰 벌레를 여러 마리 굴리고 있는 개미의 모습을 보자 발을 움직여 개미를 비벼 죽인다.

최인훈은 무소불위의 권력이 휘둘러지는 공간인 '광장'의 잔인함을 고발하고 있다. 적자생존의 세계를 살아오며 개미를 밟아 죽인 이명준이나 기차에서 잔학한 행동을 한 형사처럼, 내가 가진 일말의 권력을 휘두른 적이 없는지 돌아보게 된다. 1960년 잡지 『개벽』 서문에서 작가는 이렇게 적고 있다.

풍문에 만족치 않고 현장을 찾아갈 때 우리는 운명을 만납니다. 운명을 만나는 자리를 광장이라고 합시다. 제가 여기 전하는 것은 풍문에 만족치 못하고 현장에 있으려고 한 우리 친구의 애깁니다.

최인훈은 "광장은 운명을 만나는 자리"라고 강조한다. 운명을 만나고 그 운명을 행운으로 바꾸고 싶다면 광장으로 나서야 한다. 다만 밀실에서 충분한 내공을 쌓는 일도 잊지 말아야 한다.

밀실과 광장은 모두 야누스처럼 '두 얼굴'을 가지고 있다. 밀실은 음모와 계략이 모의되는 곳이기도 하지만 내면을 성찰하고 치유하는 생산적인 곳이기도 하다. 광장 또한 구호와 허울이 판치는 곳이기도 하지만 화합과 소통과 상생을 위한 공간이기도 하다.

밀실과 광장을 개인과 사회에 유익한 곳으로 만드느냐 혹은 나쁜 공기와 같은 해악을 일으키는 곳으로 만드느냐는, 즉 이명준의 말처럼 '천하게 만드느냐 갸륵하게 만드느냐'는 무엇보다 올바르게 작동하는 체제와 함께 그 구성원의 양식에 달려 있을 것이다.

『광장』 읽는 법

광장／구운몽 _.

『광장』은 한국 문학사에서 아주 독특한 위치를 차지하고 있다. 최인훈의 『광장』은 2014년에도 개정판이 나왔는데 1960년 『새벽』 11월호에 발표한 이래 50년에 걸쳐 모두 열 차례 수정했다고 최인훈은 밝히고 있다. 1976년 문학과지성사에서 출간한 『최인훈 전집』에서는 개작 수준의 대폭 수정과 교정이 이루어졌다. 고백하자면, 『광장』은 잦은 개작으로 인해 어느 책을 읽어야 할지 고민하지 않을 수 없었다. 필자가 가지고 있는 책은 1990년(문학과지성사. 재판 4쇄)에 펴낸 것인데 이후 다시 개작을 했기에 여기서는 1996년 4판을 참고했다. 여기에 더해 김욱동의 『『광장』을 읽는 일곱 가지 방법』(문학과지성사, 1996)과 김인호의 『해체와 저항의 서사 : 최인훈과 그의 문학』(문학과지성사, 2004)을 참고했다.

토머스 쿤의
『과학혁명의 구조』

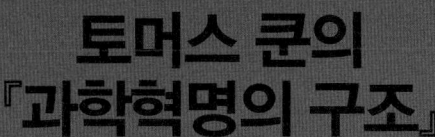

—

패러다임의 창시자,
새로운 패러다임이 되다

—

88

지식인마을 · 88권

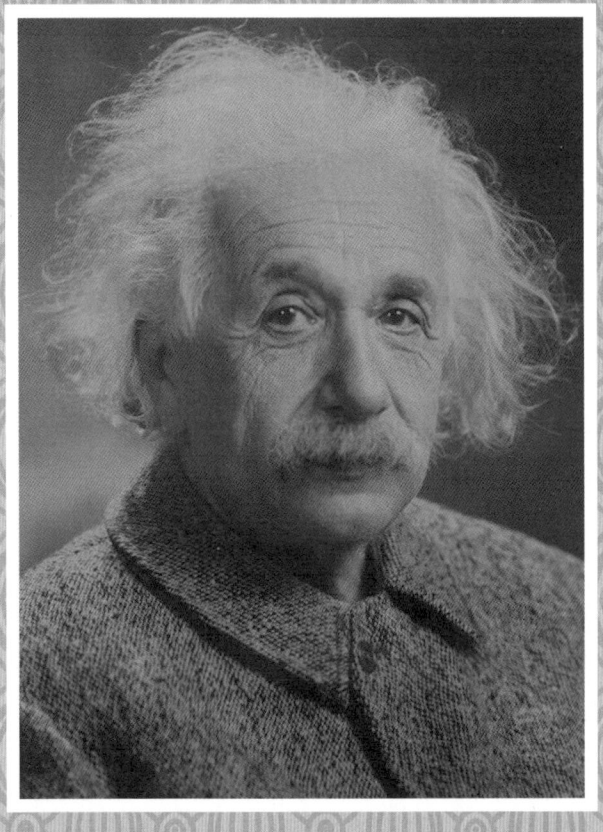

1947년 무렵의 아인슈타인
아인슈타인은 과학혁명을 다룬 토머스 쿤의 이 저작에서 중요하게 다루어진다. 아인슈타인은 정상과학을 벗어나는 새로운 패러다임을 만들어냈지만 자신이 만들어낸 그 패러다임에 갇히고 만다.

패러다임의 위기 후 찾아오는 과학혁명

때로는 하나의 개념이 인식의 체계나 혹은 세상을 보는 관점을 뒤바꾸기도 한다. 토머스 쿤(1922~1996)은 마흔 살이던 1962년 『과혁혁명의 구조』라는 책을 통해 과학의 역사를 새롭게 인식하게 만들었을 뿐만 아니라 나아가 정치·경제·사회·예술 등 모든 부분에 걸쳐 인식의 틀을 바꾸었다.

흔히 우리는 과학이 이성적이거나 합리적이라고 생각한다. 또한 과학의 발전은 지식이 누적되면서 점진적으로 이루어진다고 생각한다. 하지만 쿤은 전혀 그렇지 않다고 주장한다. 과학은 정치적 혁명과 같이 어느 순간에 혁명적으로 이루어진다는 것이다. 과학이 합리적 발전의 과정을 거치지 않았을 뿐만 아니라 지식의 축적으로 이루어진 것도 아니라는 점을 규명하기 위해 쿤이 도입한 개념이 바로 '패러다임'paradigm이다. 이는 종래의 귀납주의적 과학관을 뿌리째 흔들어놓았다.

쿤은 과학을 연구하는 과학자 사회에서 받아들이고 있는 이론이나 기본 원리 또는 연구 방법 등을 '패러다임'이라고 불렀다. 과학자 사회의 구성원 대부분이 받아들이는 패러다임이 확립된 시기의 과학을 '정상과학'이라고 한다.

> 정상과학normal science은 과거의 하나 이상의 과학적 성취에 확고히 기반을 둔 연구 활동을 뜻하는데, 그 성취는 몇몇 특정 과학자 사회가 일정 기간 동안 과학의 한 걸음 나아간 활동을 위한 기초를 제공하는 것으로 인정하는 것을 가리킨다.
> − 이하 『과학혁명의 구조』(까치글방, 2013)

정상과학 시기에는 과학자들이 패러다임을 보다 확실하게 하거나 패러다임의 적용 한계를 넓히는 과학 연구를 하게 된다. 이 시기에는 패러다임에 맞지 않는 기현상이 발견되어도 무시하거나 패러다임 안에서 해결하려고 노력한다. 과학자들도 주류 세계에서 이단으로 취급되는 것을 두려워하기 때문이다. 이때에는 모험을 하지 않는 분위기가 대세를 이룬다. 그러나 조금씩 이론에 대한 의문이 생기고 차츰 이상 현상이 쌓이면 패러다임에 대한 신뢰가 무너져 '패러다임의 위기'가 발생한다. 결국 기존의 패러다임에서 새로운 패러다임으로 전환하는 사건이 발생하는데 이것이 '과학혁명'이다. 즉 과학은 '정상과학 → 패러다임의 위기 → 패러다임의 전환(과학혁명) → 새로운 정상과학'의 단계로 발전한다.

쿤은 정치혁명과 과학혁명이 비슷하다고 생각했다. 정치혁명은 기존의 제도로는 여러 가지 사회 문제들을 더 이상 적절하게 해결할 수 없을 때 일어난다. 과학혁명도 기존의 패러다임이 자연 현상을 제대로 설명하지 못할 때 발생한다. 정치혁명이 일어나면 기존의 정치 제도를 파괴하고 새로운 정치 제도를 만들어 문제를 해결한다. 과학혁명을 통해서도 기존 패러다임이 폐기되고 자연 현상을 해석할 새로운 패러다임이 확립된다.

쿤이 패러다임을 바꾼 과학혁명으로 지목한 것은 천문학·역학·화학·진화론·상대론·양자론 혁명 등이다. 쿤은 이 책에서 역학혁명을 중심으로 과학혁명을 고찰한다. 역학혁명은 아리스토텔레스, 뉴턴, 아인슈타인을 거치면서 패러다임 전환을 겪었다.

고대 역학은 아리스토텔레스가 주도했다. 고대 역학에서는 지상의 물체와 천체들이 서로 다른 원리로 운동한다고 설명한다. 천체들은 원운동을 하는 성질을 가지고 있어서 외부에서 힘을 가하지 않아도 원운동을 계속 할 수 있다. 힘은 운동 상태를 유지하는 데 필요하다. 따라서 힘을 가하지 않으면 물체는 운동을 멈춘다.

뉴턴은 가속도의 법칙과 중력 법칙을 이용해 행성들의 운동을 성공적으로 설명했다. 1687년 『자연철학의 수학적 원리』(『프린키피아』의 원제)라는 책을 통해 발표한 뉴턴의 새로운 역학은 삽시간에 모든 과학자들이 받아들이는 역학이 되었다. 고대 역학의 패러다임을 교체하는 데 성공한 것이다.

등장 후 200년 동안 뉴턴 역학은 정상과학 시대를 보냈다. 하지만 뉴턴 역학은 고대 역학이 그랬던 것처럼 위기에 처하게 된다. 또 다른 과학혁명의 대상이 된 것이다. 뉴턴 역학의 위기는 아인슈타인의 상대성이론이 등장함으로써 찾아왔다.

빛의 속도를 측정하던 과학자들은 빛의 속도가 측정하는 사람의 운동 상태와 관계없이 항상 같은 속도로 측정된다는 것을 알게 되었다. 과학자들은 이를 뉴턴 역학을 이용해 해결하려고 노력했다.

많은 과학자들의 노력에도 불구하고 빛의 속도 문제, 즉 전자기파를 다루는 물리법칙의 문제는 뉴턴 역학 안에서 해결되지 않았다. 아인슈타인은 다른 과학자들과는 다른 방법으로 이 문제를 해결하려 했다. 아인슈타인은 빛의 속도도 관측자의 운동 상태에 따라 달라질 것이라는 상식을 버리고, 빛의 속도는 관측하는 사람의 운동 상태와는 관계없이 항상 일정하다는 것을 사실로 받아들였다. 속도 가운데서 빛의 속도를 특별히 대우함으로써, 빛의 속도도 다른 물체의 속도와 마찬가지로 취급해야 한다는 뉴턴 역학의 패러다임을 버린 것이다.

사실 상대성 원리는 아인슈타인이 처음 생각해낸 것이 아니다. 이 원리는 지구상에서 살아가는 우리가 빠른 속도로 돌고 있는 지구의 속도를 느끼지 못하는 것을 설명하기 위해 갈릴레이가 맨 처음 생각해낸 원리로, 뉴턴 역학의 기본 원리 가운데 하나이다. 아인슈타인은 상대성 원리와 광속 불변의 원리를 바탕으로 새로운 역학의 패러다임을 만들어 냈다. 또한 아인슈타인은 시간도 상대적이어서 나의 시간이 다른 사람의 시간과 다를 수 있다는 특수 상대성 이론을 내놓았다. 이것은 시간에 대한 고정관념을 완전히 뒤흔드는 것이었다.

패러다임은 자연을 보는 시각을 정하는 프레임 역할을 한다. 뉴턴 역학에서 아인슈타인 역학으로 패러다임이 바뀌자, 거기에 따라서 사람들은 자연의 모습을 전혀 다르게 인식하게 되었다.

양자 물리학도 과학혁명으로 지목되는 성과다. 1922년 아인슈타인은 광전 효과를 설명한 공로로 노벨물리학상을 받았다. 전자기파의 에너지가 알갱이로 되어 있다는 플랑크의 양자화 가설을 바탕으로 아인슈타인은 광전자 효과를 새로운 패러다임으로 제시했던 것이다.

기존 패러다임에 갇힌 아인슈타인

아인슈타인은 1915년 일반 상대성 이론을 발표한 후 이 이론을 이용해 우주의 구조를 연구하기 시작했다. 일반 상대성 이론은 중력을 새롭게 설명하는 이론이라고 할 수 있다. 뉴턴 역학에서는 질량이 멀리 떨어져서 서로 끌어당기는 힘을 중력이라고 설명했다. 그러나 아인슈타인은 질량이 주변의 시공간을 변형시키고 이 변형된 시공간 때문에 중력이 작용한다고 설명했다.

아인슈타인이 일반 상대성 이론의 방정식을 풀어서 밝혀낸 우주는 정지한 상태로 머물러 있지 않았다. 우주는 팽창하고 있어야 했다. 하지만 아인슈타인은 우주가 팽창하고 있다는 결과를 받아들일 수가 없었기 때문에 자신의 방정식을 고쳐서 우주가 정지해 있도록 만들었다. 우주는 영원히 같은 모습으로 존재해야 한다는 기존의 패러다임에 맞지 않는 결론이 얻어지자 그 결론을 받아들이는 대신 방정식을 수정해 기존의 패러다임 안에서 이 문제를 해결하려 한 것이다. 아인슈타인은 자신만 새로운 패러다임을 받아들이지 않았던 것이 아니라 다른 사람도 그런 생각을 하지 못하도록 했다.

당시 러시아의 알렉산드르 프리드만(1888~1925)은 아인슈타인의 일반 상대성 이론을 이용해 우주가 팽창하고 있다는 결론을 얻었다. 그러나 아인슈타인은 프리드만의 결과를 인정하지 않았다. 아인슈타인의 지지를 받지 못한 프리드만의 이론은 사람들의 관심을 끌지 못했다.

이상 현상이나 위기에 직면하는 경우, 과학자들은 현존 패러다임에 대해서 이전과는 다른 태도를 취하게 되며, 그들 연구의 성격도 그에 따라서 바뀌게 된다. 경쟁적인 명료화의 남발, 무엇이든 해보려는 의지, 명백한 불만의 표현, 철학에의 의존과 기본 요소에 관한 논쟁, 이 모든 것들은 정상 연구로부터 비상非常 연구로 옮아가는 증세들이다.

벨기에의 천문학자 조르주 르메트르(1894~1966)는 우주가 팽창하고 있다는 논문을 발표한 후 아인슈타인을 만나 자신의 우주이론에 대해 설명했다. 아인슈타인은 르메트르가 제시한 우주이론은 물리적 의미가 없다며 무시한다. 당시 아인슈타인이 무시했다는 것은 과학계가 우주팽창이론을 무시했다는 의미였다. 르메트르는 더 이상 우주가 팽창하고 있다는 이론을 연구하지 않기로 했다.

그런데 관측을 통해 우주가 팽창하고 있다는 확실한 증거를 찾아낸 인물이 있었으니, 그가 바로 허블(1889~1953)이다. 허블은 윌슨 산 천문대에서 안드로메다 성운을 관측하고 세페이드 변광성을 찾아내 우주의 거리를 측정했다. 허블의 관측으로 우주에는 우리 은하뿐만 아니라 수

많은 은하가 있다는 사실이 밝혀졌다. 은하들이 멀어지는 속도가 은하까지의 거리에 비례한다는 것을 '허블의 법칙'이라고 부른다.

허블의 법칙 발견으로 우주는 항상 일정한 상태로 정지해 있어야 한다고 굳게 믿고 있던 아인슈타인을 비롯한 수많은 과학자들이 더 이상 자신들의 주장을 고집할 수가 없게 되었다. 1931년 2월 3일 허블의 초청으로 윌슨 산 천문대를 방문한 아인슈타인은 도서관에서 기자회견을 열고 우주가 팽창하고 있다는 사실을 받아들인다고 선언했다. 이것은 우주가 정지해 있다고 주장했던 예전의 패러다임이 우주가 팽창하고 있다는 새로운 패러다임으로 전환되는 순간이었다. 프리드만과 르메트르는 새로운 패러다임의 밀알 역할을 한 셈이다.

> 패러다임들은 도대체 정상과학에 의해서 고쳐질 수 있는 것이 아니다. 그보다는, 우리가 이미 보았듯이, 정상과학은 궁극적으로 이상 현상들의 인지 그리고 위기로 인도할 따름이다. 그리고 이것들은 심사숙고와 해석에 의해서가 아니라 게슈탈트 전환과 같은 비교적 돌발적이고 비구조적인 사건에 의해서 끝을 맺는다.

아인슈타인은 위기가 발생했을 때 기존의 틀을 벗어나 접근함으로써 위기를 해결해 과학혁명을 주도했다. 그러나 아인슈타인은 자신이 세운 패러다임에 안주하기도 했다. 그는 우주가 팽창한다는 결론을 얻었음에도 자신의 기존 패러다임을 고집하며 방정식을 수정해 우주가 팽창하지 않는다고 주장했다. 아인슈타인의 일화는 굳건해 보이는 진리도 절대 진리로 존재할 수 없음을 가르쳐준다. 위기는 정상 국면에서 닥쳐온다. 영국의 액튼 경은 "절대 권력은 절대 부패한다"라고 말한 바 있는데, 이는 과학에도 적용할 수 있는 말이다.

이 책의 저자인 토머스 쿤 역시 패러다임을 깨뜨린 인물이다. 물리학자였던 그가 과학사학자와 과학철학자로서의 길을 개척할 수 있었던 것은 아리스토텔레스와 칸트의 철학을 연구한 것도 한몫했을 것이다. 그는 하버드 대학에서 물리학 박사학위를 받고, 매사추세츠 공대MIT의 언어학-철학과 교수를 지냈다. 쿤은 스스로 물리학자의 패러다임을 깨뜨렸고, 그 결과 1962년 『과학혁명의 구조』라는 역저를 내놓음으로써 과학을 이해하는 새로운 틀인 '패러다임'을 개념화했다.

『과학혁명의 구조』 읽는 법

1962년 출간한 토머스 쿤의 『과학혁명의 구조』는 김명자·홍성욱 번역본 (까치글방, 2013)이 유일하다. 이 책은 난해해서 과학도가 아니면 쉽게 이해하기 어렵다. 비과학도에게는 청소년용으로 풀어 쓴 곽영직의 『쿤이 들려주는 과학혁명의 구조 이야기』(자음과모음, 2010)를 먼저 읽고 번역본 읽기를 권하고 싶다.

마셜 매클루언의 『미디어의 이해』

—

미디어에 따른 감각의 확장을 선언하다

—

1936년 무렵의 마셜 매클루언
마셜 매클루언은 「미디어의 이해 : 인간의 확장」에서 '미디어는 메시지다'라고 말했다. 미디어가 메시지를 옮긴다는 의미가 아니라 미디어에 따라 다른 감각이 확장된다는 것이다.

부동산 '큰손'은
왜 역세권을 좋아할까

미디어의 보도는 세상을 바라보는 창 역할을 한다. 사람들은 서로 보도된 내용을 소재로 이야기를 나눈다. 이때 같은 뉴스라면 미디어가 다르더라도 내용은 달라지지 않는다고 여기기 쉽다. 신문으로 보도하든 TV로 보도하든 사람들은 자신이 같은 내용을 받아들인다고 여기는 것이다. 정말 그럴까?

캐나다의 영문학자이자 미디어비평가인 마셜 매클루언에 따르면 그렇지 않다. 그는 『미디어의 이해 : 인간의 확장』(1964)에서 '미디어는 메시지다'The Medium is The Message라고 말했다. 미디어가 메시지를 옮긴다는 의미가 아니라 미디어에 따라 다른 감각이 확장된다는 것이다. 예를 들어 '열녀춘향수절가'를 토대로 한 『춘향전』을 소설로 읽는 것과 영화나 마당극으로 볼 때의 경험은 다를 수밖에 없다. 춘향과 몽룡의 성애 장면은 소설로 읽을 때보다 영화로 볼 때 훨씬 자극적이고 도취적이다. 마당극은 극적인 상황을 강조하는 장르의 특성상 춘향과 변학도의 이야기에 치중할 개연성이 크다.

> 그것('미디어는 메시지다')의 의미는 모든 미디어가 우리 자신의 확장이며, 이 미디어의 개인적 및 사회적 영향은 우리 하나하나의 확장, 바꾸어 말한다면 새로운 테크놀러지 하나하나가 우리에게 도입되는 새로운 척도로서 측정되어야 한다는 것이다.
> – 『미디어의 이해 : 인간의 확장』(커뮤니케이션북스, 2011)

흔히 우리는 매체라고 하면 거의 자동으로 잡지·라디오·텔레비전·영화 등 대중매체를 연상하지만, 마셜 매클루언은 인간의 힘과 감각 및 육체적 기능을 기술적으로 확산·보완해주는 모든 것을 매체로 파악할 수 있다고 주장했다. 그는 『미디어의 이해』에서 라디오·TV·사진·영화·광고 등 전통적으로 매체로 분류되던 것들 외에도, 철도·주택·돈·시계·자전거·자동차·비행기·무기·자동화·게임·전신·타자기 등 도구나 수단도 매체로 규정하고 있다. 이 책에서는 인간과 자연을 매개하는 모든 것을 미디어로 이해해야 하며, 미디어가 인간의 감각을 확장한다고 주장한다. 미디어는 단순히 송신자와 수신자를 매개하는 커뮤니케이션 도구가 아니라 인간의 연장이다. 예컨대 자동차 바퀴는 발의 연장, 책은 눈의 연장, 옷은 피부의 확장, 전기기술은 중추 신경의 확장이라는 것이다.

철도는 여가와 여행문화의 변화를 초래하고 휴양도시를 만들어내기도 한다. 철도의 역할은 사람이나 사물을 수송하는 것이지만, 이 기능으로 다른 효과들을 촉진한 것이다. 19세기 파리의 모더니티에 대해 연구한 하비David Harvey에 따르면, 19세기 중엽 프랑스에서 철도가 확장되면서 파리와 농촌지역 간에 이동이 촉진돼 농민과 노동자들의 이동이 활발해졌다. 이는 농민과 노동자 입장에서는 직업 이전 효과를 가져왔고, 자본가는 농촌에서 기차를 타고 밀려드는 싼 임금 노동자들 덕분에 자본 축적이 가능했다. 또 파리 시민들은 철도를 통해 근교와 농촌지역으로 휴가를 가면서 새로운 여가 문화를 창출했다. 다른 한편으로 철도는 운행 시간을 정해두어야 하기 때문에 시간 개념을 심어주었다.

또한 무궁화호가 다닐 때와 KTX가 다닐 때, 전철이 신설될 때의 양상이 각기 다른데, 각각의 운송 수단들은 재테크와 관련한 인간의 감각을 확장시킨다.

> 속도의 증가는 일부 경제학자들이 말한 '중심-주변' 구조를 만들어낸다.
> ─ 『미디어의 이해 : 인간의 확장』(민음사, 2002)

철도는 중심-주변 구조를 확대하고 통합하기도 한다. 예컨대 전철이 천안과 춘천으로 확대되면서 '수도권'이라는 인식이 확산되었다. 역마다 새로운 '역세권'이 생기면서 부동산 값이 폭등했다. 투자자들, 이른바 부동산 '큰손'은 동물적인 감각으로 돈이 되는 곳을 알고 한발 앞서 이런 지역에 투자를 한다. 큰손들이야말로 철도로 인해 누구보다 먼저 재테크 감각이 확장되어 반응하는 사람들이다.

스마트폰이 양성한
촉각의 노예

매클루언은 "우리는 우리가 보는 대로 된다. 우리는 우리의 도구를 만든다. 그리고 그 다음에는 우리의 도구가 우리를 만든다"[106]라고 말한다. 매클루언은 이러한 전제에서 출발하면서 두 가지 혁명적 기술의 발전, 즉 15세기 중반 인쇄술의 발명과 19세기 후반 이후 전기의 새로운 이용 방식으로 인한 인간의 변화를 진단한다.

지금 우리가 사용하는 스마트폰을 떠올리면 쉽게 이해할 수 있을 것이다. 사용자들은 단순히 통화를 위한 도구로서만 스마트폰을 이용하지 않는다. 사용자는 스마트폰에 적응하는 과정을 거치면서 스마트폰이 지배하는 또 다른 감각으로의 확장을 경험하게 된다. 맥클루언이 1964년에 예견한 대로 인간은 활자미디어로 이루어진 시각의 시대를 벗어나 영상미디어에 의한 청각과 촉각의 시대로 이행해갔다.

칼 융은 로마인들이 언제나 노예들의 분위기 속에서 생활했기 때문에 무의식을 통해 노예의 심리에 젖어들었다고 주장한다.

> 모든 로마인들은 노예에게 둘러싸여 있었다. 노예와 노예들의 심리가 고대 이탈리아에 흘러 넘쳤고 로마인은— 물론 부지불식간이긴 하지만— 내면적으로 노예가 되어버렸다. 언제나 노예들의 분위기 속에서 생활했기 때문에 무의식을 통해 노예의 심리에 젖어든 것이다.
> – 『미디어의 이해 : 인간의 확장』(민음사, 2002)

매클루언은 이러한 관점을 미디어에도 적용한다. 문자와 인쇄술이 눈으로 읽는 시각중심적 인간을 형성했다면, 현대의 전기·전파 미디어들은 인간 감각의 배치와 강도를 변화시켜 만지고 싶은 욕망을 자극해 촉각적인 인간형을 만들어내고 있다. 21세기 현재의 인간은 '촉각의 노예'라고 비유할 수 있을 것이다. 예쁜 옷을 보면 입고 싶은 욕망이 발생한다. 근사한 저택을 보면 그곳에 살고 싶어진다. 이는 생활·문화뿐 아니라 의식의 변화를 가져온다. 미디어에 의해 확장된 감각들이 바로 개인들의 의식과 경험을 형성하는 것이다. 이게 바로 '미디어가 메시지다'라는 의미다.

매클루언은 기업체의 경우 자신이 관여하고 있는 일을 미디어의 성격으로 잘 파악한다면 비전 있는 기업으로 운영해나갈 수 있다고 강조한다. 매클루언은 IBM과 GE의 사례를 든다.

> IBM은 사무용품, 혹은 사무용 기계를 제조하고 있는 것이 아니라 정보를 처리하는 일을 하고 있다는 것을 알고, 처음으로 뚜렷한 전망을 가지고 기업을 운영하게 되었다.

– 『미디어의 이해 : 인간의 확장』(커뮤니케이션북스, 2011)

IBM은 초창기에 PC의 하드웨어를 만드는 컴퓨터 회사였으나 스스로 정보처리 회사라는 정체성을 확립해 세계 굴지의 정보회사로 발돋움할 수 있었다.

반면 제너럴일렉트릭GE 사는 전구와 전기 시설을 판매해 상당한 이윤을 올리고 있음에도 자사의 일이 AT&T처럼 정보를 이동시키는 것이라는 점을 아직 깨닫지 못했다. 매클루언이 이 책을 출간한 시점이 1964년이었으니, 이후 GE 사의 성공은 아마도 매클루언의 이 조언을 귀담아 들은 덕분이 아니었을까.

기업들이 매클루언의 명제, 즉 '미디어는 메시지다'를 제대로 새겨두어야 할 지점이 한 가지 더 있다. 우리 사회는 점점 앞에서 말한 촉각 중심적 인재들이 점령해간다. 기업 측에서는 인재 선발 시에도 이 부분에 유념해야 한다. 기업 운영에는 영상매체에 의해 감각을 확장해온 '촉각적 인재'도 필요하지만 인쇄매체에 의해 감각을 확장해온 이른바 '시각적 인재'도 필요하기 때문이다. 촉각형 인재들만으로는 미래를 창조적으로 리드할 수 없다. 테크놀러지 혁명을 이끈 스티브 잡스는 20대 시절 리드칼리지에서 인문고전에 푹 빠져 지냈던 '시각형 인재'였지 '촉각형 인재'가 아니라는 사실을 기억하자. 이는 현재 이 책을 읽고 있는 독자들에게도 유효한 교훈일 것이라고 생각한다. 미래를 예측하고 이끌어가는 능력, 즉 창의력과 리더십의 오랜 터전은 독서와 깊은 사색이었다. 독자 여러분도 고전들 속에서 사색의 즐거움과 창의적 상상력을 결실로 얻을 수 있기를 바란다.

『미디어의 이해』 읽는 법

마셜 매클루언의 『미디어의 이해 : 인간의 확장』는 단지 미디어에 대한 텍스트로서뿐 아니라 문명비평서로도 읽을 수 있다. 1962년에 출간한 또 다른 책인 『구텐베르크 은하계』(커뮤니케이션북스, 2001)에서 그는 수많은 시인들의 시를 인용하며 현대의 문화와 문명이 무엇을 얻었고 무엇을 잃었는가를 성찰한다.

『미디어의 이해 : 인간의 확장』은 커뮤니케이션북스(김상호 옮김, 2011)와 민음사(김성기 옮김, 2002)에서 번역본을 출간했는데 여기서는 두 책 모두를 참고했다. 이들 책은 모두 번역 문체가 매끄럽지 못해 서로 보완하기 위해서다. 참고서로 박기현의 『문화컨텐츠를 위한 미디어미학』(만남, 2006)을 읽어보면 발터 벤야민과 마셜 매클루언 등 미디어미학의 계보를 파악할 수 있다. 김균·정연교 공저의 『맥루언을 읽는다』(궁리, 2006)도 참고할 만하다.

가브리엘 가르시아 마르케스의 『백 년 동안의 고독』

—

마술적 사실주의로 라틴아메리카의 고독을 노래하다

—

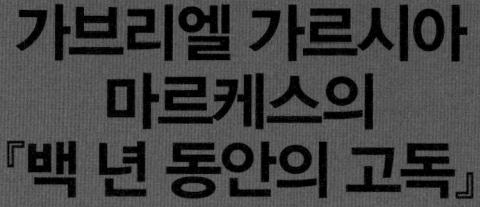

90

서울대 권장도서 · 90

2009년 무렵의 가브리엘 마르케스
가르시아 마르케스는 「백 년 동안의 고독」으로 노벨문학상을 수상하며, 라틴아메리카인의 고독은 서구의 세계관과 언어를 강요당함으로써 비롯되었다고 지적하고 라틴아메리카인의 시각과 방식대로 인식하고 표현하는 것이 필요하다고 언설했다.

가공의 무대에서 벌어지는 황당무계함, 그 속의 현실

"황당무계함 또한 우리 현실의 일부분이다. 현실 자체가 황당무계하다."
— 『마술적 사실주의』(한국문화사, 2001)

이는 『백 년 동안의 고독』(1967)으로 노벨문학상을 수상한 가브리엘 가르시아 마르케스(1927~2014)가 한 말이다. 이는 마술적 텍스트가 사실주의적 텍스트보다 훨씬 사실적이라는 역설적인 의미를 담고 있다. 그는 이 소설에서 이른바 '마술적 리얼리즘'의 영역을 개척해, '소설의 죽음'을 말하던 20세기 중반에 소설의 소생을 불러왔고 1982년 노벨문학상을 수상했다. 마술적 리얼리즘이란 현실과 환상, 사실과 허구가 초현실주의적 수법으로 교묘하게 결합되어 있는 형태를 말한다.

아마란타는 죽은 사람들에게 전해줄 편지를 모아가지고 해질녘에 죽음
의 나라로 가리라는 소식이 마콘도 전체에 전해졌으며 오후 3시에는 응
접실에 준비해둔 상자가 편지로 가득 찼다. 편지를 쓰고 싶지 않은 사람
들은 아마란타에게 전해줄 말을 남겼고, 아마란타는 그 말과 그 얘기를
전해 들을 사람의 이름과 사망한 날짜를 공책에 적었다. "걱정들 하지 말
아요." 아마란타는 부탁하러 오는 사람들에게 말했다. "내가 그곳에 가면
우선 그분이 어디 계시는지 물어봐서 찾아가지고 당신의 얘기를 전해드
릴 테니까요."

— 이하 『백 년 동안의 고독』(문학사상사, 2014)

이 작품에서는 죽음 너머의 삶이 자연스럽게 이야기된다. 마을 사람
들은 죽은 사람에게 보낼 편지를 써서 아마란타에게 건넨다. 그녀가 마
치 사후세계의 우편배달부인 양. 이러한 황당무계함은 이 소설의 주조
를 이룬다.

이 소설은 호세 아르카디오 부엔디아와 그의 사촌 여동생인 우르술
라와의 결혼생활로부터 시작한다. 마르케스는 대를 이어 반복되는 근친
상간의 혼돈과 고독 속에서 마콘도라는 가공의 도시가 몰락하는 과정
을 전설적인 요소를 가미해 이야기하고 있다. 이 소설의 무대인 마콘도
마을은 미국 자본의 바나나농장이 들어서면서 도시로 팽창하다가 4년
11개월에 걸친 대홍수를 겪고 신기루처럼 사라져간다.

모두 20장으로 구성된 이 소설의 3장에서 불면증이 전염되는 이야기
가 나오는데 그의 말처럼 그야말로 황당무계한 이야기이다.

그들은 아무도 잠을 이루지 못하고 밤새도록 일어나서 돌아다니며 꿈을
꾸었다. 그렇게 혼미한 환각에 사로잡힌 상태에서 그들은 선 채로 꿈을

꾸었을 뿐 아니라, 남들이 꾸는 꿈도 잘 볼 수가 있었다. 자기의 꿈에 보이는 사람들도 실물처럼 나타나고 남의 꿈에 등장하는 사람들도 나타났기 때문에 집 안에는 사람들이 와글와글했다.

이 불면증은 기억상실증을 불러온다. 마콘도 마을에서는 불면증과 기억상실증이 퍼져나간다.

한 사람(비지따시옹)이 불면증으로 기억력을 자꾸 상실하게 된다. 잠을 못 자고 깨어서 여러 가지 공상에 잠기다 보면 어릴 적 추억을 뒤적일 시간이 줄어서, 과거가 자꾸만 사라진다는 얘기였다. 그러면 사람이나 사물의 이름을 잊게 되고 주위에 있는 사람들도 알아보지 못하게 되고, 심지어는 자기 자신까지도 잊게 되어서 결국은 과거를 망각한 백치 상태가 된다고 했다.

이렇게 되자 점쟁이인 필라르 테르네라는 카드로 미래를 점치던 솜씨를 살려서, 이제는 과거에 무슨 일이 있었는지를 카드로 되짚어내어 사람들에게 알려주는 새로운 일로 바빠졌다. 아우렐리아노 부엔디아는 모든 물건에다 이름을 써서 붙여놓는 방법을 생각해내고, 호세 아르카디오 부엔디아는 전에 알았던 지식을 보존하기 위해 안간힘을 쓴다.

며칠 사이에 그는 실험실 안에 있는 모든 것들의 이름을 잊고 있음을 깨달았다. 그래서 모든 것들의 이름을 종이쪽지에 써서 사방에 붙여놓았다. 이를 본 아버지는 그 방법을 실천에 옮겨 집안 여기저기에 쪽지를 붙이며 돌아다녔고 심지어는 밖으로 나가 마을에 온통 종이쪽지를 달아두었다. 그런데 사물의 이름을 알기는 하겠지만 그 쓰임새를 몽땅 잊게 될 것이라고 생각했다. 호세는 소의 목에 "이것은 소입니다. 암소는 아침마다 짜주면 젖을 냅니다. 그리고 소의 젖을 끓인 다음에 커피와 섞어서 먹습니다"라고 달아놓았다.

이를 보다 못한 호세는 기억하는 기계를 만들기로 작정했다. 그가 그 기계에 입력할 1만 4,000개의 기재 사항을 완성했을 때 늙은 집시인 멜키아데스는 기적적으로 그 병을 치료할 물약을 가지고 마콘도로 돌아온다.

마콘도의 설립자인 호세 아르카디오 부엔디아는 처음에는 마콘도의 족장 역할을 잘 수행했다. 원시적인 공동체를 유지하려 힘쓰기보다는 과학문명으로 공동체의 변화를 꾀하고자 했다. 그는 새로 이주해오는 사람들로부터 절대적인 권위를 인정받았고, 그에게 자문을 구하지 않고 벽을 쌓거나 기초공사를 하는 사람들은 아무도 없었으며, 토지 분배 문제도 그가 완전히 장악했다. 그러나 이 마을을 방문한 집시 멜키아데스의 영향을 받으면서 그는 연금술에 빠져들었고 사회적 지도력을 잃고 말았다. 급기야 미치광이로 취급받으며 밤나무에 묶여 지내는 신세가 된다. 말하자면 호세 아르카디오 부엔디아에게는 문명에 의해 마을을 번영시키겠다는 생각은 있었지만, 이를 실행할 구체적인 소프트웨어가 없었던 것이다. 그의 뒤를 이어 마콘도의 사령관이 된 호세 아르카디오도 권력에 도취하고 공금을 횡령하는 등 실정을 거듭하다 총살당한다.

이 소설에서 작가가 가장 주의를 집중하는 인물은 호세 아르카디오 부엔디아의 아들인 아우렐리아노 대령이다. 그는 마콘도에서 투표 부정 사건이 일어나자 게리넬도 마르케스의 집으로 가서 "전쟁을 시작할 때가 되었어"라고 말하고는 함께 군인들의 무기를 빼앗아 봉기를 일으킨다. 그리고 스스로를 아우렐리아노 대령이라고 칭한다. 정부가 가장 두려워하는 인물로 손꼽힐 정도로 위세가 당당했던 그는 영광스러운 귀향에 도취하고 찬란한 승리에 매혹되어, 위대함의 심연에 빠진 채 헤어나오지 못했다.

대령은 몬카다 장군을 총살하고 유품을 부인에게 갖다주라는 그의 부탁을 들어주기 위해 부인을 찾아갔다가, 그 집을 포위하고 불을 질러버렸다. 또한 경쟁자인 바르가스 장군을 죽이고 혁명군의 지휘권을 획득했다. 바로 그날 밤부터 그는 겁에 질린 채 잠에서 깨어나 춥다며 담요를 찾게 되었다. 태양이 쨍쨍 내리쬐는 순간에도 그의 뼛속을 파고드는 내적인 차가움은 몇 달 동안 그를 잠 못 이루게 만들었고 그 불면은 습관이 되기에 이른다. 두려움을 잊기 위해 그는 바르가스 장군을 살해하자고 제안했던 젊은 장교를 제거한다.

그는 엄청난 권력 속에서 고독을 느끼고 드디어는 방향 감각을 상실해버린다. 그는 자신의 몸이 갈기갈기 찢기고 마구 절단당하는 상상 속에서 어느 때보다도 더욱 외로움을 느꼈으며, 자기 부하들조차 자기를 속이고 있다고 믿었다. 결국 그는 집으로 돌아와 은둔한다.

한때 대령은 젊은이들에게 "가장 효과적인 방법은 폭력"이라고 가르치면서 자유파의 승리를 위해 정부군과 싸울 것을 독려했다. 20년에 걸친 내란이 끝난 다음 그는 사회와의 소통을 차단한 채 골방에 들어앉아 황금물고기 장식을 만들며 이른바 '삶 속의 죽음'을 영위한다.

아우렐리아노 대령은 최고 권좌에 올라 마콘도뿐 아니라 공화국의 현실을 개선할 기회를 얻었지만, 권력에 도취되고 폭력성을 드러낸 끝에 은둔자가 되어 살아간다. 불의 앞에 분노했지만 그 분노는 충동적이고 감정적인 수준에 머물러 체계적인 저항으로 연결되지 못했다. 나이가 든 뒤 다시 불의 앞에 분노하지만 이미 죽음이 눈앞에 찾아와 있었다. 아우렐리아노 대령 이야기에서 우리는 국가의 지도자 혹은 리더의 덕목이 무엇인지 가늠할 수 있다. 권력을 향유하고 있을 때일수록 힘을 절제할 줄 알아야 한다는 것, 불의에 저항하려 할 때 그 에너지를 새로운 사회 건설로 나아가게 하는 힘으로 응집해야 한다는 것이다.

번영이 쇠퇴의 원리를
무르익게 한다

가르시아 마르케스는 부엔디아 가문의 몰락과 쇠퇴를 단순히 폭력적인 미국 자본이라는 외부의 요인만으로 돌리지 않는다. 부엔디아 가문의 내부에 이미 몰락과 쇠퇴의 씨앗이 뿌려져 있었던 것이다. 마치 에드워드 기번(1737~1794)이 『로마제국쇠망사』에서 "번영이 쇠퇴의 원리를 무르익게 한다"라고 말한 것처럼 말이다. 부엔디아 가문도 번영기에 흥청망청했고 근친상간에 몰두했다.

가르시아 마르케스는 "내 소설 『백 년 동안의 고독』에서 내가 가장 관심을 기울인 것은 무엇보다도 근친상간에 의해 고착된 가족의 역사를 이야기하는 것"이라고 밝혔다. 고독과 더불어 이 소설의 가장 중요한 주제는 근친상간이다. 근친상간으로 상징되는 도덕적 타락은 부엔디아 가문의 몰락을 재촉한다. 유전학적 관점에서 볼 때 동종교배가 열등한 자손의 원인이 되듯 부엔디아 가문 사람들 또한 점점 더 열등한 자손을 낳고, 그 결과 가문이 멸망해 마콘도는 폐허가 된다.

그나마 부엔디아 가문이 100년 동안 이어질 수 있었던 것은 여성들 덕분이다. 우르술라가 생존해 있을 때에는 부엔디아 가문이 이웃들을 돕고 마을의 번영을 위해 앞장섰지만, 우르술라가 죽은 후에는 이렇듯 훌륭한 가문의 유산은 잊히고 타락해버렸다.

이 소설에서는 원시성을 간직한 마콘도와 같은 상징적 인물이 등장하는데, 그는 미녀 레메디오스(호세 아르카디오 부엔디아의 증손녀)이다.

> 미녀 레메디오스는 찬란한 청춘기에 접어들면서 차분하게 가라앉아서 미움과 시기심에는 점점 더 무관심해졌고 날이 갈수록 형식에는 점점 더 무디어졌으며, 자기 주위의 단순한 현실에만 만족했다. 여자들이 무엇 때문에 코르셋이나 속치마에 신경을 써서 삶을 복잡하게 만드는지 도무지 이해할 수 없었던 미녀 레메디오스는 아무렇게나 헐렁한 옷을 한 벌 만들어 몸에 걸치고는 옷 걱정은 싹 잊어버렸으며, 자기가 벌거벗고 있는 꼴이나 다름이 없어도 그런 것은 상관하지도 않았고, 오히려 집에 있을 때에는 그런 옷차림이 가장 적합하지 않겠는가 하고 생각했다.

미녀 레메디오스는 남을 의식하지 않고 옷을 아무렇게나 걸쳤으며, 내키는 대로 행동했다. 그리고 허벅지를 덮을 만큼 긴 머리카락이 귀찮아지자 머리를 빡빡 밀었다. 그녀의 체취에 이끌려 수많은 남자들이 구애를 했지만 거들떠보지도 않았다. 그녀를 보기 위해 먼 곳에서 왔던 이가 폐인이 되기도 했고 그녀의 목욕 장면을 훔쳐보다가 지붕에서 떨어져 죽기도 했다. 그 모든 광경들을 뒤로 하고 그녀는 승천한다.

마콘도는 미국 자본의 폭력성에 의해 무너졌지만 미녀 레메디오스는 남성들의 폭력적인 구애에도 불구하고 처녀성으로 남았다. 그녀는 살아 있다가 돌연 승천한다. 폐허가 된 마콘도의 상황과는 대조적이다. 마콘도를 폐허로 만든 대홍수는 마치 성경의 대홍수를 연상케 한다. 대홍수로 인해 바나나농장이 쑥대밭이 되면서 미국 자본가들은 떠나고 결국 원주민 몇 명만 생존하게 된다. 여기에는 "미국 자본에 의한 타락한 물질 숭상주의를 근절하고, 순수성을 회복하며, 사랑과 상호 이해를 복구하면서 일시적으로 영혼을 정화한다"[107]라는 작가의 메시지가 담겨 있다고 하겠다.

가르시아 마르케스는 '라틴아메리카의 고독'이라는 제하의 노벨상 수상 연설에서 라틴아메리카인의 고독은 서구의 세계관과 언어를 강요당함으로써 비롯되었다고 지적하고, 이제는 라틴아메리카인의 시각과 방식대로 인식하고 표현하는 것이 필요하다고 밝혔다.

마르케스는 진정한 라틴아메리카의 현실을 이해해달라고 요구하며, "우리 현실을 타인의 방식으로 해석하는 행위는 갈수록 우리를 이해하지 못하고 갈수록 우리를 덜 자유롭게 하며, 갈수록 고독하게 만드는 데 이바지할 뿐"이라고 말한다.[108]

부엔디아는 '좋은 나날, 좋은 시대'라는 뜻의 스페인어 이름인데 이 작품에서는 반어적으로 사용되고 있다. 부엔디아 가문 혹은 마콘도, 나아가 라틴아메리카의 좋은 시절은 언제였을까. 그 시절은 아마도 서구 제국주의자들의 침략 이전이 아니었을지. 소설에서처럼 좋은 나날이 결코 도래할 수 없는 신기루로 남지 않고, 가르시아 마르케스의 말대로 라틴아메리카의 현실을 그 땅의 관점으로 인식하고 앞으로 나아갈 방법을 찾아낼 수 있기를 바란다.

『백 년 동안의 고독』 읽는 법

원문은 문학사상사에서 출간한 『백 년 동안의 고독』(안정효 옮김, 2014)을 인
용했다. 그 밖에는 가브리엘 가르시아 마르케스의 자서전인 『이야기하기
위해 살다』(민음사, 2007)와 송병선의 『가르시아 마르케스』(문학과지성사, 1997),
로아 피킨스 사모라·웬데 패리스 공저의 『마술적 사실주의』(한국문화사,
2001), 여기에 민음사에서 나온 『백년의 고독』 해제를 참고했다.

이 가운데 『이야기하기 위해 살다』에서 마르케스는 "내 존재 방식과 사고
방식의 근간은 유년기에 나를 보살펴주던 외갓집 여자들과 여러 하녀들
로부터 영향 받은 것 같다"라고 회상한다. 마르케스를 제외한 유일한 남
자였던 외할버지는 참전 용사로, 몸에 총탄 자국이 있었다. "외할아버지
는 피비린내 나는 전투 이야기를 들려주는가 하면, 새들의 비행 방법과
오후에 치는 천둥소리들에 관해 교육적으로 설명하면서 어른들의 서글
픈 세계에 관해 내게 가르치기 시작했고, 내가 그림 그리는 것을 좋아하
도록 나를 북돋아주었다."

베르너 하이젠베르크의 『부분과 전체』

—

대화로 과학을 말하다

—

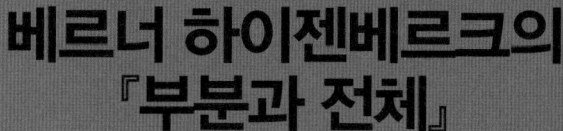

91

1933년 무렵의 베르너 하이젠베르크
독일의 베르너 하이젠베르크가 1969년에 쓴 『부분과 전체』에서는 그와 과학사상
형성에 영향을 미친 많은 인물들과의 대화가 펼쳐진다. 1920년대부터 그는 이론
을 직접 설명하는 대신 대화와 토론의 형식을 차용한다.

부분은 전체를 위해 봉사해야 한다

　독일을 대표하는 과학자인 베르너 하이젠베르크(1901~1976)는 68세 때 『부분과 전체』(1969)를 썼다. 이 책은 하이젠베르크가 열아홉 살 때 도보여행을 떠나 친구들과 나누었던 대화를 비롯해, 그의 과학사상 형성에 영향을 미친 인물들과의 대화를 20편으로 구성한 책이다. 1920년대부터 1960년대까지 약 50년에 걸친 물리학 발전에 대한 이야기로, 그는 이론을 직접 설명하지 않고 대화와 토론 형식으로 전개해나간다. 이 책에서 하이젠베르크는 현대 물리학의 역사, 과학과 종교, 과학과 철학, 과학과 정치, 과학과 예술 등 각 분야를 통합적으로 다루고 있다.

　학문 분야가 세분화되기 시작한 18세기 이후 현대까지, 과학자를 포함한 학문 연구자들은 자신의 협소한 전공 분야에만 몰두하는 경향이 심화돼왔다. 세부적인 내용에 자세하게 파고들 수 있을지는 몰라도, 근본적이고 포괄적인 측면은 놓치기 십상인 것이다. 하이젠베르크가 물리학과 함께 정치·종교·예술·철학에 관해 이야기하는 것은 그래서다. 세세한 부분을 놓치지 않으면서도 전체적·총체적 연관성과 의미를 밝히고 추구해야 한다는 하이젠베르크의 신념은 학문에 대한 그의 태도에서 잘 드러난다.

'불확정성의 원리'로 양자역학을 창시해 현대 물리학의 세계관을 바꿔놓은 하이젠베르크는 32세에 노벨상을 받았으며, 히틀러 치하 독일 병기국 우라늄클럽 실무책임자였던 전력 때문에 구금되기도 했다. 그는 음악에도 조예가 깊어, 전문 연주자들과 함께 바흐의 〈샤콘느〉를 삼중주로 연주하기도 했다. 함께 연주했던 첼리스트 발터의 어머니는 하이젠베르크에게 왜 음악을 전공하지 않느냐며 다음과 같이 말했다.

> "학생은 그 연주 솜씨로 보나 음악에 관해 이야기하는 투로 보나 자연과학이나 기술보다 예술에 더 소질이 있는 것같이 보입니다. (…) 이 세계가 나아가는 길은 젊은이들이 무엇을 하고자 원하는가에 달려 있습니다. 젊은이가 아름다움을 선택하면 이 세상은 그만큼 아름다워질 것이고, 젊은이들이 유용한 것을 선택하면 이 세상에는 유용한 것이 더 많아질 것입니다. 따라서 한 사람 한 사람의 결정은 자기 자신을 위해서만이 아니라 인간사회에도 큰 뜻을 갖는 것입니다."
> – 이하 『부분과 전체』(지식산업사, 2013)

이 부분도 '부분과 전체'라는 맥락에서 읽을 수 있다. 즉 자신만을 위한 존재가 아니라 사회적인 존재가 되어야 한다는 말이다.

하이젠베르크는 뮌헨 대학에서 조머펠트(1868~1951)의 지도로 원자론에 파고들기로 결심했다고 발터에게 말한다.

"아마도 사람들이 이 영역에서 자연법칙을 올바로 정식화한다면 화학 전체를 원자물리학으로 귀속시킬 수 있을 것이다. 따라서 새로운 영역을 올바르게 찾을 수 있는 정확한 새로운 개념을 찾아내는 일이 중요할 것이다."

이에 발터는 "역사적인 발전이 바로 그 시대의 그에게 설정해준 가능성에 따라야 한다는 것이냐?"라고 묻는다. 이에 하이젠베르크는 "아인슈타인이 12세기에 살았다면 그는 확실히 별다른 중요한 자연과학의 법칙을 발견할 수 없었을 것이다"라고 말한다. 이는 앞서 길리스피가 과학의 발견에 대해 말한 것과 맥이 닿아 있다. 과학의 발견 혹은 연구 과제는 그 시대 상황을 반영한다는 것이다.

하이젠베르크는 스승 조머펠트의 인도로 닐스 보어(1885~1962)를 만난다. 보어가 하이베르크 산을 산책하자고 제안한다. 하이젠베르크는 "이 산책은 그날 이후의 내 학문적 발전에 가장 강한 영향력을 발휘했다"라고 회고했다. 또한 보어는 하이젠베르크에게 도보여행을 가자고 제안하며 이런 이야기를 들려준다.

"영국에서는 잘 패할 수 있다는 것이 최고의 덕에 속합니다. 독일에서는 패한다는 것이 치욕에 속합니다. 물론 그들은 패자에 대해서 관용을 베푸는 것을 승자의 덕으로서 존중하고 있습니다. 그러나 영국에서는 자기의 패배를 인정하고 모든 쓰라림을 참아내고 승자에 대하여 의연할 수 있는 패자를 존중합니다."

보어는 "이것은 아마 승자의 관용보다 더 어려울 것"이라면서 "그러나 이 태도를 끝까지 관철하는 패자는 그럼으로써 다시 승자의 위치로 올라가게 된다"라고 말한다.

하이젠베르크는 과학에서 '신세계'(새로운 연구 분야)는 어느 결정적인 자리에서 지금까지 과학이 서 있던 그 밑바탕을 박차고, 말하자면 허공에 뛰어들 각오가 되어 있을 때에만 얻을 수 있는 것이라고 강조한다. 아인슈타인은 그때까지의 물리학이 확고한 바탕으로 삼고 있던 동시성 개념을 포기했다. 하지만 당시 다수의 물리학자 및 철학자들은 동시성에 관한 종전의 개념을 포기하지 못했기 때문에 상대성 이론의 격렬한 반대자가 되었다.

> 실제로 신세계에 들어가려면 새로운 사고 내용을 받아들여야 할 뿐만이 아니라 새로운 사실을 이해하기 위해 사고구조를 바꾸어야 할 경우도 있는 것이다. 그러나 대부분의 사람들은 이러한 사실을 받아들일 준비가 되어 있지 않거나 받아들일 위치에 놓여 있지 않다.

당나라 시인 왕지환(688~742)은 「관작루에 오르며」登觀雀樓라는 시에서 인생의 이러한 묘미를 표현한 바 있다.

> 하얀 해 서산으로 지고
> 누런 강물 바다를 향해 흘러들어간다
> 천 리 밖까지 바라보려면
> 누대 한 계단 더 올라가야지
> − 『당시, 황금빛 서정』(천지인, 2009)

여기서 '누대 한 계단'이란 과학자로 치면 신세계에 도달하기 위한 '사고구조의 전환' 혹은 '기존의 관념 포기'에 해당할 것이다.

과학의 책임

하이젠베르크는 2차 세계대전의 소용돌이 속에서 핵개발과 관련하여 '연구자의 책임'에 대해 고민한다. 이러한 고민을 담은, 하이젠베르크와 그의 스승 닐스 보어에 관한 〈코펜하겐〉이라는 연극(토니상 최우수작품상 수상작)이 국내에서도 상연된 적 있다.

하이젠베르크는 미국으로 옮겨간 이탈리아 과학자인 페르미와 토론하며, 망명을 권유하는 페르미를 뿌리치고 독일로 돌아간다. 하이젠베르크는 "사람은 일반적인 최다수의 사람들에게도 적용될 수 있는 원칙에 맞도록 자기의 행동을 취해야 한다"라는 칸트의 요구(정언명령)와 이민 결심이 어떻게 조화될 수 있을지를 생각해야 한다고 말하며 이민 제의를 거절한 것이다.

현재 진행되고 있는 파국에 대해서는 아무도 어찌할 수가 없는 것이다. (…) 그렇지만 살아남은 사람들은 파국이 지나간 그때에 더 나은 세계를 다시 세우기 위해 노력을 아끼지 말아야 할 것이 아닌가.

－『부분과 전체』

귀국 후 하이젠베르크는 소집영장을 받았다. 베를린의 육군 병기국에 출두하라는 명령이었다. "그곳에서 나는 다른 물리학자들과 함께 원자 에너지의 기술적인 이용에 관한 문제에 대하여 연구해야 한다는 것을 알았다."

독일 우라늄계획은 1942년 6월 4일 발표되었는데 이때 하이젠베르크는 이렇게 조언했다고 한다.

"원리상으로는 이미 원자폭탄이 제조될 수 있고, 이 폭약도 얻어질 수 있습니다. 그러나 우리가 지금까지 알고 있는 모든 방법은 (…) 비용이 너무 많이 들기 때문에, 완성하기까지는 아마 여러 해가 걸릴 것이고 수십억 이라는 엄청난 기술적 비용이 들 것입니다."

－『하이젠베르크』(한길사, 1995)

그리고 하이젠베르크는 핵무기 개발이라는 임무 앞에서 고심한다.

예로부터 내려오는 원칙, 즉 '악을 위해서는 허락되지 않는 수단이라도 선을 위해서는 허락될 수 있다'는 원칙이 여기서도 적용될 수 있는 것일까? 즉 선을 위해서는 원자폭탄을 만들어야 하고, 악을 위해서는 그것을 만들어서는 안 되는 것일까? 세계사에서 유감스럽게도 되풀이되며 관철되고 있는 이 견해가 여전히 옳은 것이라면 도대체 누가 선과 악을 결정하는 것일까? 확실히 히틀러와 민족적 사회주의자들이 행하는 일을 악이라고 규정하기는 쉬울 것이다. 그렇다면 미국이 하는 일은 모두 선이란 말인가?

- 『부분과 전체』

헤르만은 하이젠베르크 전기에서 "하이젠베르크는 양심의 영역에는 '백 퍼센트의 진리는 없으며, 모든 것이 엄청나게 복잡하고 서로 뒤섞여 있다'고 생각했다"라고 썼다. 독일 정부는 1942년 6월, 원자로 연구는 무리가 가지 않는 범위에서 계속되어야 한다고 결정하고, 원자폭탄 제조 명령은 내리지 않았다. 하이젠베르크는 이렇게 적었다.

세계를 위해 다행스럽게도 핵물리학에서 제3제국(히틀러)의 정책은 권력자 자신에게는 손해를 가져왔다. 정부는 무시무시한 검을 벼를 수 있었던 팔을 스스로 마비시켰던 것이다.

- 『하이젠베르크』

히틀러는 1942년 당시에 원자폭탄에 집착하지 않았다. 그가 원자폭탄을 만들었다면 세계의 역사는 달라졌을지도 모른다. 전후 하이젠베르크는 막스플랑크연구소 소장을 맡는 등 독일 과학을 다시 세계에서 주목받도록 하는 데 크게 기여했다. 독일 연방방위군을 원자무기로 무장하자는 제안이 나오자 과학자들은 이에 반대하며 「괴팅겐 선언」(1957)을 발표했다. 이 선언문은 괴팅겐의 물리학자들, 특히 폰 바이츠제커로부터 나왔고 하이젠베르크도 동참했다. 하이젠베르크의 조언 덕분에 원자폭탄제조가 취소되었고, 2차대전 이후에도 하이젠베르크는 과학의 책임을 다하기 위해 최선을 다했다.

끝으로 하이젠베르크에게 노벨상을 안긴 '불확정성의 원리'에 대해 이해할 필요가 있다. 우리는 자연에서 일어나는 모든 현상을 미리 예측하고 싶어한다. 아이작 뉴턴에 따르면 그러한 예측은 가능하다. 특정 위치에서 일정한 속도와 방향으로 움직이는 물체가 있다고 해보자. 우리는 그 물체의 현재 속도와 진행 방향, 위치 등을 바탕으로 그것이 앞으로 어느 위치에 놓이게 될 것인지 예측할 수 있다. 아주 간단하게는, 공을 던지면 공이 곧 아래로 떨어지리라 예측할 수 있는 것이다.

그러나 하이젠베르크에 따르면 우리는 자연 현상을 완벽하게 예측할 수 없다. 우리가 전자의 위치를 보다 정확하게 파악하기 위해서는 가능한 한 짧은 파장의 빛으로 관찰해야 한다. 그런데 빛의 파장이 짧아질수록 전자는 더욱 불규칙하게 그리고 보다 자주 움직인다. 결국 전자의 운동은 부정확하게 파악될 수밖에 없다. 이러한 하이젠베르크의 관점을 보통 '불확정성의 원리'라고 부른다. 불확정성의 원리는 자연계, 특히 극히 작은 물질 단위의 세계에서는 미래를 정확하게 예측할 수 없고 다만 통계적으로만 설명할 수 있다는 '비결정론적 세계관'으로 이어진다.[109]

하이젠베르크는 과학은 대화로부터 생겨난다고 말했다. 뮌헨 시절 이후로 그는 항상 대화를 하려고 했다. 살아가는 동안 그의 대화 상대는 수없이 바뀌었다. 라이프치히에서는 조교들과, 나중에는 전쟁 때 사망한 오일러와, 또한 스승 보어 및 바이츠제커 등과 많은 토론을 했다.

플라톤은 『티마이오스』에서 "깊고 원초적인 일은 신만이 안다. 그리고 사람들 가운데서 그가 사랑하는 사람만"이라고 말했다. 하이젠베르크도 본래의 문제는 철학의 영역에 있지 실재에 대한 불충분한 지식에 있지 않다는 것을 확신했다. 부분으로서의 과학을 사회와 국가라는 전체 속에서 선한 방향으로 이용되도록 하려면 과학자 자신의 사색과 다각적인 대화가 반드시 필요한 것이다.

『부분과 전체』 읽는 법

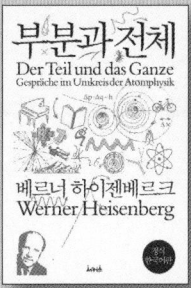

하이젠베르크의 『부분과 전체』는 지식산업사(김용준 옮김, 2013)에서 출간한 책을 인용했는데, 이외에도 2016년에 유영미 번역으로 서커스출판상회에서 새롭게 출판된 버전이 있다. 여기에 하이젠베르크의 일대기를 기록한 아르민 헤르만의 『하이젠베르크』(한길사, 1997)와 『청소년이 읽어야 할 교양 과학서 8』(거송미디어, 2006)을 함께 읽으면 좋다.

미셸 푸코의 『감시와 처벌』

—

권력의 속성을
밝혀내다

—

92

서울대 권장도서 · 92선

서재의 미셸 푸코
『감시와 처벌』은 감옥 제도의 분석을 통해 근대 서구 사회에서 작동했던 권력과 놀이 및 지식의 연계를 탐구한다. 미셸 푸코는 고전 시대의 야만적 권력으로부터 근대의 계몽적 권력으로의 이행을 상세하게 연구하고 그 연장선상에 있는 근대적 휴머니즘의 실체를 드러낸다.

우리는 모두 길들여진
'규율의 인간'으로 살아간다

헤르만 헤세의 소설 『수레바퀴 아래서』(1906)는 '입시 지옥'이나 '입시 전쟁'을 방불케 하는 국내 현실에서 읽노라면 절로 한숨이 쉬어지는 작품이다. 학원이나 과외 등 사교육으로 마치 시간기계처럼 학습에 내몰리고 있는 이곳의 학생들과, 100년 전 한스 기벤라트가 보낸 10대 시절은 서로 조응한다.

한스 기벤라트는 치열한 경쟁을 뚫고 신학교에 들어가지만 엄격한 규율에 적응하지 못하고 중도 탈락하고 만다. 기벤라트는 작은 도시에서 촉망받던 라틴어학교 학생으로 신학교 시험을 준비하면서 두통에 시달린다. 결국 신학교에서 규율권력에 의해 낙인찍힌 그는 시골로 돌아오지만 이곳에서도 철저하게 배제되면서 심한 고통을 겪는다. 신학교의 규율이 명문화된 규율이었다면 그가 살던 작은 도시의 규율은 명문화되지 않은 규율이었으며 배제는 철저했다. 촉망받던 학생이던 한스 기벤라트는 신학교 진학, 학칙 위반, 퇴학, 지역사회로부터의 배제를 거치며 자살(익사)로 삶을 마감한다. 한스는 교육의 규율권력 앞에 자신의 본질을 재소유하지 못하고 존재를 빼앗기고 만 것이다.

20세기 초 독일은 빌헬름 2세의 통치를 받던 시기로 제국주의적이며 민족주의적인 분위기가 고조되었다. 학교는 매우 엄격한 규율 아래 통제되었으므로 이러한 획일적이고 강압적인 교육은 인간의 개성을 말살하고 정신을 황폐화시킨다는 우려가 높아졌다. 이에 많은 작가들이 교육체제를 정면으로 비판했다.

헤세의 『수레바퀴 아래서』는 미셸 푸코가 『감시와 처벌』(1985)에서 말한 '규율'discipline에 의해 국가권력이 어떻게 한 개인을 길들이고 훈육하는지를 엿볼 수 있는 예다. 푸코는 학교의 훈육을 '규율권력'disciplinary power이 행사되는 전형적인 예로 보았다. 이런 권력이 사회 전체에 침투해 현대사회를 규율권력이 편재하는 사회로 만들어나간다는 것이다. 즉 규율권력은 개인을 억압하고 권력에 복종시키는 것이 아니라 신체의 유순함과 유용성을 증가시키기 위해 다양한 기술, 가령 규제와 연습·평가·기록 등으로 신체를 길들인다. 즉 규율이란 길들여진 신체를 만드는 여러 다양한 기법과 전술의 통칭이다. 감옥뿐 아니라 군대·학교·병원·작업장·가정 등 사회의 다양한 영역에서 규율이 생산 및 수행된다. 이로부터 근대의 휴머니즘적 인간이 탄생한다. 규율이 개인을 만들어내는 것이다.[110]

규율권력은 효과적으로 근대적 주체를 만들어낸다. 학교에서는 학생들을 반복적으로 훈육하고 지식과 능력을 생산하며, 군대에서는 군기 잡힌 군인을 만들어낸다. 또 감옥에서는 격리와 노동, 치료와 규범화를 통해 범죄자를 교정한다. 병원의 규율 역시 건강의 생산과 관련된다. 규율권력은 개개인으로 하여금 스스로 질서를 지켜나가도록 하여 '외부적 강제 없는 지배' '강제적 통제 없는 통제'를 실현한다. 이성적 인간을 주장한 근대 서구의 합리성은 규율권력으로 순종적인 인간을 만들어냈고, 인류는 자율성·주체성과 멀어져버렸다.

> 인간의 신체는 그 신체를 파헤치고 분해하며 재구성하는 권력 장치 속으로 들어가게 된다. 하나의 '권력의 역학'이기도 한 '정치 해부학'이 탄생하고 있는 것이다. 그 '해부학'은, 단순히 다른 사람들로 하여금 해주기를 바라는 일을 시키기 위해서뿐 아니라, 기술적 방법으로 속도와 효용성에 의거하여 원하는 대로 다른 사람들을 움직이기 위해서, 어떻게 그들의 신체를 장악할 수 있는가 하는 방법을 규정하고 있다. 이리하여 규율은 복종되고 훈련된 신체, '순종하는' 신체를 만들어낸다.
> — 『감시와 처벌 : 감옥의 역사』(나남, 2003)

순종하는 신체를 만들어내는 규율권력은 그가 '권력의 미시 물리학'이라고 부르는 방식에 따라 작동한다. 이때 푸코는 권력을 국가에 귀속시키는 전통적인 견해를 비판한다. 권력이란 국가가 소유하는 무엇이 아니다. 권력이란 국가에서 유달리 크게 응집되는 힘의 효과일 뿐이며, 국가란 전략적 효과의 집합체일 뿐이다. 감옥의 죄수들을 다루는 이러한 규율의 기술은 병영·병원·공장·학교 등 소단위 권력체제를 통해 점차 확산되었고, 마침내 전 사회가 내면화된 감옥이 되었다.

> "권력관계라는 것이 국가기구라는 테두리를 벗어나 분석되어야만 한다는 것입니다. (…) 국가는 일련의 권력관계의 그물망 위에 존재하는 상부구조이며, 실제로 인간의 신체를 규정하고 성이나 가족 관계, 인척 관계,

지식 그리고 기술 따위를 규제하는 것은 사회 전체에 퍼져 있는 섬세한 권력의 그물망일 뿐입니다."

- 『담론의 질서』(서강대출판부, 2007)

권력은 누군가에 의해 소유되는 것이 아니라 다양한 힘들이 사회적으로 행사되는 과정이다. 권력에서 중요한 것은 위치이며, 사회적 망 속에서 끊임없이 이루어지는 위치 변환에 의해 권력은 기능할 수 있다. 즉 권력이란 일종의 추상적 기계라고 할 수 있을 것이다.

권력은 생산한다

　『감시와 처벌』은 감옥 제도의 분석을 통해 근대 서구 사회에서 작동했던 권력과 놀이 및 지식의 연계를 탐구한다. 그는 고전 시대의 야만적 권력으로부터 근대의 계몽적 권력으로의 이행을 상세하게 연구하고 그 연장선상에 있는 근대적 휴머니즘의 실체를 드러내려 하면서, 이를 위해 니체가 『도덕의 계보학』에서 분석한 계보학적 방법론을 적용한다.

　계보학의 관점에서는 감옥이라는 권력의 처벌수단이 어떻게 변모해 왔는지를 아는 것이 중요한 것이 아니라, 감옥을 통해 인간-신체에 관한 정치적 기술론이 어떻게 전개되었는지를 아는 것이 중요하다. 외형적으로 감옥이 현대화되고 형벌이 완화되었다고 해서, 그것을 처벌 방법의 근대화로 해석해서는 안 될 것이다. 그것은 권력의 전략이 바뀐 현상일 뿐이기 때문이다. 푸코는 감옥의 역사를 서술하는 것이 아니라 감옥의 감시체제를 통한 권력의 정체와 전략을 파헤친다.

그는 프랑스의 경우 광장에서 공개적으로 잔인한 처형이 이루어지던 시대에서 프랑스 대혁명 이후 구금(감금)의 시대로 전환했고, 이때부터 지식과 권력의 유착관계가 형성되었다고 분석한다.

> 이와 같이 종래와 다른 처벌 방식이 도래한 결과로서 사형 집행인, 곧 사형수의 고통에 관한 직접적인 해부학자 대신에 등장한 것이 일련의 전문가들이었다. 곧 간수, 의사, 신부, 정신과 의사, 심리학자, 교육학자들이었다.
> – 『담론의 질서』에서 재인용

특히 법의학 등의 지식은 이러한 예를 잘 보여준다. 18세기에 탄생한 보건의학 개념을 통해 의사들은 권력을 행사하는 공무원의 위치를 차지하게 되었고, 19세기 이후 형벌이 순화되었을 때 이들은 죄인들의 상태를 정상과 비정상으로 규정짓는 중요한 위치에 서게 된다. 사법 지식과 의학 지식이 교차하며 지식-권력 망에서 중요한 가닥을 형성하게 된 것이다. 사법적 판단에서 의학은 큰 비중을 차지한다. 의사의 판단에 따라 형 집행이 정지되기도 한다. 즉 재판을 담당하는 사람은 이미 판사만이 아니며, 형사소송 절차와 형의 집행에 따라 부가적인 행위들이 발생하면서 형법학 등이 새로운 지식으로 등장하게 되었다.

여기서 간과하지 말아야 할 것은 개량주의자들의 법 개혁은 새로운 부르주아 계급의 이익을 지키기 위한 수단에 지나지 않았다는 것이다. 그것은 생산력 발달과 부의 증대, 소유관계에 대한 맹종, 보다 엄격해진 감시수단 등 자본주의가 정착해가는 과정의 필요조건일 뿐이었다. 인간의 자유를 발견한 근대 계몽주의 시대는 알고 보면 규율을 '발명'한 시대였던 것이다. 즉 개량주의자들의 이러한 조치와 학문적 작업은 사회의 인간화에 기여하기는커녕 권력의 강화에 이바지하면서 인간을 고립시켰다. 감옥 안에서 죄수들을 다루는 이러한 기술은 병영·병원·공장·학교 등 소단위 권력체제를 통해 확산된다.

국가권력은 특정한 행위를 범죄로 규정하고, 그렇게 함으로써 범죄의 범주를 창출한다. 이는 다음으로 범죄 행위를 다루는 기관, 그리고 그 다음으로 범죄에 대한 책을 저술하는 범죄전문가 등을 계속해서 출현시킨다. 푸코에 따르면, 형벌체계는 범죄를 감소시키는 것이 아니라 실제로는 특정 사람들을 일탈자로 규정할 뿐이다. 사회과학적 지식은 정상성과 비정상성을 규정한다. 이들 범주는 시간에 따라 변화하면서 늘 수많은 새로운 통제방법을 만들어낸다. 여기서 권력은 생산적이라고 푸코는 규정한다.

> 이제는 '배제한다' '억압한다' '검열한다' '고립시킨다' '숨긴다' '가린다' 등의 부정적인 표현으로 권력의 효과를 기술하지 말아야 한다. 사실상 권력은 생산한다. 현실적인 것을 생산하고, 객체의 영역과 진실에 관한 의식을 생산하는 것이다. 개인과 개인에 대해 취할 수 있는 지식은 이러한 생산의 영역에 속한다.
> — 이하 『감시와 처벌』

푸코에게서는 긍정적인 순수한 지식이라든가 부정적인 권력의 놀이 등과 같은 개념은 거부되며 오직 지식-권력의 통일체들만이 문제시된다. 푸코에게 법이란 순수하게 합법성을 담지하고 있는 진리도, 그렇다고 전적으로 억압적인 이데올로기적 장치도 아니다. 그것은 그 안에서 늘 권력의 작동이 이루어지고 있는 담론일 뿐이다.

어떠한 사회에서도 사회적 육체를 구성하고 특성화하는 다양한 권력 관계가 존재하는 바, 이러한 권력관계가 성립하기 위해서는 반드시 담론의 생산과 유통이 필요하다. 왜냐하면 권력관계를 구축하는 진眞의 담론이 생산되지 않고서는 어떠한 권력의 행사도 불가능하기 때문이다. 즉 우리는 권력을 통해서 진리가眞가 생산되는 메커니즘을 빠져나올 수 없으며, 역으로 진리가의 생산 없이는 어떠한 권력도 행사될 수 없는 것이다.

푸코는 법의학·형법학·사회학·심리학·범죄학 등 각종 인간과학들이 지식-권력의 그물망으로 형성된 근대 서구 사회에서 어떻게 기능했는가를 보여주고자 한다. 이 인간과학들은 죄인을 순화하려는 목적으로, 또 성적 담론들을 생산해냄으로써 성적인 행위들을 통제하려는 목적으로 개인의 내면을 들여다보는 것이다.[111]

프랑스 사회학자 장 보드리야르는 그의 주저인 『시뮬라크르와 시뮬라시옹』(1981)에서 감옥제도는 우리가 사회라는 거대한 감옥 내에 감금되어 있다는 사실을 은폐한다고 말한다. 범죄자들을 가두는 감옥이 존재하기 때문에 우리는 우리가 사는 사회를 감옥이라고 생각하지 않는다. 즉 감옥이라는 제도를 만들어 범죄자들을 수용함으로써, 사람들은 감옥 바깥의 세상은 감옥이 아닌 것으로 인식하게 된다. 감옥과 같은 역할을 하는 장치를 보드리야르는 '저지 기계'deterrence machine라고 개념화한다.

푸코가 볼 때 근대제도의 본질적 특징은 감시이며, 그 제도의 전형은 감옥이다. 푸코는 벤담의 '판옵티콘' 개념을 이용하여 감옥의 감시체제를 설명한다. 중앙에 위치한 감시탑은 주변을 어둡게 하고 수감자의 방은 밝게 한다. 수감자는 중앙을 봐도 감독관의 부재를 인식하지 못하기 때문에 감시자의 존재는 드러나지 않으며 끊임없이 수감자를 감시할 수 있는 상태를 유지한다는 것이 판옵티콘의 핵심이다. 판옵티콘은 최소한의 비용으로 최대한의 감시 효과를 낼 수 있다. 이러한 시스템은 학교나 군대, 병원 등에서도 개인을 사회화하는 데 이용되었다. 감옥은 그저 사회의 축소판 가운데 하나일 뿐이다.

우리는 학교나 단체생활을 통해 규율에 길들여진 인간이 된다. 더구나 우리의 일상은 정보의 그물망 속에서 알게 모르게 낱낱이 기록된다. 푸코는 이『감시와 처벌』을 통해 개방적이고 민주적인 사회에서 우리는 표면적으로 자유롭지만 사실은 전혀 자유롭지 않다는 사실과, 우리의 주체적 결단이란 권력의 구조 속에서 얼마나 덧없는 환상인가를 일깨운다.

『감시와 처벌』 읽는 법

미셸 푸코의 『감시와 처벌 : 감옥의 역사』는 오생근 번역본(나남, 2003)을 참고했다. 여기에 미셸 푸코가 쓴 『담론의 질서』(이정우 역, 서강대출판부 2007)를 함께 읽으면 좋은데, 특히 역자 해설을 반드시 읽어보길 권한다.

리처드 도킨스의 『이기적 유전자』

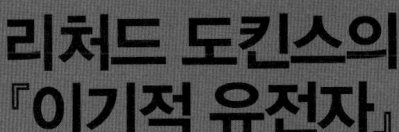

—

과학 대중화를 이끈 스타 과학자의 대표작

—

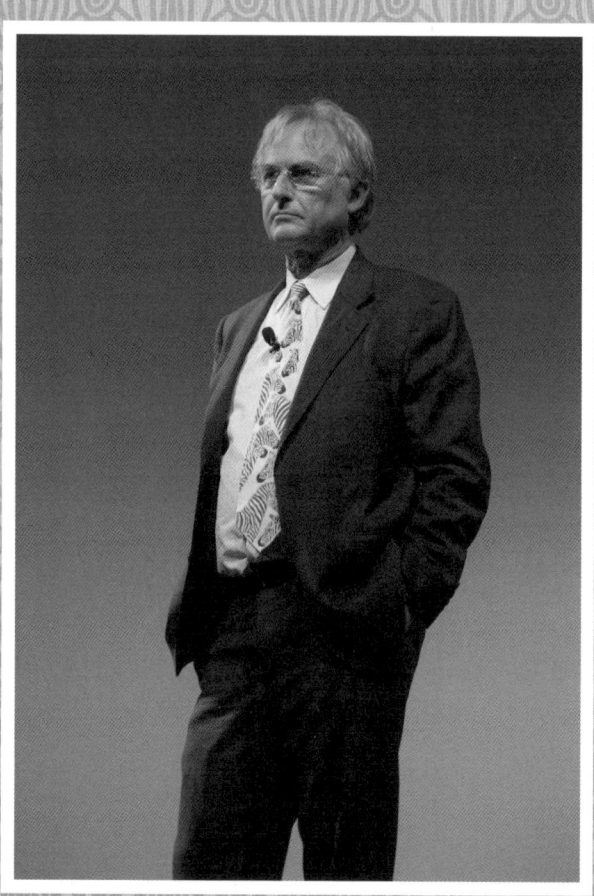

©© Shane Pope

2008년 텍사스 대학교에서의 리처드 도킨스
무신론자로서 도킨스는 종교적 선행에 대해 비판한다. "그것은 하늘에 있는 거대한 감시
카메라를 돌아보면서 혹은 당신의 머리에 둔 아주 작은 도청장치에 대고 아첨하고 비위를
맞추는 것이지 도덕이 아닙니다."

모든 유전자는, 인간은 이기적이다

우리는 생존 기계이다. 즉 우리는 로봇 운반자들이다. 유전자로 알려진 이기적인 분자들을 보존하기 위해 맹목적으로 프로그램이 만들어졌다.

그러나 마음씨 좋은 놈이 일등이 될 수 있다.
– 이하 『이기적 유전자』(을유문화사, 2006)

동물행동학자인 리처드 도킨스(1941~)는 『이기적 유전자』(1976)에서 이렇게 주장해 불멸의 과학자 반열에 올라섰다. 이어 그는 완고한 기독교 국가인 영국에서 『만들어진 신』(2006)을 펴냈다. 도킨스는 딱딱한 진화론을 인간의 본성에 빗대 서술함으로써 진화론의 입지를 끌어올렸으며, 과학의 대중화를 이끌었다는 찬사를 받기도 했다.

『이기적 유전자』의 바탕은 다윈주의와 자연선택·자웅선택 이론이다. 자연은 엄격한 생존 투쟁의 장소이고, 이 투쟁에서 이기는 것은 유리한 변이(생물에서 동일 종이나 동일 집단의 개체들이 유전적 또는 비유전적 특성에 따라 여러 가지 형질로 나타나는 현상)를 가진 개체다. 이렇게 적자가 생존하고 그 다음 세대에서도 적자가 생존하는 형태로 선택이 이루어진다.

도킨스는 "인간은 유전자의 꼭두각시"라고 말한다. 그에 따르면, 인간을 포함한 모든 생명체는 DNA 또는 유전자에 의해 창조된 '생존 기계'이며, 그러한 생존 투쟁에서 살아남아 자신의 유전자를 후세에 남기려는 '이기적인' 행동을 수행하는 존재다. 다른 생명체를 돕는 이타적 행동도 자신과 공통된 유전자를 남기기 위한 이기적 동기에서 나온 행동일 뿐이다.

도킨스는 유전자를 '갱단'에 비유한다. "성공한 시카고의 갱단과 마찬가지로 우리의 유전자는 치열한 경쟁 세계에서 때로는 몇백만 년이나 생을 계속해왔다." 즉 성공한 유전자에 기대되는 특질 가운데 가장 중요한 것은 '비정한 이기주의'다. 이러한 유전자의 이기성은 보통 이기적인 개체 행동의 원인이 된다. 이타적으로 보이는 행위도 실제로 모양을 바꾼 이기주의인 경우가 많다며 도킨스는 이스라엘 동물학자 아모츠 자하비의 연구사례를 들려준다.

자하비는 작은 사회 집단을 이루어 공동 번식하는 작은 갈색 새인 아라비아노래꼬리치레를 연구했다. 다른 많은 작은 새들처럼 노래꼬리치레도 위험이 닥치면 경고음을 내며 서로 먹이를 나누어준다. 노래꼬리치레가 동료에게 먹이를 줄 때, 훗날 먹이를 받을 것이라고 기대하고 있을까? 아니면 그 호의를 받는 새가 유전적으로 가까운 친척일까? 자하비는 뜻밖의 해석을 내놓는다. 서열이 높은 노래꼬리치레들이 서열이 낮은 새들을 먹임으로써 자신의 우위를 주장한다는 것이다. 의인화하여 표현하면 "내가 너보다 얼마나 뛰어난지 봐, 나는 너를 먹일 여유가 있어"라는 제스처다.

자하비의 관찰 결과, 노래꼬리치레는 보초를 서는 위험한 역할을 맡기 위해 적극적으로 경쟁한다. 그리고 서열이 낮은 새가 서열이 높은 새에게 먹이를 제공하려 하면, 그 관대한 행동은 완강하게 거절당한다. 개체들은 관대한 척하고 공익을 위해 위험을 감수하는 등의 비용을 들여 우월성을 드러냄으로써, 짝을 유혹하는 등 성공을 '산다'.

베블런의 '과시적 소비' 개념과 맞닿아 있는, 이른바 '포틀래치 효과'는 경쟁관계에 있는 태평양 북서부 부족 족장들이 흥청망청 잔치를 벌여서 서로 우열을 겨루는 풍습에서 따온 말이다. 극단적일 때는 한쪽이 알거지가 될 때까지 번갈아 잔치를 계속 벌인다. 이긴 쪽도 빈털터리가 되기는 마찬가지다. 자하비의 개념은 포틀래치 개념의 진화판이라고 할 수 있다.

호혜적 이타주의는 도킨스가 말하는 이기적 유전자의 핵심적 특질이다. 즉 남을 돕는 경향은 우리 유전자를 돕는 것일 때에만 나타나며, 따라서 돕는 행동은 사실상 이기적이다. 진정한 이타주의는 불가능하거나 적어도 부자연스럽다. 도킨스는 인간에게 측은지심과 같은 마음이 "왜 사라지지 않았을까?"라고 반문한다.

우리는 어쩔 수 없이 이성에게 욕망을 느끼는 것과 마찬가지로 울먹이는 불행한 사람을 볼 때 어쩔 수 없이 측은지심을 느낀다.

도킨스는 "우리는 이기적으로 태어났다. 그러므로 관대함과 이타주의를 가르치도록 시도해보자"라고 강조한다. 이것이야말로 그가 문화진화론을 주창한 이유다. 즉 종교나 도덕률은 이기적 유전자라는 갱단이 판치는 사회에서 그 비정함을 이겨낼 수 있는 문화적인 무기이다.

힘이 센 사람이 사회적으로 이긴 자가 되고 그의 유전자가 대대로 이어질 것 같지만, 도킨스에 따르면 이는 사실이 아니다. 그는 12장에 이르러 '마음씨 좋은 놈이 일등을 한다'고 강조한다.

다윈주의의 말로 번역하면, 마음씨 좋은 놈이란 자기와 같은 종의 다른 구성원들을 돕기 위해 스스로 희생하여 그들의 유전자를 다음 세대에 전하게 하는 개체이다.

이것이 바로 신다윈주의의 핵심이다. 힘을 앞세운 칭기즈칸은 몽골제국을 세웠지만 이는 수백 년간 지속되었을 뿐이다. 반면 예수는 십자가에 못 박히는 고통을 겪었지만 그의 정신을 토대로 하는 종교는 2,000년 넘게 이어오고 있는 것이다.

문화적 유전자, 밈

도킨스의 주장 가운데 특히 주목할 만한 것은 밈Meme 이론, 즉 문화 유전론이다. 밈은 도킨스가 만든 새로운 용어로서 모방을 의미한다. 밈의 예로는 곡조나 사상표어, 의복의 양식, 단지 만드는 법, 또는 아치 건조법 등이 있다. 도킨스는 밈에 대해 이렇게 정의한다.

유전자가 유전자 풀 내에서 번식하는데 정자나 난자를 운반체로 하여 몸에서 몸으로 뛰어넘는 것과 같이 밈이 밈 풀 내에서 번식할 때에는 넓은 의미로 모방이라고 할 수 있는 과정을 매개로 하여 뇌에서 뇌로 건너간다는 것이다. 만약 과학자가 좋은 생각을 듣거나 또는 읽거나 하면 그는 동료나 학생에게 그것을 전할 것이다. 그는 논문이나 강연에서 그것을 언급할 것이다. 이처럼 그 생각을 잘 이해하면 뇌에서 뇌로 퍼져 자기복

제한다고 말할 수 있다.

가령 우리가 "오늘날 생물학자는 모두 다윈의 이론을 믿고 있다"라고 가정한다 해도 모든 생물학자가 다윈의 말을 정확히 그대로 머릿속에 새겨 넣고 있는 것은 아니다. 개개의 학자는 다윈의 이론에 관해 독자적 해석을 내린다. 도킨스는 또한 "만약 다윈이 이 책을 읽는다면 거기에서 그 자신의 본래 이론을 거의 발견하지 못할 것이다"라고 말한다. 그러나 다위니즘의 본질이라고 할 수 있는 것은 이 이론을 이해하고 있는 모든 사람들의 머릿속에 현존한다.

유전자가 유전적 진화의 단위라면, 밈은 문화적 진화의 단위다. 유전 자는 하나의 생명체에서 다른 생명체로 복제되지만, 밈은 모방을 통해 한 사람의 뇌에서 다른 사람의 뇌로 복제된다. 생명체가 유전자의 자기 복제를 통해 자신의 형질을 후세에 전달하는 것처럼, 밈도 자기복제를 하여 널리 전파하고 진화한다. 그리하여 밈은 좁게는 한 사회의 유행이 나 문화 전승을 가능하게 하고, 넓게는 인류의 다양한 문화를 만들어나 가는 원동력이 된다.

종교적 밈은 인간의 행복과 평화에 기여하기도 하지만 그 유전자의 이기적 특성으로 인해 잔혹한 세상을 만드는 데 원인을 제공하기도 한 다. 대표적인 종교적 밈을 꼽는다면 "당신은 죽어도 살 것이다" "이교도, 신성모독자, 배교자는 죽여야 한다"라는 등의 율법이 아닐까 싶다.

> 밈 복합체는 혼자서는 뛰어난 생존가라 할 수 없을지라도 밈 복합체의
> 다른 구성원들과 함께라면 뛰어난 생존가가 될 수 있는 밈들의 집합이다.
> ─『만들어진 신』(김영사, 2007)

또 도킨스는, 일부 종교 개념들은 밈풀Meme pool(혹은 밈복합체)에서 다수를 이루고 있는 다른 밈들과 화합함으로써 생존한다고 주장한다. 종교음악이나 마리아 상 등의 성상을 예로 들 수 있을 것이다. 이러한 밈은 종교적 신념을 강화한다. 도킨스는 "유전자는 이기적 행동만 하면 아무것도 얻지 못한다"라면서 "유전자가 다음 세대로 전달되려면 다른 유전자들과 협력"해야 한다고 강조한다.

밈과 유전자는 서로를 보강해주는 관계이지만 때로는 서로 대립하기도 한다. 예컨대 독신주의의 습관 같은 것은 유전적으로 전해지는 것이 아니다. 도킨스는 독신주의를 발현시키는 유전자는 유전자 풀 속에서 실패하게 돼 있지만 독신주의의 밈은 밈풀 속에서 성공할 가능성이 있다고 말한다.

독신주의의 밈은 성직자들로부터 아직 인생의 목표를 정하지 않은 소년들에게 전해진다. 전달의 매체가 되는 것은 각종의 인간적 영향력을 가지는 것, 예컨대 언어, 문자, 개인의 전례 등이다. 독신주의는 다수의 상태 좋은 종교적 밈이 만들어내는 거대한 복합체의 작은 파트너이다.[112]

즉 미디어에서 사회적으로 존경받는 성직자(독신)에 대해 조명하는 프로그램을 방영하거나 강연을 한다면 이는 청소년들에게 영향을 미치게 되고 장차 성직자를 꿈꾸는 것으로 이어질 수 있다. 독신주의 밈이 문화적으로 전승되는 셈이다.

도킨스는 우리가 사후에 남길 수 있는 것은 두 가지, 즉 유전자와 밈이라고 말한다. 우리는 유전자를 전하기 위해 만들어진 유전자 기계이다. 그러나 유전자 기계로서의 우리는 3세대 정도만 경과하면 희미해지고 말 것이다. 자식이나 손자는 우리와 어딘가 닮은 점을 가지고 있을 것이다. 얼굴과 모양새, 또는 음악적 재능이 닮을지도 모른다. 그러나 세대가 지날 때마다 우리의 유전자의 기여는 반감된다. 그 기여도는 머지않아 무시해도 좋은 정도가 될 것이다. 유전자 자체는 불멸일지 몰라도 각자의 유전자 집합은 붕괴될 운명에 있다. 즉 "우리는 번식이라는 과정 속에서 불멸을 구할 수는 없다."[113]

그러나 문학이나 예술, 혹은 위대한 인물들이 남긴 문화 유전자, 즉 밈들은 오랫동안 기억 및 보존된다. 유한한 인간을 구원하는 것은 예술이라던 현자들의 말을 밈으로 설명할 수 있는 것이다.

> 자연선택을 보는 데에도 두 견해, 즉 유전자의 각도와 개체의 각도가 있다. 이 두 견해를 제대로 이해한다면 두 가지 견해 모두가 동등한 것일 수 있다. 즉 같은 진실에 대한 두 관점이 존재하는 것이다.
> – 『이기적 유전자』

도킨스는 자연선택의 다윈주의를 근거로 하면서도 새로운 패러다임으로 유전자에 접근한다. 다윈이 개체의 특성에 주목했다면 도킨스는 유전자의 특성에 주목한 것이다. 또한 문화 유전자에 착안해 '밈'이라는 신조어를 제시하면서 이 또한 자연선택에 의해 진화한다고 보았다. 모든 이론이 그렇듯이 완전히 새로운 것은 없다. 새로운 이론은 기존의 이론을 더 다듬고 보완하고 발전시킨 것인데, 이는 새로운 관점에서 접근할 때 가능하다.

『이기적 유전자』 읽는 법

리처드 도킨스의 『이기적 유전자』는 을유문화사의 개정판(2006)을 인용했다. 여기에 도킨스의 또 다른 명저인 『만들어진 신』(김영사, 2007)에서는 종교를 밈으로 분석한 부분을 참고했다. 또한 『리처드 도킨스 : 우리의 사고를 바꾼 과학자』(앨런 그래편 외 엮음, 을유문화사, 2007)에는 도킨스에 대한 찬반 비평이 실려 있어 흥미롭다.

더글러스 호프스태터의 『괴델, 에셔, 바흐』

—

인공지능에 대해 질문한 선구적 저작

—

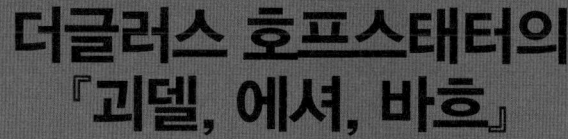

94

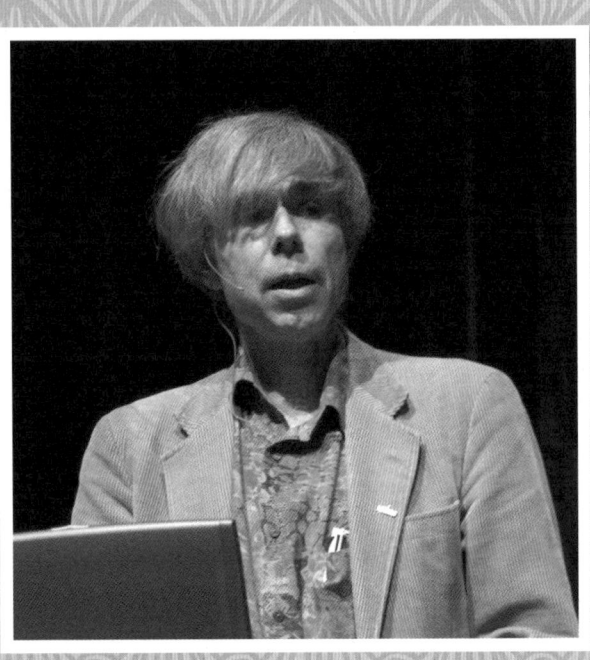

2006년 연설 중인 더글러스 호프스태터
인공지능은 의식을 가질 수 있을까? 더글러스 호프스태터는 명저 『괴델, 에셔, 바흐』에서 인간의 정신 과정이나 의식은 계산 가능하며 어쩌면 인공지능도 의식을 가질 수 있으리라고 조심스럽게 말한다.

무한히 상승하는 캐논처럼!

자아, 마음, 의식은 인간의 오랜 탐구 과제였다. 우리는 인간과 동일한 수준의 인공지능의 가능성도 마찬가지의 호기심으로 탐색해왔다. 이세돌과 '알파고'의 대결에서 보듯이 인간의 지능을 능가하는 인공지능이 현실화되었고, 기계가 인간의 통제를 벗어나고 있는 것 아니냐는 우려마저 나오는 상황이다.

더글러스 호프스태터(1945~)는 명저 『괴델, 에셔, 바흐』(1979)에서 인간의 정신 과정이나 의식은 계산 가능하며 어쩌면 인공지능도 의식을 가질 수 있으리라는 답을 조심스럽게 내놓는다. 인지과학자인 저자는 이러한 의문에 대한 답의 일부를 괴델의 수리논리학적 정리와 에셔와 바흐의 예술 작품에서 찾아낸다.

호프스태터는 이 책에서 괴델, 에셔, 바흐라는 서로 다른 세 분야의 전문가들을 하나의 공통점으로 묶어서 설명하는데, 바로 '재귀순환'self-reference이라는 개념을 통해서다. 재귀순환은 '자기 자신' 또는 '자기 참조'라는 말로도 번역되는데, 돌림노래인 캐논처럼 꼬리에 꼬리를 물고 다시 반복되고 원래의 상태로 되돌아오는 현상을 일컫는다.

괴델은 아리스토텔레스 이래 가장 위대한 논리학자로 회자된다. "한 번은 아인슈타인이 내게(오스트리아 경제학자 오스카 모르겐슈테른) 고백하기를, 그저 괴델과 함께 집으로 걸어오는 특권을 누리기 위해 연구소에 간다고 말했습니다."[114] 우리는 먼저 괴델의 정리를 이해해야 한다. 바흐와 에서의 그림은 괴델의 '불완전성의 정리'로 연결되기 때문이다. 괴델의 정리는 "어떤 정리가 참이라 해도, 그것을 수학적으로 증명하는 것이 불가능할 수 있다"라는 것으로 요약된다.

크레타의 철학자 에피메니데스는 다음과 같이 주장한 바 있다. "모든 크레타 사람들은 다 거짓말쟁이다." 이로부터 무슨 결과를 끄집어낼 수 있을까? 만약 에피메니데스가 말한 것이 참이라면, 자신이 말한 대로 실은 그는 거짓말을 하고 있는 것이다. 그런데 그가 말한 것이 거짓이라면, 그것은 그 자신의 진술과 부합한다. 괴델은 이러한 모순을 수학에 대입했고, 이를 통하여 수학이 지금까지 누려온 자명성을 송두리째 뒤흔들어놓았다.

괴델은 수학의 논리주의에 입각해 어떤 체계가 주어졌을 때, 그 체계 내에서는 증명될 수 없는 명제가 항상 존재할 거라고 결론지었다. 제한된 체계 안에서 왜 일부 정리를 증명할 수 없는지에 대한 이런 의문점은 컴퓨터 조작 체계를 빗대어보면 쉽게 이해할 수 있다. 컴퓨터로 문서를 작성하고 있을 경우, 우리는 많은 일을 할 수 있다. 쓰고, 다음 칸으로 이동하고, 정보를 덧붙이거나 잘라내고, 다른 곳에 있는 그림이나 공식을 삽입할 수도 있다. 그러나 작성 중인 문서 안에서 문서 자체(파일)를 삭

제할 수는 없다. 그렇게 하려면 그 문서에서 빠져 나와, 더 큰 체계 안에서 조작해야 한다.

괴델이 발견한 것은 비록 순수한 수들 사이에 참인 관계들이 존재할지라도, 연역논리의 방법들은 너무 취약해 우리는 그러한 모든 사실들을 증명할 수 없다는 것이다. 달리 말하면 "진리는 증명보다 크다"는 것이다.

호프스태터가 이 책에서 다루는 두 번째 인물은 바흐다. 바흐는 〈푸가의 기법〉을 쓰다 세상을 떠났다. 말하자면 미완의 곡인 셈이다. 바흐곡을 이해하는 열쇠는 캐논과 푸가이다. 캐논은 하나의 성부에서 주제가 등장하면, 시간 차이를 두고 다른 성부가 주제를 그대로 모방하여 좇아간다. 즉 하나의 주제를 스스로에게 다시 적용하는 형식이다. 가장 간단한 캐논은 '시계는 아침부터 똑딱똑딱'과 같은 돌림노래이다. 캐논이 '모방'의 형식이라면, 푸가는 '모방'과 '응답'의 원리를 종합한 형식이다. 캐논과 푸가는 무한히 반복된다.

〈음악의 헌정〉에 나오는 캐논 가운데 매우 특이한 것이 하나 있다. 모든 성부는 출발 당시보다 정확히 한 옥타브 높아지고, 이 지점에 이르면 음악적으로 납득할 만한 방식으로 종료될 수 있다. 그러나 바흐는 의심의 여지없이, 이 과정이 무한으로 진행될 수 있다는 논리적 결과에 매료되었다. 바흐는 악보 가장자리에 다음과 같이 써놓았다. "전조가 상승할수록 전하의 영광 또한 높아지리라!" 이 캐논이 무한 영역으로 간다는 것을 강조하기 위해서 호프스태터는 이를 '무한히 상승하는 캐논'이라고 부른다.

이 캐논에서 바흐는 우리에게 '이상한 고리'Strange Loops라는 개념의 첫 번째 보기를 제공한다. '이상한 고리' 현상은 위계체계(여기서는 음악의 조성이다)를 이동시키다가 예기치 못하게 다시 출발점에 도달하는 경우에 언제나 출현한다. 호프스태터는 이상한 고리가 출현하는 체계를 기술하기 위해 '헝클어진 위계질서'Tangled Hierarchy라는 용어를 쓴다.

또한 바흐는 '두문자행렬 대위법'을 〈푸가의 기법〉에서 사용했다. 두문자행렬이란 종종 어떤 낱말이나 이름을 숨겨놓는 것을 말한다. 이를 호프스태터는 거북이가 아킬레스에게 설명하는 형식으로 풀어놓는다.

> "사실 바흐는 이 선율을 그의 가장 복잡한 작품 중의 하나인 〈푸가의 기법〉 종결부 대위법에 교묘하게 삽입한 거지. 그게 곧 그의 최후의 푸가가 되었다네. 그 곡을 처음 들었을 때는 그 곡이 어떻게 끝날 것인지 종잡을 수 없었어. 그냥 갑자기 예측할 수 없는 곳에서 멈추고는 죽음 같은 정적이 흐르니 말이야. 하지만 나는 그것이 곧 바흐가 죽는 그 순간임을 알아차렸지. 형용할 수 없는 비통한 순간이었다네. 어쨌든 B-A-C-H는 푸가의 마지막 주제라네. 그 곡 안에 숨어 있는 것이지."
>
> – 이하 『괴델, 에셔, 바흐』(까치, 1999)

이상한 고리의 대가

호프스태터는 네덜란드 화가인 에셔(1898~1971)만큼 이 '이상한 고리' 개념을 시각적으로 훌륭하고 확실하게 설명한 사람은 없다고 강조한다. 그의 작품은 대부분 이율배반, 착시 또는 중의성에 기반을 두고 있다. 에셔의 그림을 보고 가장 먼저 매력을 느낀 사람들은 수학자였는데, 그의 작품이 종종 대칭 또는 패턴이라는 수학적 원리에서 기인한다는 점에서 볼 때 놀라운 일은 아니다. 에셔의 그림은 그런 대칭이나 패턴 이상의 무언가를 함축하고 있으며, 이상한 고리야말로 그의 작품에 가장 빈번한 모티프 가운데 하나다. 예를 들어 L.S. 펜로즈의 계단에서 착상한 〈올라가기 내려가기〉(1960)와 펜로즈의 아들인 로저 펜로즈의 삼각형에서 착상한 〈폭포〉(1961)라는 석판화가 대표적이다.

호프스태터는 "바흐와 에셔는 하나의 주제를 두 개의 상이한 '조'調로 연주하는 것이다. 즉 바흐는 음악으로, 에셔는 조형미술로 말이다"라고 하며, 바흐의 음악과 에셔의 그림에서 유사성을 발견해낸다.

예를 들면 어느 그림의 한 층위는 분명히 환상이나 공상으로 인식되는 반면에 다른 층위는 현실로 인식될 수 있다. (…) 그런데 이 층위들의 연쇄가 직선으로 진행되지 않고 하나의 고리를 형성한다면 어떻게 될까? 그렇게 된다면 무엇이 현실이고 무엇이 환상인가? 반은 현실이고 반은 신비적인 여러 개의 세계를 엮어냈을 뿐만 아니라, 관찰자를 그림 안으로 끌어들이는 이상한 고리로 가득 찬 세계를 실제로 그려낼 수 있었다는 점, 바로 거기에 에셔의 천재성이 있는 것이다.

괴델의 정리, 에셔의 그림, 바흐의 음악의 공통점은 이들 모두가 수학적인 다층구조를 이루고 있으며, 이 층들은 서로 엉켜 있다는 것이다. 최상 층위는 최하 층위에 의하여 규정되고 다시금 최상 층위가 최하 층위로 소급되어 영향을 미치면서, 층위 간에 상호작용이 일어난다.

호프스태터는 역설을 내포하고 있는 이러한 다층구조의 엉킴 자체가 바로 자아self의 진정한 모습이며, 이 다층구조 속에 엉켜 있는 이상한 고리가 뉴런들의 숲으로부터 어떻게 의식이 창발하는가를 시각적으로 보여준다고 말한다. 임의로 연결된 수백 억 또는 그 이상의 반독립적인 뉴런들로 뒤엉켜 있는 두뇌는 수학과는 판이하다. 그래서 수학자들이라면 진짜 두뇌의 신경망을 연구하려고 하지는 않을 것이다. 두뇌와 같이 복잡한 체계를 이해하는 유일한 방법은 점점 더 높은 층위에서 응축하는 것이다. 이때 층위가 높아질 때마다 정확성을 약간씩 상실하는 것은 감수해야 한다. 가장 높은 층위에서 출현하는 것은 복잡하고 수많은 규칙들을 따르는, 이른바 '비형식체계'이다. 인공지능 연구의 핵심은 인간의 두뇌가 가지고 있는 비형식체계를 규명하는 것이다.

호프스태터는 이러한 엉킨 고리를 구성하고 있는 다층구조의 모습을 토대로 인공지능의 가능성을 옹호한다. 컴퓨터에는 기호를 조작하는 낮은 층위만 있는 것이 아니라 높은 층위도 있으므로 괴델의 정리가 인공지능의 가능성을 제약하지 않는다는 것이다.

호프스태터에 따르면 인공지능이 인간의 지능과 다른 점은 '체계(두뇌)로부터 벗어나느냐 벗어나지 않느냐'이다. 체계(두뇌)는 하나의 형식적이며 은폐된 하드웨어 층위를 가지는데, 그것은 그 안에 물리적으로 구축된 규칙들에 따라서 그리고 그것에 부과된 신호입력에 의거해 어떤 상태를 다른 상태로 변환한다. 인공지능은 프로그래밍된 내부 체계만을 따른다. 호프스태터는 "수행하는 과제로부터 스스로 벗어나서 무엇이 이루어졌나를 판단하는 것은 지능의 고유한 속성이다. 그래서 지능은 늘 패턴을 탐색하고 종종 찾아낸다"라고 설명한다.

'체계에서 벗어나기'를 독서 예시를 통해 파악해보자. 책을 읽는 인간은 점점 졸릴 수 있다. 그래서 책을 끝까지 읽지 않고 내동댕이치고 전등을 끌 수도 있다. 호프스태터는 "그러한 인간은 '체계로부터 벗어나는' 것이며, 그것은 우리의 가장 자연스러운 일상사"라고 말한다.

호프스태터는 캐나다에서 열린 컴퓨터 체스 대회를 통해 '체계에서 벗어나기'를 설명한다. 승부가 나기 전에 시합을 끝내는 진귀한 속성을 가진 프로그램이 선을 보였다. 그 프로그램은 체스를 썩 잘 두지는 못했지만 적어도 판세가 희망이 없으면 지리멸렬한 장고를 늘어놓는 여타 프로그램들과는 달리 즉시 시합을 포기할 수 있는 장점을 가졌다. 지기는 하지만 품위를 지킨다고 할까. 이때 체계를 '체스 판에서의 행마行馬'로 정의한다면 이 프로그램은 그 체계를 떠나는, 세련되면서도 미리 프로그래밍된 능력을 가졌음에 틀림없다. 다른 한편으로 체계를 '컴퓨터가 할 일을 하도록 프로그래밍된 체계'로 파악한다면, 그 컴퓨터는 의심의 여지없이 체계를 떠나는 능력을 전혀 가지지 않은 것이다.[115]

생태신학자인 메리 에블린 터커 예일대 교수는 인공지능이 의식을 가질 수 있다고 조심스럽게 예측한다. 지금까지의 단계에서는 인공지능은 의식은 없고 지능만 있다. 그러나 인공지능이 인간이 만든 빅데이터를 통해 감정을 읽어들이고 이에 대해 대응한다면 이 또한 의식을 가지고 있다고 할 수 있지 않을까. 그때가 되면 인간은 인간이 만든 인공지능을 통제하지 못하는 재앙이 일어날 수도 있다고 터커는 말한다.[116] 인간이 자신이 만든 신을 위해 살인을 저지르고, 자신이 만든 국가에 의해 자유를 박탈당하고, 자신이 만든 기업에 의해 노동 소외와 착취를 경험하는 것처럼.

인공지능 알파고와 이세돌 9단과의 바둑 대결(2016) 제4국에서 알파고는 180수 만에 모니터에 'AlphaGo resigns'(포기한다)는 메시지를 띄우고 패배를 인정했다. 구글 딥마인드가 밝힌 바에 따르면 알파고는 스스로 계산한 승률이 10퍼센트가 안 되면 돌을 던진다. 알파고는 체계로부터 벗어나는 것이 가능해진 것이다.

우리가 지능을 가지는 프로그램을 만들었다면, 우리는 무엇이 지능이고 무엇이 의식인지 그리고 무엇이 자유의지이고 '나'인지를 이해하게 될까? 호프스태터는 이렇게 자문한 뒤, 어떻게든 알게 되리라고 신중히 말한다.

> "우리는 그것에 관한 수학적인 연산을 할 수는 있지만, 아마 지능과 의식의 신비를 직관적으로 이해할 수 있는 자는 아무도 없을 거야. 우리들 각자는 다 사람들을 이해할 수 있지만, 그것은 늘 근사치에 불과할 거야."

호프스태터의 이 문장에 그가 이 책에서 말하고자 하는 핵심적인 내용이 모두 응축되어 있다. 인간은 다른 사람의 행위, 나아가 자신의 행위마저 제대로 이해하지 못하는 경우가 많다. 자신뿐 아니라 누군가를 이해한다는 건 늘 근사치에 불과한 것이다.

이 글을 마무리하면서 다시 바흐의 〈푸가의 기법〉을 들어본다. 인간의 역사와 과학과 우주가 끝없이 무한 상승하거나 반복되는 모습을 상상해본다. 바흐는 죽음을 앞두고 〈푸가의 기법〉을 남겼다. 21세기 인간은 우리 자신보다 지능이 뛰어난 인공지능을 만들어냈다. 이러한 발전과 상승이 가져올 결과가 모쪼록 긍정적인 것이기를 간절히 바란다.

『괴델, 에셔, 바흐』 읽는 법

더글러스 호프스태터의 『괴델, 에셔, 바흐』는 까치에서 1999년 출간한 책을 참고했다. 여기에 애머 액젤의 『무한의 신비』(승산, 2002), 존 캐스티·베르너 드파울리의 『괴델』(몸과마음, 2002), M.C. 에셔의 『M.C. 에셔, 무한의 공간』(다빈치, 2004)을 더했다. 이 책은 꽤 난해하기 때문에 참고서를 먼저 읽기를 권하고 싶다.

아울러 바흐의 〈음악의 헌정〉과 〈골드베르크 변주곡〉 〈푸가의 기법〉도 반드시 들어보길 권한다.

왕멍의 『변신 인형』

—

중국 현대문학의
대표작

—

1900년 전후의 베이징 모습
루쉰의 전통을 계승한 왕멍의 소설은 20세기 중국의 파란만장한 역사와 그 속의 삶을 정직하게 대면한다.

이상은 현실을 개조하지만, 현실도 이상을 개조한다

우리는 현대 중국을 얼마나 많이 이해하고 있을까? 서구 출신 작가나 작품은 줄줄이 꿰면서도 중국 출신 작가와 작품은 루쉰과 그의 『아Q정전』 정도를 꼽는 것이 고작이다. '세계의 굴뚝'이 된 중국은 한국의 정치·경제를 좌우할 만큼 영향력 있는 국가로 급부상했다. 우리가 중국의 사회와 역사, 예술 등에 대해 좀 더 관심을 가져야 할 이유이다.

20세기 중국 소설에서 두 작가를 꼽으라면 전반기의 루쉰과 후반기의 왕멍 두 사람이다.

1987년 출간된 왕멍(1934~)의 『변신 인형』을 번역한 전형준의 말이다. 한국에서는 『논어』 『주역』 등 중국의 고전을 오랫동안 익히고 공부해왔지만 현대 작가의 작품들은 루쉰 등 소수만이 알려졌다. 왕멍 또한 한국에는 널리 알려져 있지 않지만 중국의 대표적인 지식인이자 매년 노벨문학상 후보로 거론되는 작가다.

왕멍은 1948년 14세의 나이로 중국혁명에 뛰어들어 지하당원이 되었고, 1958년 우파로 낙인찍혀 16년간 신장에 유배되었다. 1979년 복권되어 베이징으로 귀환한 그는 1986~89년에 문화부장관을 역임했다.

왕멍의 대표작인 『변신 인형』은 1940년대 초 베이징 시내 한 가정의 이야기로, 47세의 니자오가 1980년 6월 독일에서 과거를 회상하는 형태로 서술된다. 그가 회상하는 것은 아버지 니우청에 관한 것이다. 대학 강사인 니우청은 중국의 봉건적 문화를 혐오하고 서구 문명을 동경한다. 니우청의 집에는 아내 장징이와 과부가 된 장모 장자오, 역시 과부인 처형 장징전이 함께 살고 있는데 그는 집안을 전혀 돌보지 않고 밖으로만 나돈다. 니우청은 아내를 비롯한 세 여자의 '공공의 적'이다. 이들 사이에는 크고 작은 싸움이 그칠 날이 없다.

1942년 가을 어느 날, 사흘간 집에 들어오지 않은 남편의 귀가를 기다리며 장징이가 벼르고 있다. 사흘 동안 봉급을 다 쓰고 돌아온 니우청과 세 여자 사이에 한바탕 '악전'이 벌어진다. 쫓겨난 니우청은 폭음을 하고 한밤중에 비를 맞으며 돌아와 쓰러진다. 폐렴에 걸린 니우청은 몇 달간 집에서 요양을 하고, 그 사이에 장징이가 임신을 한다. 장징이의 임신에 충격을 받은 니우청은 이혼을 결심하고 건강이 회복되자 은밀히 변호사를 찾아 상담한다. 이 사실을 알게 된 장징이는 친지들을 초대한 회식 자리에서 니우청을 탄핵한다. 그날 밤 니우청은 나무에 목을 매는데 끊어졌던 숨이 되살아난다. 죽었다 살아난 니우청은 혼자 베이징을 떠난다. 소도시에 정착한 니우청은 일제 협력자로 변신한다.

작가는 니우청을 통해 개인을 억압 속으로 내모는 봉건적 관습을 고발한다.

중국에는, 병적 상태를 미美로 보고, 억압받고 학대받는 것을 미로 보는 특유의 관념이 있었다. 그래서 전족을 좋아했다. 분재도 병매病梅를 좋아했다. 폐병 3기의 임대옥(『홍루몽』의 주인공)과 정신분열(몽유병자)의 두여랑(『춘향전』에 영향을 준 명대의 『환혼기』의 주인공)을 좋아했다. 중국 처녀들은 언제쯤에나 운동선수같이 건강하고 쾌활해질 수 있을까?

 ─ 이하 『변신 인형』(문학과지성사, 2004)

급기야 니우청은 "온통 불화와 적의만으로 이루어진 듯이 보이는 그 부정적인 삶들은 차라리 폐기되는 편이 나을 것 같다"라고 말한다. 왕멍은 소설 속에서 젊은 니자오를 통해 그러한 삶들의 폐기를 주장한다. 니자오는 이모와 외할머니를 반동분자로 고발해버린다. 이모는 니자오의 문학선생 노릇을 해주었던 인물이다. 훗날 니자오는 문화대혁명의 와중에 변방으로 이주당하면서 이모를 모셔와 동고동락하며 살고자 했다. 이모는 그가 새롭게 둥지를 튼 곳에 도착하자마자 죽는다.

이 작품의 제목으로 쓰인 '변신 인형'은 상징적 의미를 가지고 있다. 변신 인형은 세 가지 부분으로 나뉘어 아이들이 직접 알맞게 몸을 맞출 수 있도록 만들어진 장난감이다.

그(니우청)는 한참 걸려 색채가 화려한, 나고야에서 만든 '변신 인형'을 찾아냈다. 책처럼 생겼지만 전부 그림이었다. 머리, 상반신, 하반신 세 부분을 다 따로따로 떼어낼 수 있었다. 그래서 '변신 인형'이라고 했다.

여기서 변신 인형은 니우청이다. 말하자면 니우청은 이 셋이 화목을 이루지 못하는, 세 여성과 잘 지내지 못하는 불구의 변신 인형인 셈이다. 이는 의사인 자오상퉁이 니우청에게 하는 말에서 엿볼 수 있다.

"모든 사람은 세 부분으로 이루어졌다고 할 수 있네. 그의 마음, 그의 욕망과 원망, 그의 환상, 이상, 추구, 희망, 이것들이 그의 머리지. 그의 지식, 그의 재능, 그의 자본, 그의 성취, 그의 행위, 행동, 인간관계, 이것들이 그의 몸이고, 그의 환경, 그의 지위, 그가 어떤 장소에 서 있는가, 이것들이 그의 다리지. 이 셋이 화목할 수 있고, 대체로 조화될 수 있고, 적어도 서로 용납할 수만 있으면 살 수 있지. 그렇지 않으면 번뇌만이 있고 고통만이 있네."

자오상퉁은 이어 니우청에게 "자넨 뭔가? 자넨 그 알량하고 얄팍한 장난으로 배도 못 채우고 처자도 못 먹여 살리면서, 그래 중화의 문명과 전통의 도덕을 멸시하는 건가?"라고 타박한다.

"제대로 서지도 못하면서 무슨 문명이니 진보니 행복이니 헛소린가! 저 하나의 탐욕을 내세우면서, 뜻만 크고 재주는 없고, 구름 속 안개 속을 헤매는 것, 그게 바로 야만이네."

자오상퉁의 말은 1940년대 중국인들의 우매함을 고발하는 것이라고 할 수 있다. 루쉰이 그랬던 것처럼 말이다. 중국의 전통을 업신여기고 서구의 것을 추종한 결과 니우청과 같은 인물로 가득한 세상이 되고 말았다는 자기반성이리라.

자오상퉁은 서양의학을 공부한 인물이지만 중국의 도덕을 숭상하는 도학자로 나온다. 자오상퉁은 열네 살에 모친의 강요에 의해 다섯 살 위인 문맹이고 마마 자국이 있는 여성과 결혼했다. 유학 후에 축첩은커녕 미인들의 고백을 거절하면서 아내와 신의를 지켰다. 아내가 소실을 하나 더 두어도 괜찮다고 해도, 딸만 둘이고 아들이 없으니 따로 살림을 차리라는 권유에도, "내 비록 서양 의술과 서양말과 서양 약을 배웠지만, 나는 진정으로 중국 도덕을 지닌, 마음으로도 어지러워지지 않는 사람"이라며 거절한다. 자오상퉁은 거의 모든 점에서 니우청을 꼼짝 못하게 짓눌렀다.

하느님이 자오상퉁을 내신 것은 니우청을 짓누르기 위한 것인 듯했다. (…) 가장 두려운 것은 서양 말 서양 학문 서양 의학 서양 일에 정통한 이 고향 사람 자오상퉁이 그토록 도학적이고 그토록 정통적이라는 것이었다. 더욱이 두려운 것은, 자오상퉁이 그렇게 할 때 아무리 해도 가식이나 허위를 찾아볼 수 없다는 것이었다.

자오상퉁이 도덕적인 인간이라면 니우청은 그와 반대되는 인간형이다. 하지만 작가 왕멍은 이 소설에서 자오상퉁도 니우청도 이모와 외할머니를 반동분자로 고발한 니자오도 중국을 구할 이상적인 인간상으로 그리지 않는다.

누가 오셔서 우릴 구해주려나

이 작품이 그리는 것은 등장인물들의 부정적인 모습 자체가 아니라 봉건적인 것이 어떻게 인간의 영혼을 파괴하는가, 어떻게 인간을 악으로 물들이는가 하는 것이다. 그 묘사는 한 가족으로부터 사회 전체로, 식민지 반봉건 사회로부터 여전히 봉건성에 침윤되어 있는 사회주의 중국 사회로, 더 나아가서는 20세기 중국 역사 전체로까지 확대된다. 봉건 사회의 음습한 그늘은 지금까지도 인간의 영혼 깊숙이 드리워져 있다. 이를 극복하는 것은 역사적·실존적 문제다. 여기서 파괴되는 인간들 개개인은 한편으로 자신도 그 파괴 행위에 일정 부분 가담하고 있는 가해자이기도 하다.

중국의 20세기는 그야말로 파란만장했다. 외세의 침탈과 봉건적 군벌 정부의 지배, 국민당 정권의 성립 이후에도 계속되는 중일전쟁, 국민당 통치 지구와 공산당 통치 지구, 일본 점령 지구의 병존, 국공 내전, 중화인민공화국의 성립, 마오쩌둥의 실각과 좌우 대립, 문화대혁명, 현대화와 개혁개방, 1989년 6월 4일 천안문 사태, 사회주의 시장경제. 이렇게 주요한 표지들만 나열해보아도 20세기 중국이 얼마나 복잡하고 혼란스러운 과정을 거쳐왔는가를 파악할 수 있다.

루쉰 전통을 계승한 왕멍의 소설은 1940년대부터 문화대혁명까지 사회주의 중국의 분투와 영광, 실패와 상처를 짊어지고 개혁개방에서 사회주의 시장경제에 이르는 새로운 시대와 삶을 정직하게 대면한다.

> 지식인이, 서양 유학도 했고 해방구에도 갔던 사람이 어떻게 그 모양일 수 있단 말인가? 니자오는 아버지가 어떤 부류의 사람인지 판정할 수 없었다. 지식인? 사기꾼? 미치광이? 바보? 호인? 매국노? 노혁명가? 돈키호테? 극좌파? 극우파? 민주파? 기생충? 매몰된 자? 못난이? 철부지? 쿵이지? 아큐? 가짜 양놈? 로댕? 오블로모프? 머리 나쁜 장사꾼? 독사? 낙오자? 초전위파? 쾌락주의자? 건달? 모리배? 책벌레? 이상주의자?

니자오가 아버지에 대해 생각하는 이것이야말로 100년 동안 중국인들을 지배한 혼란한 상이 아닐까 싶다. 이 소설에는 중국인들이 가장 즐겨 읽는 소설인 『홍루몽』에 나오는 "끝없는 세월, 끝없는 세월, 누가 오셔서 우릴 구해주려나"라는 대목이 인용되는데, 왕멍은 중국인, 바로 그들 자신만이 오래된 인습을 타파하고 중국을 구해낼 수 있다고 강조하는 듯하다.

> 이상은 현실을 개조하지만, 이상은 반드시 현실의 노력을 통해 현실을 개조해야 하고, 그렇기 때문에 현실도 이상을 개조한다. 이 과정은 비록

고통스러운 것이지만 그래서 오히려 큰 의미가 있는 것이다.

왕멍이 『변신 인형』 '작가의 말'에 쓴 문장이다. 이 문장에서 왕멍은 삶의 모순이라는 현실을 배제한 이상이 실은 얼마나 인간을 억압하는 것인지를 고발한다. "현실은 이상을 개조한다. 아니, 이상은 현실에 의해 개조되어야 한다."[117] 문화대혁명 등 정치적 이상을 실현하려다 도리어 역사의 시계를 거꾸로 되돌린 중국 권력자와 중국인들에게 정치적 각성제를 주사하려는 듯한 호소다.

왕멍 자신도 23세 때인 1957년 반우파투쟁에서 우파분자로 낙인찍혀 하방당했다. 이후 1973년까지 16년 동안 그는 위구르로 유배되어 글을 쓰지 못했다. 이 소설에서 작가의 분신으로 나오는 니자오는 1950년 정치운동에 휩쓸려 서북의 변방으로 가야 했다.

인생 몇 십 년, 이 시간은 저마다 분위기가 다른, 사람을 탄식하게 하는 이야기를 엮어내는 데 충분한 시간이다.

이 소설을 읽는 독자들을 탄식하게 만드는 것은, 자신의 의지와는 달리 국가 혹은 정치권력에 의해 황폐화되는 인생의 파노라마이다. 문득 장자의 '빈 배'의 우화가 떠오른다. 고요하게 있으려는 인간을 흔드는 것, 그것이 무엇이든 가만히 생각하며 실체를 파악하지 않으면, 자신의 실존을 위협하는 것으로부터 눈을 돌리면, 우리의 삶은 불명의 고통으로 가득 차버리게 된다. 문학이 주는 즐거움과 의미는 이런 것이다. 탄식으로 왕멍의 인물들을 만나면서, 나 자신을 흔드는 것은 무엇인지 직시해보는 기회를 가져보는 것 또한 의미 있을 것이다.

『변신 인형』 읽는 법

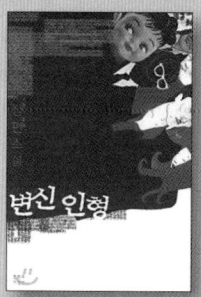

이 소설은 23장에 속집 5장이라는, 다소 복잡한 구성으로 이루어져 있다. 첫째 이야기는 언어학자가 된 니자오가 1980년 독일을 방문해 겪는 이야기다. 니자오는 아버지의 옛 친구인 한 독일인 학자의 집에서 '난득호도' 難得糊塗(어리석어지기가 어렵다는 뜻)라는 정판교의 글씨를 보고, 오랫동안 잊고 있던 베이징에서 보낸 유년 시절을 회상한다. 이것이 제1장이고, 제2장부터 제23장까지는 1942~43년에 겪은 일이 서술된다. 셋째 이야기는 속집 5장으로 구성된 마지막 부분으로, 니자오가 유럽에서 귀국한 뒤의 이야기다.

왕멍의 『변신 인형』은 전형준이 번역해 문학과지성사에서 2004년 출간했으며, 여기서도 그 출간본을 인용했다. 참고할 만한 글은 전형준의 「삶의 진정성에 대한 성찰 : 왕멍의 '변신 인형'」이다. 이 글은 『동양의 고전을 읽는다 4 : 문학(하)』(휴머니스트, 2006)에서 읽을 수 있다. 왕멍의 자전적 에세이인 『나는 학생이다』(들녘, 2004)를 함께 읽으면 그의 삶과 사상을 이해할 수 있다.

제임스 글릭의 『카오스』

—

이론의 탄생 과정을
추적하다

—

96

제임스 글릭의 초상
기자로 활동해온 제임스 글릭은 『카오스』를 비롯하여 저서 3권이 퓰리처상과 전미도서상
최종후보작에 오르는 등 뛰어난 교양과학 저술가로 인정받고 있다.

아웃사이더들의 열정이 만든 '혼돈의 법칙'

    토머스 쿤은 『과학혁명의 구조』(1962)에서 '패러다임의 전환'이라는 개념을 사용하면서 "과학은 점진적으로 발전하는 것이 아니라 혁명을 거쳐 발전한다"라는 새로운 주장을 펼친다. 쿤은 패러다임을 바꾼 과학혁명으로 천문학·역학·화학·진화론·상대론·양자론 혁명을 들었다.

    제임스 글릭(1954~)은 『카오스』(1987)에서 '무질서의 질서'를 규명하는 카오스 이론이 상대성 이론, 양자역학과 함께 20세기 과학사에 길이 남을 업적이라고 말한다.

> 벤저민 프랭클린, 로버트 심머, 장 폴 마라, 폰 리비히, 해밀턴, 찰스 다윈, 버쵸, 칸토어, 아인슈타인, 민코프스키, 폰 라우에, 알프레드 베게너(대륙 이동설), 콤프턴, 주스트, 제임스 왓슨, 그리고 브누아 망델브로.

– 이하 「카오스」(동아시아, 2013)

하버드 대학의 과학사학자 버나드 코언은 자신의 연구가 '혁명'이라고 주장하는 과학자들 16명의 인명록을 만들었다. 이 가운데는 일반인에게는 낯선 이름인 망델브로가 포함돼 있는데 그는 카오스 이론을 이끈 선구자이다. 망델브로는 카오스 이론에서 빼놓을 수 없는 '프랙탈'이라는 개념을 만든 수학자이다. 한 강연에서 주최 측이 그를 "하버드대에서 경제학을, 예일대에서 공학을 그리고 아인슈타인 약학대학에서는 생리학을 가르쳤다"라고 소개하자, 망델브로는 "제가 지나온 경력을 들을 때마다 제가 정말 존재하는지 의심스럽습니다. 과거 경력들에서 공통점이라고는 하나도 없습니다"라고 말했다고 한다. 그는 항상 아웃사이더였으며, 수학 중에서도 인기 없는 분야의 문제를 비정통적 방법으로 접근하거나, 아무도 거들떠보지 않는 분야를 연구해 논문을 발표했다.

1975년 어느 겨울 오후, 망델브로는 자신의 첫 연구 내용을 책으로 펴낼 준비를 하면서, 자신이 생각한 모양과 차원과 기하학에 이름을 붙일 필요가 있다고 생각한다. 마침 아들의 라틴어 사전을 뒤적거리던 망델브로는 우연히 '부서지다'라는 뜻의 동사 '프랑게레'frangere로부터 파생한 형용사 '프락투스'fractus를 발견하게 된다. 영어의 '프랙처'fracture와 '프랙션'fraction이 여기에 해당한다. 망델브로는 명사이자 형용사이며 영어이자 프랑스어인 단어 '프랙탈'fractal을 만들어냈다.

1975년 망델브로는 「브리테인 섬의 해안선은 얼마나 긴가? 통계적 자기유사성과 프랙탈 차원」이라는 논문을 발표했는데, 이 논문으로 '프랙탈 기하학'의 시조가 되었다. 망델브로가 개념화한 프랙탈이란, 작은 구조가 전체 구조와 닮은 형태로 끝없이 되풀이되는 구조를 말한다. 자신의 작은 부분에 자신과 닮은 모습이 나타나고 그 안의 작은 부분에도 자신과 닮은 모습이 무한히 반복되어 나타나는 현상이다. 프랙탈 구조는 자연에서 쉽게 찾을 수 있다. 구름과 산, 복잡하게 생긴 해안선의 모양, 은하의 신비로운 모습 등이 모두 프랙탈 구조이다. 오늘날에는 물리학 등 과학계뿐 아니라 금융 및 사회학 등에서도 활용된다. 일정한 규칙을 반복하여 새로운 이미지를 만드는 컴퓨터 예술이나 애니메이션, 무늬 디자인 등에도 쓰인다.

서구 사상에서도 프랙탈의 자기유사성 개념을 찾아볼 수 있다. 라이프니츠는 한 개의 물방울에 생명으로 가득 찬 우주 전체가 들어 있고, 다시 그 우주 속에는 물방울들이 들어 있고, 또 그 물방울에는 새로운 우주가 들어 있다고 생각했다. 스티브 잡스가 좋아한 영국의 시인 윌리엄 블레이크는 "한 알의 모래에서 세계를 본다"라고 했는데, 종종 과학자들은 그러한 것을 발견하기도 했다. 정자를 처음 발견했을 때는 정자 각각에 연금술사들이 만들어낸 인조인간인 '호문쿨루스'처럼 작지만 완전한 형상을 갖춘 인간이 있다고 생각했다.

순수과학자들에게 망델브로는 여전히 과학계의 정치 싸움에나 신경 쓰는 괴짜 수학자였다. 망델브로는 자신의 이름을 출전에 명기하는 문제로 종종 과학자들과 싸웠다. 프랙탈 기하학에서 나온 개념을 쓴 논문이 보이면 망델브로는 필자에게 전화를 걸거나 편지를 써서 참고문헌에 자기 이름이나 저서가 빠졌다고 불평했다.

> 동료 수학자들과 갈등을 많이 겪었기 때문에 그저 살아남기 위해서라도 자신의 자부심을 북돋우는 수밖에 없었다. 그에게 자부심이 없었다면, 자신의 견해가 옳다는 확신이 없었다면, 결코 성공할 수 없었을 것이다.

수학자들과 이론물리학자들이 망델브로의 연구를 거들떠보지도 않왔던 반면, 크리스토퍼 숄츠는 프랙탈 기하학의 도구를 받아들일 준비가 되어 있던 실용주의적인 현장 과학자였다. 숄츠는 삽화와 방정식이 풍부하고 박학다식함이 넘치는, 망델브로의 1978년작 『프랙탈 : 형태, 유연성, 그리고 차원』을 구입했다. 추종자가 나오지 않으면 새로운 이론 또한 적자생존의 경쟁에서 살아남지 못한다. 망델브로에게는 숄츠가 있었다. "프랙탈 기하학은 지구의 변화무쌍한 차원을 포착할 수 있는 유일한 모델입니다."[118]

나비 효과

카오스 이론은 그 유명한 '나비 효과'로 잘 알려져 있다. 나비 효과는 '작은 오차가 엄청난 변화를 초래한다'라는, 1960년대 기상학자 에드워드 로렌츠의 말에서 나왔다. 나비 효과는 입력에서의 미세한 차이가 출력에서 엄청나게 큰 차이로 나타나는 것을 가리킨다. 이것이 바로 '초기 조건의 민감성'이라는 현상이다. 말하자면 오늘 베이징에서 나비 한 마리가 대기를 휘저으면 다음 달 뉴욕에서 폭풍이 일어날 수도 있다는 것이다. 날씨의 경우 세계 최고 수준의 기상예보라 해도 2~3일 후만 되어도 날씨 예측의 정확성이 떨어졌고, 6~7일 후의 날씨에 대해서는 참고하기조차 어려웠다. 그 이유는 바로 나비 효과 때문이다.

그렇다고 해서 나비가 실제로 그러한 영향을 미친다는 의미는 아니다. 여기서는 로렌츠가 발견한 '이상한 끌개'Strange Attractor 개념을 살펴보아야 하는데, 끌개란 어떤 중심점이 있어서 운동을 일정한 모습으로 이끌어나가는 것을 말한다. 기온은 예측 불가능하게 날뛰지만 아침저녁으로 대체로 원상회복하며 계절을 따라 어떤 패턴으로 끌려간다. 이때 '끌려가게 하는 어떤 힘'을 끌개라 한다. 로렌츠가 컴퓨터 시뮬레이션으로 발견한 이 끌개는 한 번 지나간 곳을 다시 지나지 않으면서도 전체적으로는 어떤 질서에 따라 움직이는 것처럼 보였다. 그 모습이 마치 나비의 날개 모습과 같다고 해서 '나비 효과'라는 명칭이 붙었다. 이상한 끌개 이론은 오늘날에는 주식투자 분석 등 금융에서도 활용한다.

> 큰 소용돌이는 자신의 속도를 줄이는 작은 소용돌이를 가지고 있다. 그리고 작은 소용돌이는 더 작은 소용돌이를 가지고 있다. 이는 점성에 이르기까지 계속된다.

물리학자 루이스 F. 리처드슨의 말이다. 매끄러운 흐름이 나선형 흐름과 소용돌이로 바뀐다. 제멋대로인 패턴은 유체와 고체 사이의 경계를 허문다. 큰 규모의 운동에서 에너지가 급격하게 빠져나와 작은 규모의 운동으로 흩어진다. 왜 이런 일이 일어날까? 물리학에서 난류는 물리학자들이 풀지 못한 오랜 숙제였다. 위대한 물리학자들은 모두 난류 문제에 천착했으나 난류에 대한 뛰어난 통찰은 수학자들로부터 나왔다.

수학자 다비드 뤼엘은 유체의 흐름에 대해 연구한 적이 없었다. "항상 비전문가가 새로운 것을 발견합니다. 난류에 관해서는 아직 깊이 있고 타당한 이론이 없습니다. 난류에 대해 던질 수 있는 물음은 모두 일반적인 특성에 대한 것들이라 비전문가들도 접근할 수 있습니다."[119] 뤼엘은 동료 수학자인 플로리스 타켄스와 함께 쓴 논문을 1971년에 발표했다. 여기서 그는 '이상한 끌개' 개념으로 난류의 문제를 규명한다.

새로운 과학은 기존 과학이 막다른 길에 다다랐을 때 출현한다. 종종 혁명은 학제적 성격을 띠기도 하는데, 이 말은 전문 영역의 정상적 경계를 벗어난 사람들이 가장 중요한 발견을 하기도 한다는 뜻이다. 이들이 집착하는 문제들은 정당한 탐구 대상으로 인정받지 못한다. 연구계획서가 반려당하거나 학술지로부터 논문 게재를 거절당한다. 이론가들 스스로 자신이 해답을 찾고서도 이를 인정할 것인가 말 것인가를 확신하지 못한다. 그리고 자신들의 연구 경력에 미칠지도 모를 위험을 감수한다. 혼자서 연구하는 몇몇 자유사상가들은 자기들이 어디로 향하고 있는지 설명하지 못하며, 동료에게 자신들이 하고 있는 일을 말하는 것조차 꺼린다. 그리고 이런 일은 카오스를 탐구하는 과정에서도 허다하게 일어났다.

초기에 카오스 이론으로 전향한 과학자들은 모두 연구를 그만두라는 말을 듣거나 동료들의 적대적 시선을 감수해야 했다. 대학원생들은 검증되지 않은 분야의 논문을 쓰면 경력에 막대한 지장이 있을 거라는 경고를 받았으며, 조언을 해줄 만한 지도교수들도 해당 분야와 관련된 전문지식이 없었다. 프린스턴 고등연구소의 프리먼 다이슨은 1970년대에 카오스가 "마치 전기충격처럼" 다가왔다고 말한다. 다른 이들도 자신의 학문적 생애에서 처음으로 진정한 패러다임 변혁, 즉 사고방식의 전환을 목격하고 있다고 여겼다.

단지 피상적이기만 한 개념은 받아들여질 수 있다. 하지만 사람들에게 세상을 바라보는 관점을 바꾸도록 만드는 개념은 적대감을 불러일으킨다. 수많은 주류 과학자들은 이제 막 떠오르는 과학을 그저 희미하게만 인식했다. 몇몇 과학자들, 특히 전통적 유체역학자들은 강한 반감을 보였다.

1976년 '보편성 이론'(보편상수)으로 카오스 이론의 선구자가 된 미첼

파이겐바움은 물리학계의 외면으로 결국 논문을 발표할 수 없었다. 그는 논문을 투고하려 시도한 지 2년이 지나도록 논문 게재 부적격 판정만을 받았다. 결국 그는 강연을 하면서 자신의 이론을 알려야 했다.

파이겐바움의 원고를 되돌려보낸 한 편집자는 몇 년 후, 자신이 그 분야의 획기적 전환점이 된 논문을 거절했다는 사실을 깨달았다. 그러나 그 편집자는 여전히 해당 잡지의 독자인 응용수학자들에게는 그 논문이 부적당했다고 주장했다.[120] 보편성 이론은 1979년에 오스카 랜퍼드에 의해 수학적 언어로 증명된다.

처음에 카오스 이론을 옹호하는 주장은 엉뚱하고 비과학적인 것처럼 들렸다. 게다가 카오스는 전통에서 벗어나고 어려워 보이는 수학에 의존했다. 카오스 논문을 싣지 않는다고 정한 학술지가 있었던 반면 카오스만 전문적으로 취급하는 잡지도 나왔다. 카오스 이론가들의 이름이 주요 학회의 회원과 주요 상 수상자들을 수록한 연간 인명록에 드문드문 등장하기 시작했다. 1980년대 중반이 되고 카오스가 학계에 확산되자 카오스 전문가들은 여기저기서 영향력 있는 지위를 차지했다. 또한 비선형 동역학과 복잡계를 전문적으로 연구하는 센터와 연구소가 설립되었다.

과학자들 각각은 자신만의 지적 족보 속에 있다. 또한 과학자들은 자신만의 개념적 풍경화를 지니고 있으며, 자기 나름의 방식대로 그 그림을 그린다. 지식은 불완전했다. 과학자들은 분야의 전통이나 자신이 받은 교육 방식에 따라 편견을 갖게 된다. 과학의 세계는 놀랄 정도로 제한적일 수도 있었다. 역사를 새로운 방향으로 끌고 간 것은 어떤 과학위원회가 아니라 통찰력과 목표를 가진 몇몇 개인들이었다.

카오스 이론은 수학자 망델브로, 기상학자 로렌츠 등 과학계 '아웃사이더들의 열정'에 의해 일어난 과학혁명이다. 호기심 혹은 열정은 그 어떤 벽도 넘게 하는 힘이 있다는 것을 카오스의 선구자들로부터 확인할 수 있다. 때로 그들은 다른 과학자나 수학자의 질투와 의도적 외면을 넘어서야 했다. 어디에든 장애물과 벽은 존재했다.

덧붙이자면 『카오스』의 저자 제임스 글릭 또한 과학의 비전문가로, 하버드 대학에서 문학과 언어학을 전공했고 『뉴욕타임스』에서 10년간 기자로 일했다. 『카오스』라는 책 또한 비전문가 혹은 아웃사이더의 열정의 산물이다.

『카오스』 읽는 법

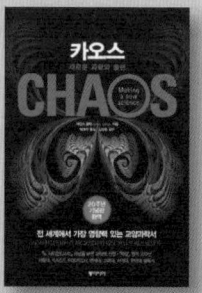

제임스 글릭의 『카오스 : 새로운 과학의 출현』은 1987년 미국에서 출간되었다. 우리나라 번역본은 2013년 동아시아에서 박래선 번역으로 출간됐다. 이 책은 『타임』 선정 명저 100선에 뽑혔고 『뉴사이언티스트』에서는 세상을 바꾼 과학책으로 선정했다. 전 세계에서 가장 영향력 있는 교양과학서로 평가받고 있는 것이다.

제러미 리프킨의 『엔트로피』

—

과학자의 통찰력으로 인류의 위기를 경고하다

—

97

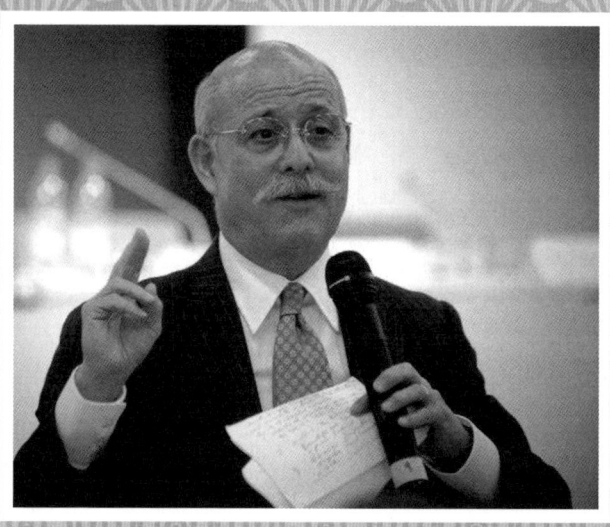

2009년 무렵의 제러미 리프킨
제러미 리프킨의 『엔트로피』는 과학 비평서라기보다 과학의 만능을 경고하는 기술과잉 시대의 묵시록처럼 다가온다.

더 늦기 전에
'엔트로피 형이상학'을 논하자!

세상이 제대로 되는 것은 하나도 없어 보인다. 위기에서 빠져나갈 길을 찾았다고 생각하는 순간 뭔가가 잘못된다. 당면한 문제에 대해 찾아낸 해결책은 또 다른 더 큰 문제들을 낳는다.

세상은 점점 빠르게 돌아가는데도 뭔가 되는 일은 하나도 없어 보인다. 인간도 사회도 수렁에 빠져들고 있다.

– 이하 『엔트로피』(세종연구원, 2006)

제러미 리프킨(1945~)이 쓴 『엔트로피』(1980)에 나오는 말이다. 한번은 공병호연구소의 공병호 박사를 만났는데 그가 아무리 둘러보아도 해결책이 보이지 않는다는 말을 한 적이 있다. 제러미 리프킨은 『엔트로피』에서 이러한 고민에 대한 이유를 명쾌하게 제시해준다. 현대를 살아가는 우리 모두가 기존 세계관에 얽매여 있기 때문이라는 것이다. 그는 이제는 새로운 세계관으로 전환해야 한다고 강조한다. 바로 기계론적 세계관에서 엔트로피 세계관으로의 전환이다.

리프킨은 먼저 고대 그리스의 세계관을 언급하며 기계론적 세계관이 어떻게 등장하게 되었는지를 설명한다. 플라톤과 아리스토텔레스 등 고대 그리스인들은 역사를 지속적인 쇠락의 과정으로 보았다. 헤시오도스는 『신통기』에서 최고의 시기를 황금시대라고 규정하고 이어 은의 시대, 청동시대, 철의 시대로 가면서 평화가 깨지고 점점 야만의 상태로 접어든다고 했다. 결국 우주는 궁극적인 혼돈을 향해 가고, 이때 신들이 다시 나타나 세상을 태초의 완벽한 상태로 회복시킨다. 그러면 모든 과정이 처음부터 다시 시작된다. 따라서 역사는 완벽을 향한 발전이 아니라 질서에서 혼돈으로 움직여가는 사이클의 영원한 반복이다. 『서경』에서 공자는 요순시대를 이상적인 사회로 보고, 그 이후는 점차 도덕이 타락해가는 사회로 규정하면서 요순시대를 본받아야 한다고 강조했다.

한편 신이 아닌 인간에 의한 자연의 통제를 주장한 프랜시스 베이컨에서 시작해 르네 데카르트를 거쳐 아이작 뉴턴에 이르자 기계론적 세계관의 터가 닦였는데, 이 기술론적 패러다임의 논리적 귀결은 간단하다. '더 많은 물질적 부가 축적될수록 세계는 더욱 질서 있게 된다. 그러므로 진보는 물질적 풍요를 더욱 증대시키는 것이며, 이 물질적 풍요는 결국 질서 있는 세계를 만들어낼 것이다. 과학과 기술은 이를 실천하는 도구다.'

뉴턴이 세상을 떠나고 25년이 지난 뒤인 1750년 프랑스 소르본 대학의 자크 튀르고(1727~1781)는 기계론적 세계관을 본격적으로 주창했다. 튀르고는 당시의 강의에서 세계사에 새로운 개념을 부여했고 '진보'라는 중요한 사상을 최초로 내세웠다.

역사는 일직선으로 진행하는 것이며, 각 단계는 앞선 단계보다 진보한 모습을 보여준다. 역사는 축적의 산물임과 동시에 진보하는 것이다.

기계론의 가장 특징적인 개념은 바로 '진보'다. 진보란 '덜 질서 있는' 자연적 세계가 인간에 의해 이용되어 '더 질서 있는' 물질적 환경으로 나아가는 과정이다. 달리 말하면 진보란 자연에 존재했던 최초의 가치보다 더 큰 가치를 자연으로부터 창출해내는 것을 말한다. 그런데 이러한 기계론적 세계관, 수학·과학·기술의 세계관, 유물론과 진보의 세계관은 이제 생명력을 잃기 시작했다. 왜냐하면 이 세계관들이 뿌리내린 뒤로 에너지 환경이 빈사 상태에 이르렀기 때문이다.

이에 제러미 리프킨은 역사를 구성하는 새로운 틀로서 '엔트로피 법칙'이 기계론을 대체해야 한다고 주장한다. 엔트로피 법칙은 열역학의 제2법칙이다. 제1법칙은 우주 안의 모든 물질과 에너지는 불변하며, 따라서 창조될 수도 없다고 가르친다. 단지 그 형태만 바뀔 뿐이다. 제2법칙, 즉 엔트로피 법칙은 물질과 에너지는 한 방향으로만 변한다고 규정한다. 즉 유용한 상태에서 무용한 상태로, 획득 가능한 상태에서 획득 불가능한 상태로, 질서 있는 상태에서 무질서한 상태로만 변한다는 것이다. 여기서 '일할 수 있는 유용한 에너지가 손실되는 것'을 가리키는 용어가 바로 '엔트로피'Entropy이다. 리프킨에 따르면 에너지는 창조될 수 없으며 우리가 할 수 있는 일이라고는 에너지를 어떤 상태에서 다른 상태로 바꾸는 것뿐이다.

사람들은 적절한 기술만 개발하면 우리가 소모해버리는 것을 모두 재생해 다시 사용할 수 있을 것이라고 생각한다. 하지만 이것은 틀린 생각이다. 재생이 필수적이긴 하지만 100% 가까운 재생률을 이룰 방법은 없다. 오늘날 금속의 재생 효율은 30% 정도다. 재생을 위해서는 재생 대상을 수거하고, 수송하고 가공하는 데 별도의 에너지가 필요하기 때문에 결국 환경 전체의 엔트로피 총량이 늘어나게 된다. 재생이라는 것은 유용한 에너지원을 희생하고 전체 환경의 엔트로피 총량을 증대시키는 대가를 치러야만 가능하다.

지구상의 물질적인 엔트로피는 끊임없이 증가하며 언젠가는 극대점에 도달할 것이다. 그것은 지구가 우주에 대해 폐쇄계이고, 폐쇄계에서는 물질을 교환할 수 없기 때문이다. 다른 행성에서 자원을 발견한다 해도 가져오는 데 엄청난 시간상 제약이 있어 교환할 수 없다.

제2법칙이 우주론에 갖는 의미를 처음으로 끌어낸 벤저민 톰슨에 따르면 엔트로피 법칙은 우리에게 다음과 같은 것을 가르쳐준다. "과거 일정기간 동안 지구는 인간이 살기에 부적합한 곳이었을 것이다. 앞으로 일정 기간 동안 또다시 그렇게 될 것이다. 이것을 막으려면 뭔가 조치를 해야 하는데, 그 조치는 현재 우리가 사는 물질세계를 지배하는 법칙 하에서는 불가능하다."[121]

가슴이 서늘해지는 경고이지만, 아직 그가 말한 '조치'는 미미하게만 이루어지고 있다.

헬름홀츠(1821~1894)는 엔트로피 법칙에 입각한 표준 우주이론을 내놓았다. '열 죽음'heat death이라는 그의 이론에 따르면, 우주는 조금씩 쇠락해 궁극적으로는 엔트로피 극대점 또는 열 죽음 상태에 이르게 된다. 이 상태에서는 모든 유용한 에너지가 소진되고 따라서 어떤 활동도 일어날 수 없다. 열 죽음 상태는 영원한 휴식 상태에 해당한다. 즉 지구의 종말이다.

이제 엔트로피는 형이상학 및 윤리학과 만나게 된다. 영국 물리학자 아서 에딩턴은 이 법칙이 "전 우주를 통틀어 최상의 형이상학적 법칙"이라고 말했다. 베이컨이 담론만 무성하다고 비판한 그리스의 형이상학과 달리 엔트로피 이론은 인류의 생존을 위해 구체적으로 실행해야 할 형이상학 법칙이라는 것이다.

수학자이자 철학자인 영국의 버트런드 러셀은 엔트로피 형이상학의 포문을 다음과 같이 열었다.

> 모든 생물체는 주변 환경에서 가능한 한 많은 것을 변화시켜 자신을 위해 사용하려고 하는 일종의 제국주의자들이다.

리프킨은 한 사람이 1년을 살아가는 데 300마리의 송어가 필요하다면서 연쇄적인 먹이사슬을 예로 든다. "그리고 300마리의 송어들은 9만 마리의 개구리가 필요하고, 이 개구리들은 2,700만 마리의 메뚜기가 필요하며 이 메뚜기들은 1,000톤의 풀을 뜯어먹는다."[122] 즉 모든 생명체는 주변 환경에 더 큰 무질서를 창조(유용한 에너지를 무용한 에너지로 전환하는 것, 즉 식량을 먹어 쓰레기를 만들어내는 것)해야만 생명을 유지할 수 있다.

인간의 멸종 가능성

　생명체들은 주변 환경에서 '마이너스 엔트로피'(유용한 에너지)를 흡수해 생명을 유지한다. 살아남기 위한 투쟁은 어떤 생명체가 유용한 에너지를 흡수하는 능력을 얼마나 갖추고 있는가에 따라 판가름 난다. 결국 인간은 살아남기 위해서 갈수록 에너지를 더 많이 사용하는 상태로 나아간다. 리프킨에 따르면 에너지 흐름이 극대점을 유지하는 초기 단계는 일반적으로 '식민화 단계'로, 뒤에 오는 극소 에너지 흐름 단계는 '절정 단계'로 부를 수 있다. 그는 인류는 식민화 단계에서 절정 단계로 옮겨가야 한다고 주장하고 있지만, 고도 산업사회에서는 인간과 사회 시스템 모두 에너지 흐름이 계속 증가하는 쪽으로 활동한다. 에너지를 적게 소비하는 절정 단계로 옮겨가지 않으면 인류는 그러한 전환에 실패한 수많은 생물들과 같은 길을 걷게 될 것이라고 리프킨은 경고한다. 생명의 역사는 멸종에 대한 기록으로 가득 차 있다.

먼 옛날 수렵시대 사람들은 생존의 위기 앞에서 농경을 시작했다. "필요는 발명의 어머니"라는 미국 속담처럼 말이다. 사냥감과 식용 식물은 점점 줄어들었고 새로운 사냥터도 사라졌고 활동 영역을 넓힌다는 것도 불가능했다. 생존 위기에 직면한 이들은 실험을 할 수밖에 없었다. 여기서 리프킨은 큰 변화는 풍요의 축적에서 나온 것이 아니라 기존 원천의 고갈 때문에 일어났다고 결론짓는다.

그는 이를 다음과 같이 정리한다. "역사란 제2법칙의 반영이다." 엔트로피 과정은 항상 극대점을 향해 간다. 한 가지 사건이 일어날 때마다 일정량의 에너지는 영원히 무용한 것이 되어버린다. 축적된 엔트로피로 인해 사회가 에너지원 자체에 대한 질적 변화를 꾀하는 때가 이른바 역사의 분수령이다. 이러한 전환의 시기에 낡은 방식은 쓸모없어진다. 이때 사회의 엔트로피 총량은 너무나 커져서 새로운 에너지원으로의 이동이 일어나고 새로운 방식의 기술이 태어나며 새로운 사회·경제·정치체제가 형성된다.

에너지 흐름이 가속화됨에 따라 각 엔트로피 분수령 사이의 시간도 짧아졌다. 수렵인들이 수렵·채취를 포기하고 농업으로 돌아서기까지는 수백만 년이 걸렸다. 농경이 시작된 시점에서 산업사회로 옮겨가야 했던 시점까지는 수천 년이 걸렸다. 그 뒤로 수백 년밖에 지나지 않았지만 현대인들은 자원(재생 불가능한 에너지원)을 대부분 소진해 또 하나의 엔트로피 분수령 앞에 서 있다.

리프킨은 에너지를 많이 쓰는 '고엔트로피' 사회의 식민화 단계에서 에너지를 덜 쓰는 '저엔트로피' 사회인 절정 단계로 옮겨가는 것이야말로 생물종으로서 인간이 이루어야 할 가장 심오한 변화이자 인류를 살리는 길이라고 강조한다. 그 시작은 에너지 흐름이 클수록 사회는 더 효율적이 되고 문명은 더 진보하며 세계는 더욱 질서 있게 된다는 기계론적 세계관을 포기하는 것이다.

리프킨에 따르면, 엔트로피 사회의 가치와 제도는 서양의 과학기술문명이 아니라 동양의 종교와 정신문명으로 귀결된다. 고엔트로피 문화에서 삶의 주요 목표는 에너지 흐름을 이용해 물질적 풍요를 만들어내고 모든 욕망을 최대한 충족시키는 것이다. 따라서 인간의 해방이란 더 많은 부의 축적과 동일시된다. 그리고 환경을 변환해 이를 착취하는 것이 일차적인 가치가 된다. 반면 저엔트로피 사회에서 우리는 더욱 검소하고 질박한 생활을 해야 한다. 소비는 더 이상 인간 존재의 목표가 되지 않는다. 생산과 소비는 적을수록 좋다. 불멸의 지혜를 인류에게 선사한 위대한 스승들은 모두 저엔트로피 사회에 내재하는 가치를 칭송했다. 부처, 예수, 마호메트, 이스라엘 예언자들, 인도의 정신적 지도자들은 하나같이 자발적인 가난, 공동체적 나눔의 삶을 통해 모범을 보였다.

엔트로피 법칙은 인류 역사에 걸쳐 모든 문화가 품었던 핵심적 의문, 즉 '세계 안에서 인간은 어떻게 행동할 것인가?'에 대한 답을 준다. 마지막으로 엔트로피 법칙(열역학 제2법칙)은 모든 것을 포괄하는 답을 제시한다. 즉 유용한 에너지가 많을수록 생명을 미래까지 연장할 가능성이 커진다. 그러나 또한 제2법칙은 어떤 사건이 발생할 때마다 지상의 유용한 에너지 재고가 그만큼 줄어든다는 사실도 가르쳐준다. 우리가 에너지를 많이 소비할수록 우리 뒤에 올 생명체에게 남겨질 에너지의 몫은 적어진다. 그러므로 궁극적인 도덕률은 가능한 한 에너지를 적게 쓰는 것이다. 칸트가 정언명령으로서 말했던 도덕률처럼 리프킨도 도덕률이라는 표현을 쓴다. 그만큼 인간이 의무감으로 실천해야 한다는 의미를 담은 것이다. 이것이야말로 이 책이 말하고자 하는 핵심이다.

우리에게 남겨진 자원을 최대한 보전하고 생산 과정을 지배하는 자연의 리듬을 최대한 존중하는 것은 우리보다 앞서간 생명과 우리 뒤에 올 생명에 대한 무한한 사랑을 표현하는 일이다. 리프킨은 이를 인식하는 것이 식민화 단계에서 절정 단계로 옮겨가는 첫 발자국이라면서 다음과 같은 말로 이 책을 끝맺는다.

우리는 이 세상의 시중꾼인 것이다.

그의 말 그대로, 우리는 이 세상의 시중꾼이지 지배자가 아니다. 언젠가 시간이 흐르면 이 지상에서 하차해야 하고 다음 세대에게 이 자리를 넘겨주어야 한다. 그때 텅 빈 곳간을 넘겨준다면 후손들에게 무슨 면목이 있겠는가. 첨단기술 또한 자원이 없으면 무용지물에 불과하다. "역사를 들여다보면 모든 기술은 당초부터 예측 불가능한 2차 효과를 품고 있다. 2차 효과는 차라리 그 기술 없이 지내는 것보다 더 끔찍한 결과를 낳는다." 『기술 사회』의 저자 자크 엘룰의 이 말은 생산과 효율성과 성장지상주의에 내몰리고 있는 우리 시대의 기업인들이 한번쯤 곱씹어보아야 한다. 이제 적극적으로 '엔트로피 형이상학'에 대해 논의해가야 할 때다.

『엔트로피』 읽는 법

제러미 러프킨의 『엔트로피』는 범우사에서 출간한 최현 번역본과, 세종연구원에서 출간한 이창희 번역본(2006)이 있다. 여기서는 후자를 주로 참고했다. 이 책은 다음과 같이 시작된다. "원하는 것을 얻을 수 있다는 느낌, 그것이 바로 희망이다. 이 책은 희망에 관한 책이다. 잘못된 환상을 깨고 자리에 새로운 진리를 세움으로써 얻는 희망!" 리프킨은 기계론적 세계관을 버리고 엔트로피 법칙을 받아들일 때 희망도 지속 가능하다고 경고한다.

박경리의 『토지』

이 땅에 살다간 이들을
흘려보내지 않는 대작

—

98

2007년 무렵의 박경리

박경리는 무려 25년이라는 기간을 『토지』 집필에 쏟았다. 『토지』의 텍스트를 200자 원고지로 환산하면 무려 4만여 장 분량에 이른다.

인간에 대한 최고의 예의는 '연민'이다

박경리(1926~2008)의 대하소설 『토지』는 1969년 6월부터 집필을 시작해 1994년 8월 15일 완성하기까지 25년이 걸린 대작이다. 51부 25편 361장으로 구성된 『토지』의 텍스트를 200자 원고지로 환산하면 4만여 장 분량에 이른다. 『토지』는 동학혁명이 실패한 이후 일제의 식민지배 야욕이 본격화하기 시작한 1897년부터 1945년 해방까지 48년에 걸친 하동 악양 평사리의 최 참판 댁의 몰락과 최서희에 의한 재건을 중심으로 5세대에 걸친 인물의 이야기를 담고 있다. 역사, 가족사, 민중들의 생활사, 문화사 등을 아우르는 이 작품에서는 이름 없이 이 땅에 살다 간 수백 명 인물의 한, 사랑과 욕망, 울분과 갈등, 그리고 처절한 몸부림을 무심히 흘려보내지 않으려는 작가의 야심이 엿보인다.

『토지』 이야기 전체를 이끌어가는 주된 흐름은 신분제 및 여성 문제

그리고 민족 문제라는 세 갈래다. 1, 2부는 최씨 가문 중심으로 이야기가 진행된다. 이를 통해 작가는 당대 최고의 쟁점이었던 신분제 철폐에 관한 다양한 견해 및 태도를 펼쳐 보인다.

최씨 가문 몰락의 단초는 동학당의 장수 김개주가 최서희의 할머니인 윤씨 부인을 절에서 강간해 김환이라는 사생아를 낳은 사건이다. 윤씨 부인은 자신의 적자인 최치수에게는 반가의 부인으로서 정절을 지키지 못했다는 사실 때문에, 사생아 김환에 대해서는 어린 핏덩이를 낳아서 버리고 왔다는 사실 때문에 두 아들 모두에게 떳떳하지 못한 상태에서 그 누구에게도 기울지 못하는 저울추 같은 삶을 살게 된다. 어머니의 비밀을 눈치 챈 최치수는 여성에 대한 강한 혐오감을 갖게 되고 정력을 탕진해 아이를 낳지 못하는 처지에 놓인다. 김환은 자신을 버린 어머니에게 복수하기 위해 구천이라는 이름으로 최 참판 댁 머슴으로 들어간다. 그는 형인 최치수의 아내이자 서희의 어머니인 별당아씨를 사랑하면서 근친상간적 불륜을 저지른다. 결국 윤씨 부인의 묵인하에 구천은 별당아씨와 도망쳐 최 참판 가 몰락의 서막을 올린다. 그 뒤 두 사람을 찾아 보복하려 했던 최치수는 귀녀 일당인 김평산, 칠성, 조준구의 음모로 살해당한다. 이어 마을에 창궐한 호열자(콜레라)로 윤씨 부인마저 세상을 뜨자, 고아가 된 최서희의 살림을 외척인 조준구가 착복한다.

조준구에 대항해 어린 서희의 동의하에 길상과 윤보를 중심으로 한 마을 사람들이 최 참판 가의 고방을 부순다. 길상을 비롯한 평사리 마을 사람들은 윤보의 지휘로 고방에서 탈취한 재물을 들고 의병 활동에 동참한다. 의병이 무너진 후 길상 등은 서희를 데리고 간도로 간다. 서희는 간도에서 할머니 윤씨 부인이 남긴 금괴를 밑천으로 길상의 도움을 받아 축재에 성공하고 길상과 결혼한다. 서희는 공 노인과 서울의 임 역관의 중재로, 최 참판 댁의 살림으로 폐광을 사들인 조준구를 속여서 최

참판 댁 토지를 다시 사들인다. 빈털터리가 된 조준구와 협상해 서희는 5,000원에 평사리 옛집을 사들인다.

『토지』의 3, 4, 5부는 남성 인물을 중심으로 이야기가 진행된다. 주요 인물로는 김환과 김길상 그리고 백정의 사위인 송관수, 김평산의 둘째 아들이자 밀정 김두수의 동생인 김한복, 이용과 임이네 사이에서 태어난 이홍 등이다. 윤씨 부인의 사생아로서 별당아씨와 달아난 김환은 복수나 처벌을 당하지 않고 동학 잔당의 사상적 기둥이 된다. 길상은 서희가 귀국할 때 가족과 동행하지 않고, 간도로 온 김환과 하얼빈의 독립운동가 권필응을 찾아감으로써 동학 재건 세력 내의 중요한 인물이 된다. 끝으로 5부에서는 김두수를 비롯한 친일파 및 밀정, 약탈자 등 악인들의 죽음을 독립운동가들의 죽음과 대비시키면서 격동기의 친일파와 민족주의자, 나아가 선인과 악인의 삶에 대해 깊이 있게 성찰한다.

『토지』에 등장하는 최치수, 김훈장, 이상현, 봉순이, 송영광, 박효영, 조용하 등은 사회 변화에 대응하지 못하고 몰락하는 인물들이다. 이상현은 독립투쟁에 적극 가담한 아버지에 비해 자신은 열등하다는 생각에 가장으로서의 책임도 회피해버린다. 봉순은 길상과 실연하여 소리를 배워 기생이 되지만 자기 삶에 주체적으로 정착하지 못하고 자살을 선택한다. 송영광의 경우도 아버지가 백정의 사위였다는 신분의 제약에서 벗어나지 못하고 악극단의 색소폰 연주자로 떠돈다. 김두수(거복)는 살인죄를 짓고 처형된 아버지 김평산 때문에 고향을 등지고 일제의 앞잡이가 되어 권력을 휘두른다. 동생 한복은 오히려 착한 덕성으로 자존심을 회복하고 독립군 자금을 전달하는 임무를 맡아 아버지와 형의 죄를 씻으려 한다.

자신의 한계를 극복하고 사회 변동을 능동적으로 수용하는 인물로는 길상, 관수, 윤보, 병수 등을 들 수 있다. 길상은 서희와 결합한 뒤 신분의 한계를 절감하게 된다. 그 한계는 김환과의 만남을 통해 새로운 국면을 맞는다. 길상은 동학에 가담해 개인적 차원에서 민족적 차원으로 인식의 범위를 확대한다. 하지만 그가 서희와의 귀향을 포기하고 만주에 남은 이유는 민족의식 때문만은 아니었으며, 자아각성을 통한 자유의지의 표출이라는 의미를 간과할 수 없다. 그밖에 윤보, 주갑, 영팔, 병수, 송관수 등의 인물 역시 변화된 사회의 추진 세력으로서 개인의 한계를 초월하여 역사의 주체로 새롭게 태어난다.

『토지』의 중심에 있는 서희를 지배하는 것은 가문과 토지를 지키려는 집념과 복수심, 지배욕과 소유욕 등이다. 조준구의 탓이기는 하지만 서희는 재기를 위해 매점매석 행위, 친일 행위까지 마다하지 않는다. 작품 내 서희의 위치나 의미에 비해 초기의 욕망은 매우 비천하게 그려져 있다. 불행한 현실로 인해 그녀의 긍정적인 자질은 꼬이고, 복수로만 향한 정열에 의해 삶이 왜곡돼버렸던 것이다.

> 포악스럽고 음험하고 의심 많고 교만한 서희, 그러나 그것이 그의 전부는 아니었다. 그의 마음은 나이보다 늙었고 미친 듯이 노할 적에도 마음 바닥에는 사태를 가늠하는 냉정함이 도사리고 있었다. 그에게는 꿈이 없다. 현실이 있을 뿐이다. 자기 자신을 위해 왜곡된 현실만이 있을 뿐이다.[123]

하지만 서희는 『토지』가 끝나는 순간까지 평사리 사람들로부터 존경을 받으며, 나름대로 존엄성을 지킨 인물로 형상화된다.

김환은 부모와 사랑하는 여성과 형의 어긋난 운명에 대해 통찰한 끝에 진정으로 그를 이해하고 눈물을 흘릴 수 있었고, 조선팔도를 헤매면서 도탄에 빠진 민중들을 구제하기 위해 혁명에도 뛰어든다. 그가 깨달은 허무는 생명에 대한 연민과 한으로 승화되었다. 김환은 이 작품의 서사 중심에 서 있는 길상에게 가장 큰 영향력을 발휘하는 인물로서, 불행한 삶 속에서 깊은 자각에 이름으로써 작가의 사상을 뚜렷하게 드러낸다.[124]

박경리의 지향점을 제시하는 또 다른 인물은 조병수와 김길상이다. 먼저 조병수는 악한 조준구의 아들이면서 동시에 신체적 결함을 지니고 있으며, 등장인물 가운데 가장 한이 깊은 인물이다. 청년이 된 병수는 장애 또는 부모의 모진 행동 때문이 아니라, 자신이 서희를 비롯한 많은 사람들에게 고통을 준 탐욕스럽고 비천한 조준구의 아들이며, 그가 비열하게 모은 재산으로 살아가고 있다는 사실 때문에 고뇌한다. 자살을 시도하기도 했던 병수는 통영에 정착해 소목장이 됨으로써 아버지가 마련한 공간과 신분 등의 타고난 조건을 떠나, 아버지의 죄업, 이로 인한 자학적 내면을 예술로 승화한다. 병든 몸을 이끌고 아버지라는 이름으로 나타나 말년을 의탁하는 조준구는 3년 넘게 병상에 있으면서 병수에게 온갖 추악한 짓을 해댄다. 병수는 견디기 힘든 아버지의 학대를 이겨낸다. 생명에 대한 연민과 불효에 대한 두려움이 컸던 것이다.

『토지』의 중심은 서희에게 있으나 작가의 주제 의식은 길상을 통해 구현된다. 길상은 서희와의 결혼으로 표면적으로는 종이라는 신분에서 해방되지만 오히려 그로 인해 신분에 대해 철저하게 자각한다. 길상은 자유와 자기 삶의 방향을 잃어버린다.

> 길상은 고독했다. 고독한 부부, 고독한 결혼이었다. 한 사나이로서의 자유는 날갯죽지가 부러졌다.[125]

길상은 자신이 종으로 살았던 폐쇄적인 공간인 평사리로 돌아가는 서희와 동행하지 못하고 상대적으로 개방된 공간인 간도에 홀로 남아 독립운동에 투신한다. 다소 냉소적이고 자기모순 속에 허우적거리던 용정에서의 길상의 모습은 독립운동가로서의 정체성을 확립한 뒤에는 사라져버린다. 간도에서 길상을 만났을 때 김한복은 깊은 눈을 소유한 길상, 확실히 많이 변한 길상, 범치 못할 위엄을 소유한 길상을 느낀다. 이러한 길상의 모습은 계명회 사건으로 투옥되면서 평사리 마을 사람들에게까지 알려지게 된다. 길상에 대해 평사리 마을 사람들은 '독립당의 우두머리' '큰일 하는 훌륭한 인물'이라고 말한다. 나아가 최 참판 댁 아씨와 견주어 부족한 부분이 조금도 없는 길상이기에 서희와의 결혼은 하늘이 맺어준 것이라고 여기기까지 한다. 서희도 길상의 신분 문제로 순철과 주먹다짐한 아들 환국에게 '하인의 자식'이 아니라 '훌륭하고 자랑스러운 아버지의 아들'임을 주지시킨다. 간도에 남은 길상을 이해하고 사랑하게 된 것이다.

다양한 여성들의 모습을 그려내다

『토지』에서는 또한 구세대 여성이라 하더라도 당당하고 자존감 있는 인물로 그려진다. 이상현의 할머니와 염씨와 어머니 박씨, 그리고 두만의 아내인 기성이네가 여기에 해당한다. 염씨와 박씨 고부의 의무는 가정을 지키며 남성을 기다리는 것이었다. 이동진이 독립투사가 되어 간도로 이주하고 결국은 객사했을 때, 염씨는 묵묵히 가정을 지키며 외롭게 죽어간다. 며느리 박씨 역시 남편 이상현이 서희를 따라 열여덟 홍안의 소년으로 간도로 떠난 이후 삯바느질로 생계를 이어가며 두 아들을 키워낸다. 이들은 주어진 명분과 도리에 대해 혼돈스러워하지도 의문을 품지도 않으며 끝까지 이를 지켜낸다. 두 사람 모두 현실에서는 불행하고 고독했으며 '고목 감나무'처럼 굳어진 존재였으나, 이상현의 회상 속에서는 자신의 도리를 지켜냄으로써 존엄을 간직한 존재로, 인내의 상징으로 그려진다.

두만의 아내 기성네도 청상 아닌 청상이 되어 자신의 자리를 지키는 여성이다. 기성네는 남편 두만의 두 번째 소실인 서울네처럼 사업수완이 좋지도 않고, 세 번째 소실인 월화처럼 남성을 유혹할 매력도 없다. 그러나 두만의 아버지 이평 노인과 그 어머니 두만네 그리고 두만의 동생 영만 모두 두만의 조강지처인 기성네에 대해 각별한 배려와 애정을 보인다. 그러한 애정으로 기성네는 고독한 삶에 대한 위안과 보상을 받는다.[126]

> 돌아오는 길은 나룻배를 타지 않고 걸었다. 걷다가 월화는 짙은 노을을 바라보며 사람 없는 강가에서 눈물을 흘렸다. 새삼스럽게 눈물이 흐를 이유도 없겠는데 월화는 울었던 것이다. 얼굴이 새까맣고 반백이 된 중늙은이, 본댁 티를 내기는커녕 오히려 낯가림을 하는 아이처럼, 그리고 수굿했던 김두만의 본마누라. 그 자리가 얼마나 대단한 것인가를 월화는 가슴 아프게 느꼈던 것이다. 늙고 못생겼으며 난쟁이같이 볼품없는 체구 그 어디에선가 풍겨나는 당당함, 인생에는 눈에 보이는 것과 보이지 않는 것이 있다는 것을 깨달은 것이다.[127]

무당의 딸로 신분제의 벽에 갇혀 있던 월선에 대해서도 작가는 '낭만적 사랑'이라는 감정과 상황을 부여해준다. 자신의 존재 조건을 넘어 인간으로서의 당당함을 지켜내는 인물인 이용은 신분의 제약 때문에 결합할 수 없었던 월선을 마지막까지 사랑했다. 최치수는 그를 가리켜 '사람의 존엄을 아는 이 땅의 농부'라고 평한다.

강청댁과 결혼한 이용은 처음에는 강청댁의 질투에 시달리면서도 부모가 맺어주어 육례를 올렸다는 이유로 월선과의 사랑을 버리고 강청댁과 가정을 유지한다. 강청댁이 호열자로 죽은 후에도 그는 자신의 아들을 낳아준 임이네의 온갖 악덕에도 불구하고 그녀와 함께 생활한다. 그는 동정심이 발단이 되어 아들까지 낳게 된 임이네와의 인연 때문에, 임이네에 대한 도리와 월선에 대한 사랑 사이에서 갈등하게 된다. 이용과 월선의 애틋한 사랑은『토지』에서 한결같이 따뜻하게 그려진다.

> "니 여한이 없제?"
>
> "야, 없십니다."
>
> "그라믄 됐다. 나도 여한이 없다."[128]

이용은 겨울 산판에서 돌아오는 길이었으며, 월선은 그를 기다리느라 숨을 놓지 못한다. 이 짧은 대화는 그들이 품고 있는 무한한 사랑과 순수한 정신적 가치를 보여준다. 그녀에게 남은 한이 없다는 것은 곧 자신의 전부를 투여했다는 의미이다. 월선은 질투와 욕망을 자제하고 이용을 사랑하고 그에게 헌신하는 일관된 삶을 통해 초월적 완결성을 지닌 죽음을 맞이한다.[129] 월선은 어떠한 물욕이나 소유욕 없이 모든 이웃들에게 따뜻한 마음을 보였으며 특히 이용의 식구들에게는 희생적인 봉사를 감수한다. 그녀는 죽음을 맞이하고서 비로소 이용의 진실한 아내요, 이홍의 인자한 어머니로 자리매김하게 된다. 냉담한 서희마저도 그녀의 부음을 접하고서 눈물을 흘리고 마을 사람들도 월선이 차지한 자리가 얼마나 큰 것이었는가를 새삼스럽게 깨닫는다.

『토지』의 마지막은 서희가 사랑의 의미를 깨닫고 가문 재건을 위해 자신을 스스로 가두었던 자아에서 벗어나는 것으로 끝난다. 그것은 해방의 소식을 듣고서다.

그 순간 서희는 자신을 휘감은 쇠사슬이 요란한 소리를 내며 땅에 떨어지는 것을 느낀다. (…) 푸른 하늘에는 실구름이 흐르고 있었다.

— 『토지 21』(나남출판사, 2002)

박경리가 유작으로 남긴 시집 『버리고 갈 것만 남아서 참 홀가분하다』(마로니에북스, 2008)에는 「일 잘하는 사내」라는 시가 있다. 이 시를 읽다 보면 작가가 자신에게 그리고 타인에게 느끼는 측은지심에 눈시울이 절로 붉어진다.

다시 태어나면
무엇이 되고 싶은가
젊은 눈망울들
나를 바라보며 물었다

다시 태어나면
일 잘하는 사내를 만나
깊고 깊은 산골에서
농사짓고 살고 싶다
내 대답

돌아가는 길에
그들은 울었다고 전해 들었다
왜 울었을까

홀로 살다 홀로 남은
팔십 노구의 외로운 처지

그것이 안쓰러워 울었을까

저마다 맺힌 한이 있어 울었을까

아니야 아니야 그렇지 않을 거야

누구나 본질을 향한 회귀본능

누구나 순리에 대한 그리움

그것 때문에 울었을 거야

최영욱 시인은 "산다는 것 생명에 대한 연민이더라"라고 하며 『토지』를 권한다. 나는 박경리 선생의 대하소설 『토지』를 2008년에야 독파했다. 『토지』 읽기는 그동안 지지부진했던 책읽기에 대한 단초를 마련할 작정으로 시작한 것이었다. 그해 겨울, 도서관에서 빌려 읽기 시작했는데 1권을 넘기기가 어려웠다. 몰입이 되지 않아 보름 정도 읽기를 중단했다. 그러다 겨우 1권을 읽고 2권에 접어들자 책에서 손을 떼지 못했다. 개별 인물들의 이야기와, 마치 등불처럼 위기에 처한 최 참판 댁의 운명이 본격적으로 펼쳐지기 시작했기 때문이다. 당시 16권에 이르는 시리즈를 읽는 데 6개월 넘게 걸렸다. 『토지』를 읽은 후에 소장가치가 있다고 판단해, 또한 가족들에게도 읽게 하려고 전집을 샀다. 그제야 책 읽기, 특히 소설 읽기에 대한 자신감이 생겼다. 무슨 책이든 읽어낼 수 있겠다 싶었다. 내친김에 조정래의 『태백산맥』과 『아리랑』 그리고 최명희의 『혼불』까지 대하소설을 탐독했다. 영화로만 보았던 『삼국지』도 이문열의 버전을 구입해 읽었다.

독서, 특히 '고전 읽기'는 그 말에서 풍기는 뉘앙스만으로도 중압감을 느끼게 된다. 필자처럼 『토지』 읽기를 실행함으로써 고전 읽기의 부담을 넘어서는 계기를 마련함이 어떨는지!

『토지』읽는 법

박경리의 대하소설 『토지』를 필자는 솔 출판사(1993년 출간에 이어 1994년 9월 시리즈 16권 완간)에서 나온 16권짜리 전집으로 읽었다. 하지만 여기서는 나남출판사(2002)의 21권짜리 시리즈를 참고로 인용했다. 마로니에북스(2012)에서도 20권 전집을 출간했다. 연구서로는 이희자의 『박경리 소설의 서사와 갈등 양상 연구』(박이정, 2014)와 김형자 등이 쓴 『왜 다시 토지를 말하는가』(태학사, 2007)를 참고했다. 덧붙여 박경리의 유고 시집인 『버리고 갈 것만 남아서 참 홀가분하다』(마로니에북스, 2008)는 소설에서 느낄 수 없는 작가의 숨결을 느낄 수 있어 일독을 권한다.

로얼드 호프만의 『같기도 하고 아니 같기도 하고』

—

과학의 양면성을 말하다

—

2006년 미국 화학학회로부터 메달을 수여받은 로얼드 호프만
로얼드 호프만은 "과학자들은 자신들의 창조물이 어떻게 이용되고 오용되는가에 대해서도 절대적인 책임을 져야 할 것이다"라고 말했다.

화학의 발전,
그 편리함과 위험성이 주는 긴장

우리의 일상은 화학물질로 포위되어 있다고 해도 과언이 아니다. 샤워를 하면서 비누와 샴푸를 쓴다. 입는 옷들은 대부분 화학섬유 제품이다. 또한 먹거리는 어떤가. 화학제품은 우리의 생활을 편리하게 해주는 필수품이다. 하지만 화학제품으로 인한 환경오염 문제를 피할 수 없다. 거대한 화학공장들을 상상해보라. 우리 생활의 필수 요소이면서 환경과 몸에 부담을 주는 화학, 어떻게 봐야 할까? 로얼드 호프만(1937~)은 화학에세이 『같기도 하고 아니 같기도 하고』(1977)에서 다음과 같이 말한다.

> 당신이 의사에게 받을 약품이나 내가 물과 대기를 오염시킬 것이라고 걱정하는 물질은 모두 '화학물질'이고, 당신과 내 몸 역시 화학물질로 이루어져 있다.

우리 몸은 140억 년 전 빅뱅우주에서 만들어진 가벼운 원소인 수소와 그보다 수십 억 년 후 어느 별에서 만들어진 무거운 원소들이 만나 이루어진 화학원소들의 집단이다. 요즘처럼 '화학물질'이라는 단어를 부정적인 의미로만 사용하는 것은 참으로 자기비하적인 일이라고 호프만은 말한다.

호프만은 화학의 발전상 안에서 편리함과 환경오염이라는 대립적인 요소들이 긴장감을 조성한다는 점을 지적한다. 서로 '같기도 하고 아니 같기도 한' 화합물의 미묘한 차이 때문에 어떤 물질은 뛰어난 약효를 나타내는 반면, 유사한 다른 물질은 부작용을 가져오는데, 이를 호프만은 '긴장감'이라는 말로 표현한 것이다.

분자 수준의 더욱 미묘한 차이를 설명하는 개념은 '키랄성'이라는 것이다. 키랄chiral은 손을 뜻하는 그리스어 케이로스cheiros에서 유래하는데, 여기서 나온 키랄성chirality이란 사람의 손처럼 거울에 비친 듯 대칭인 것을 떠올리면 된다. 왼손과 오른손의 관계와 같이 서로 거울상의 관계를 가지는 분자들이 있다. 그런 거울상의 분자들로 된 물질의 거시적인 성질은 대부분 똑같다. 그런 물질들은 똑같은 온도에서 녹고 색깔도 같다. 그러나 어떤 성질들은 결정적으로 다르다.[130]

키랄성에 대해서는 1890년 당시 26세였던 루이 파스퇴르에 의해 처음 알려졌다.

어떤 키랄성 분자가 다른 키랄성 분자와 반응할 때에는 전혀 다른 특성을 나타낸다. 그래서 거울상체는 전혀 다른 생물학적 특성을 나타낸다. 단맛을 나타내는 분자의 거울상체가 전혀 아무런 맛이 없는 경우도 있다. 훌륭한 진통제인 모르핀의 거울상체는 진통효과가 거의 없다.

의약품으로 사용되는 키랄성 물질 가운데는 두 거울상체 중에서 하나만이 치료 효과를 나타내는 경우가 있다. 또는 그중에 하나가 독성이나 부작용을 나타내는 경우도 있다. 탈리도마이드가 그런 예이다. 이 물질을 인공적으로 합성하면 오른손성 물질과 왼손성 물질이 같은 양만큼씩 만들어지기 때문에 처음에는 그런 혼합물의 상태로 이용되었다. 이 문제는 생리적인 조건에서 '무해한' 거울상체가 '유해한' 것으로 변환된다는 사실 때문이다.

탈리도마이드 이야기는 과학자의 사회적 책임에 대한 경각심을 일깨운다. 독일의 그뤼넨탈 화학사는 작은 회사여서 연구실도 소규모였다. 1957년 이 연구실에서 일하던 화학자 빌헬름 쿤츠가 일명 '탈리도마이드'를 합성하는 데 성공했다. 의약품으로 사용되었던 분자는 두 거울상체의 혼합물이었다. 그뤼넨탈 화학사의 연구진은 분자구조의 유사성만을 근거로 이 분자가 우수한 진정·최면 효과를 가지고 있을 것이라고 확신했다. 이 회사는 탈리도마이드의 약효를 직접 확인하지 못했음에도, 이 물질의 독성이 아주 약하니 시판하자고 결정했다. 1956년에는 호흡기 감염을 치료하는 조제약품의 일부로 사용되었고 곧이어 독일에서 진정·최면제 및 10여 종류의 조제약품으로 판매되기 시작했다.

제약회사는 약효를 증명하기 위해서는 논문을 발표해야 했기 때문에 논문 자료를 수소문했다. 그러던 중 이 회사의 스페인 대리점에서 "한 의사가 녹토세디브(스페인에서 사용되던 탈리도마이드의 상품명)에 대한 짤막한 논문을 작성했고 마지막 수정을 회사에 위임했다"라는 내용의 보고서를 접수했다. 1959년 미국 신시내티의 의사 레이 널슨은 미국 내 탈리도마이드의 판매권을 확보하려던 리처드슨-머렐 사의 의약부장 레이먼드 포크 박사로부터 약품을 실험해줄 것을 의뢰받았다.

넬슨은 포크 박사에게 구두 보고로 실험 결과를 알렸다. "전화로 알렸거나, 점심식사를 함께 하면서 전했거나, 아니면 함께 골프를 치면서 전달했다." 구두로 전달된 이 결과는 넬슨 박사의 이름으로 미국에서 1961년 6월에 발간된 산부인과 학술지에 「임신 후기의 불면증에 대한 탈리도마이드 실험」이라는 제목으로 게재되었다. 결론은 "탈리도마이드는 임신 후반기에 사용해도 되는 약품으로서 만족스러운 조건을 갖춘 안전하고 효과적인 수면제"라는 것이었다.

1958년에 뮌헨의 아우구스틴 블라시우 박사 역시 논문에서 "임산부와 신생아에게서 아무런 부작용도 발견하지 못했다"라고 썼다. 이 회사는 블라시우 박사의 결과를 인용하면서 탈리도마이드가 "임산부와 신생아에게 모두 아무런 해가 없는 약"이라는 내용의 편지를 4만 245명의 의사들에게 발송했다.

1959년부터 탈리도마이드에 의한 심각한 신경마비 증상인 신경염에 대한 보고가 나오기 시작했다. 그러나 그런 보고는 회사 측에 의해 부정되거나 왜곡되었다. 회사 측은 언론보도를 막기 위해 많은 노력을 기울였다.

1960년에 독일과 오스트레일리아 의사들은 기형아 출생에 주목했다. 해표지증이라는 기형으로서 손이 어깨에 붙거나 다리가 엉덩이에 붙어서 마치 물개의 지느러미처럼 보이는 증상이었다.

1961년 초 그뤼넨탈 화학사는 싱가포르의 다빈 초우 박사가 탈리도마이드로 임산부를 성공적으로 치료했다는 보고서를 입수했다. 그러나 이 보고서에는 환자가 임신 몇 주차인지, 임산부 자신에게 미치는 영향 외에 태아에게 미치는 영향은 없는지에 대한 아무런 언급도 없었다. 그러나 이 회사의 의약연구부장이었던 베르너 박사는 전 세계의 동료 의

사들에게 "싱가포르의 개인병원에서 탈리도마이드를 임산부에게 복용시켜서 효과가 있었다"라는 편지를 회람으로 보냈다.

독일과 영국 등 20여 개국에서 약 8,000명의 신생아가 해표지증 또는 그와 관련된 기형을 지닌 채 태어난 것으로 추산된다. 그뤼넨탈 화학사는 더 이상 피할 수 없을 정도로 확실한 증거가 쌓이고 언론에 크게 보도된 다음인 1961년 11월에야 탈리도마이드의 생산을 중단하고 제품을 수거하기 시작했다. 이후 이 약품은 명백하게 기형을 유발하는 것으로 확인되었다.

탈리도마이드 사고가
가르쳐주는 것

   똑같은 분자의 거울상 형태가 생물학적으로 명백하게 다른 활성을 나타내는 경우는 흔하다. D-페니실아민은 윌슨 씨 병, 시스틴 요증, 류머티즘성 관절염의 치료에 널리 이용되고 있지만, 이 물질의 거울상체는 심각한 부작용을 나타낸다. 결핵 치료약인 에탐부톨의 거울상체는 환자의 시력을 잃게 할 수도 있다. 베녹사프로펜이라는 진통제의 부작용도 이 약품을 한 가지의 이성질체(분자를 구성하는 원자의 종류와 수는 완전히 같지만 그 구조가 다른 현상)로만 판매했다면 피할 수 있었을 것이다. 그래서 이제 감독기관들은 의약 물질을 순수한 이성질체 형태로 실험할 것을 요구한다.

   탈리도마이드 사고는 과학이 엉터리로 수행된 데서 기인했지만 그것만은 아니었다. 회사가 원하는 결과를 제공했던 비윤리적인 의사들, 무책임하게 약품을 판매했던 판매상들, 자료를 조작하고 왜곡했던 사람들, 부작용에 대해 처음 언급한 의사들을 제소하겠다고 위협했던 변호사들, 제약회사의 반대를 이유로 논문 발표를 지연시켰던 의학 학술지의 편집인들 모두가 공범자였다.

그 사람들은 여기저기서 조금씩 무엇을 보거나 들었지만, 의문을 제기하거나 회사의 방침에 순종하는 중간에서 우왕좌왕했을 뿐이다. 흑과 백의 사이에 있는 회색지대에 서서 조금씩 왜곡된 이야기를 역시 윤리적으로 문제가 있는 다른 사람들에게 전달했고, 그 이야기를 전해 들은 사람들 역시 그 자료를 조금 더 왜곡하고, 보고 싶지 않은 자료는 무시하고, 서류함 속에 들어 있던 나쁜 소식을 담은 메모는 읽어보지도 않고, 부작용에 대한 불평은 사람들의 히스테리 탓이라고 생각해버렸던 것이다.

포리모 레비(1919~1987)는 자서전인 『주기율표』(1975)에 투린 대학교에서 실험 도중 경험했던 폭발에 대해 적어놓았다. 그는 당시에 유기용매를 건조하기 위해 나트륨 대신 주기율표상에서 나트륨의 바로 아래에 있는 또 다른 알칼리 금속인 칼륨을 사용했다.

윤리에 대해서 생각했다. (…) 거의 같은 것이나, 실질적으로 동일한 것이나, 근사적으로 같은 것이나, 대리인이나 잡동사니는 모두 믿지 말아야 한다. 철길의 선로전환 스위치에서와 같이 작은 차이에 의해서도 극단적으로 다른 결과가 생길 수 있다. 화학 분야에서는 그런 차이를 알고, 자세히 이해하고, 그 결과를 예측하는 것이 중요하다. 화학 분야에서만 그런 것은 아닐 것이다.

과학자라면, 아니 화학의 세계에서 살아가고 있는 현대인들이라면 누구나 새겨 들어야 할 말이 아닐까 싶다.

과학자의 사회적 책임을 환기하는 탈리도마이드는 다른 한편으로 나병과 관련된 염증을 치료하는 데 유용할 것이라는 가능성이 계속 제기되고 있다. 또한 일산화탄소는 대기오염 물질이지만 자연적인 신경전달 물질이기도 하다. 성층권의 오존은 얇은 층을 이루면서 태양으로부터 도달하는 유해한 자외선을 흡수하는 중요한 역할을 한다. 그러나 지표면 가까이에 있는 오존은 주로 자동차 배기가스에 의한 대기오염 현상인 광화학적 스모그를 일으키는 악역을 맡고 있다.

이러한 아이러니는 화학물질 속에만 담겨 있는 것이 아니다. 때로는 과학자의 삶과 업적 그 자체가 엄청난 모순과 아이러니를 담지한다. 호프만은 암모니아를 합성한 프리츠 하버(1868~1934)의 이야기를 통해 의도하지는 않았지만 나치에 의해 악용되어 오명을 뒤집어쓴 비극적인 화학자의 삶을 전한다.

암모니아의 공업적 합성 과정은 '하버 보슈 공정'이라고 부른다. 프리츠 하버는 독일 유대인 상인의 아들로 태어났다. 하버는 어린 시절에 아버지와 불편한 관계 속에서 자랐고 상인으로 교육받아야 했던 상황을 싫어했지만 그가 성년이 된 후에 보여주었던 순수과학과 응용과학을 적절히 혼합하는 독특한 재능은 어린 시절의 상업적 경험에서 얻어진 것이 아닐까 추측된다. 하버의 가장 위대한 업적은 암모니아 합성이었다. 그의 업적은 모든 인류에게 엄청난 혜택을 가져다주었다. 암모니아의 가장 중요한 용도는 비료다. 암모니아 합성으로 하버는 1918년 노벨상을 받았고 바닷물에서 금을 추출하는 방법을 개발하기도 했다. 그러나 1933년 히틀러는 유대인은 공직에 취임할 수 없다고 공표했다. 이에 하버는 "내 평생 지금처럼 유대인이었던 적은 없었다"라고 쓴 편지를 아인슈타인에게 보냈고, 스위스로 떠났다. 그러나 하버의 동족들은 하버가 합성한 독가스를 마시고 유대인 수용소에서 100만 명이나 무참히 죽어갔다. 인류 최대의 비극 속에 숨겨져 있던 또 하나의 비극적 일화다.

『같기도 하고 아니 같기도 하고』 읽는 법

로얼드 호프만의 『같기도 하고 아니 같기도 하고』는 까치에서 2014년 출간한 책을 참고로 인용했다. 여기에 『청소년이 읽어야 할 교양과학서 8』 (거송미디어, 2006)을 참고했다.

에릭 홉스봄 4부작
—
인류의 미래를 위한
방대한 역사서
—

100

서울대 권장도서・100선

런던, 에릭 홉스봄의 묘
에릭 홉스봄은 자본주의와 과학의 발달로 인해 우리는 인류의 뿌리가 뽑힌 세계에 살고 있다면서, 지금과 같은 기반으로는 미래는 암흑만이 기다리고 있다고 경고했다.

자본주의의 등장

영국의 역사학자 에릭 홉스봄(1917~2012)은 근대와 현대를 아우르는 방대한 역사책을 집필했다. 근대 3부작으로 1789년 프랑스 대혁명에서 1914년 제1차 대전까지 다룬 『혁명의 시대』(1962), 『자본의 시대』(1975), 『제국의 시대』(1987)를 출간한 데 이어 20세기 현대사 3부작으로 1914년부터 1991년까지를 다룬 『극단의 시대』(1994), 『미완의 시대』(2002), 『파열의 시대』(2012)를 출간했다. 이 가운데 여기서 살펴볼 것은 『혁명의 시대』에서 『극단의 시대』까지의 4부작이다.

역사학자로서 에릭 홉스봄은 자본주의와 과학의 발달로 우리는 인류의 뿌리가 뽑힌 세계에 살고 있다면서, 지금과 같은 기반으로는 미래는 암흑만이 기다리고 있다고 이 저작들을 통해 엄중하게 경고한다. 홉스봄은 마르크스주의 역사학자로 공산주의의 경직성을 비판했으며 역사

연구에서도 이념을 앞세우지 않은 탓에 자유주의자들이 가장 많이 읽는 마르크스주의 저술가라는 평가를 받고 있다.

홉스봄은 근대 3부작에서 인류가 프랑스 대혁명과 산업혁명과 시민혁명을 계기로 어떻게 변화하고 발전하였으며, 또한 그것을 통해 어떻게 유럽세계가 형성되었는지를 조명한다. 홉스봄이 근대 3부작에서 다루는 '장기 19세기'는 프랑스 대혁명이 시작된 1789년(미국이 독립을 선언한 1776년으로 소급하기도 함)부터 1차 세계대전이 발발한 1914년까지다. 그는 오늘날까지 계속되고 있는 자본주의의 발전 과정 가운데 그것이 압도적으로 승리하게 된 시기를 '장기 19세기'로 규정한 다음 다시 그것을 세 단계, 즉 혁명의 시대, 자본의 시대, 제국의 시대로 구분한다.

먼저 '혁명과 자본주의 세계의 형성'이라는 부제를 달고 있는『혁명의 시대』는 프랑스 대혁명(1789)부터 7월혁명(1830)을 거쳐 혁명이 최종 실패로 끝난 2월혁명(1848)을 다루면서 19세기의 첫 번째 국면인 산업 자본주의의 등장을 분석하고 있다. 유럽에서 시작되어 세계적인 규모로 형성된 세계 자본주의는 이중 혁명, 즉 영국의 산업혁명과 프랑스 대혁명으로 인해 가능했다는 것이 핵심 주제이다.

> 1789~1848년의 위대한 혁명은 '공업 자체'의 승리가 아니라 '자본주의적' 공업의 승리였으며, 자유와 평등 일반의 승리가 아니라 '중류 계급' 또는 '부르주아적 자유사회'의 승리였다. 또한 '근대 경제' 또는 '근대 국가'의 승리가 아니라 상호 인접하여 경쟁하고 있는 영국과 프랑스를 중심으로 하는 특정 지역(유럽의 일부와 북아메리카의 작은 부분)에 속한 여러 경제와 국가들의 승리였던 것이다. 1789~1848년의 변혁은 본질적으로 이 두 나라에서 일어나 전 세계로 파급된 한 쌍의 대변동이었다.
>
> – 이하 『혁명의 시대』(한길사, 2014)

홉스봄은 18세기 후반부터 19세기 초에 이르는 이 시기를 산업혁명으로 자본주의가 시작된 시기가 아니라 자본주의가 승리한 시기라고 규정한다. 즉 18세기 유럽에는 이미 자본주의적 요소가 내재돼 있었으며, 바로 그러한 사실이 자본주의가 왜 다른 지역이 아니라 유럽 특히 영국에서 압도적으로 승리하게 되었는지를 설명해준다는 것이다.

그는 농업과 절대주의가 지배하던 1780년대의 유럽 세계에서, 영국의 산업혁명은 산업 일반이 아니라 자본주의적 산업의 승리를, 프랑스의 대혁명은 자유와 평등이 아니라 부르주아적인 자유와 평등이라는 자본주의 정치의 승리를 낳았다고 말한다. 홉스봄은 두 혁명이 서로 별개의 혁명이었음에도 결코 분리될 수 없는, 통합적인 혁명이라고 본다. 또한 두 혁명은 각각 영국과 프랑스에서 나타났지만, 자본주의 사회의 정치·경제의 전형이라는 측면에서 세계사적이고 보편적인 혁명이었다고 설명한다. 즉 홉스봄은 이중 혁명을 두 나라의 역사로 한정하지 않고 "보다 광범위한 지역에 걸친 화산의 분화구 한 쌍으로 파악"[131]한다.

그는 자본주의의 세계성에 주목하면서, 영국의 발전이 제국주의의 출현과 밀접한 관련이 있음을 지적한다. 즉 영국은 다른 나라와 비교되는 급속한 발전을 통해 산업혁명을 최초로 이룩할 수 있었는데 이는 세계 시장의 존재 때문이라는 것이다. 17세기부터 시작된 영국의 자본주의적 사회·경제로의 변화와 세계 시장의 존재야말로 영국이 다른 나라들보다 일찌감치 발전할 수 있는 기반이었다. 이는 앞서 브로델이 영국의 산업혁명을 보았던 관점과 일치되는 부분이다.

역사적으로 볼 때 영국의 산업혁명은 혁명적인 기술의 발전에 의해 초래된 것이 아니었다. 홉스봄이 보기에 산업혁명은 시장의 팽창에 대응하여 기존의 기술을 사회적으로 조직하는 능력에 달려 있었다. 그는 기술적 측면에서의 생산력(인간의 욕구를 충족시켜주는 물질적 재화를 창출해내기 위해 사용되는 모든 능력) 발전으로 산업혁명을 설명하려 했던 종래의 연구들에 대해 중요한 문제제기를 한 것이다.

19세기 세계의 경제가 주로 영국 산업혁명의 영향 아래 형성되었다면 그 정치와 이데올로기는 주로 프랑스 혁명에 의해 형성되었다. 영국은 비유럽 세계의 전통적인 경제, 사회적 구조를 파괴한 경제적 폭약, 즉 철도와 공장의 모델을 19세기 세계에 제공했다. 그러나 프랑스는 그 세계의 혁명들을 만들어냈으며 이 혁명들에 이념을 부여하여 몇 가지 삼색기가 사실상 생성돼가는 모든 국민들의 상징이 될 정도였다.

또한 홉스봄은 자본주의 사회의 정치를 가능하게 했던 프랑스 대혁명은 부르주아 자유주의를 초래했다는 점에서 세계사적 중요성을 갖는다고 말하면서도 그것 자체의 역사적 한계 또한 강조한다. 즉 프랑스 대혁명에서 제시된 부르주아 자유주의 모델이 이후 전세계적으로 정치적인 발전을 규정하는 근본 모델이 되었지만 프랑스 대혁명 자체의 성과는 보잘것없었다는 것이다. 프랑스 대혁명은 프랑스 사회에 직접적인 부르주아 정치를 초래하지는 못했다. 봉건적인 왕정은 이후에도 지속적으로 고개를 내밀었다. 따라서 이중 혁명으로 규정되는 이 시기는 자본주의의 정치·경제를 완성했다기보다 그것의 등장을 예고한 시대였다.

'세계 자본주의의 형성과 전개(1848~1875)'라는 부제를 달고 있는 『자본의 시대』는 19세기의 두 번째 국면, 불안정했던 유럽 사회가 세계 자본주의의 승리를 통해 발전했던 과정을 다루고 있다. 즉 1848년 프랑스 2월혁명부터 대공황이 시작되는 시점인 1875년 무렵까지다. 이 무렵 식민지는 자본주의 발전의 필요불가결한 구성 부분이 되었기 때문에, 세계적인 관점이 아니고서는 이를 도저히 설명할 수 없다.

'자본'capital이라는 낱말은 이 시기에 최초로 등장했다. '자본주의' capitalism는 1860년대에 와서 세계의 정치·경제 용어로 새로이 등장했다. 마르크스의 『자본론』은 1867년에 출간되었다. 또한 자본 팽창의 결과로 인한 불황과 호황의 주기적 리듬, 즉 자본주의적인 경제 순환이 역사상 처음으로 분명하게 모습을 드러냈다.

또한 이 시기에는 이중 혁명 가운데서도 산업혁명이 정치혁명을 압도했다. 1848년 2월혁명이 실패로 돌아가면서 정치혁명은 후퇴했다. 자본주의의 활황은 유럽에서 빈부의 격차를 심화시키면서 프롤레타리아 계급을 출현시켰고 나아가 중심부 국가들이 주변부를 착취하는 구조를 만들어냈다.

홉스봄은 혁명의 실패와 자본주의의 본격적인 팽창이, 불가피하게 그 시대를 부르주아가 승리하는 시대로 만들었다고 지적한다. 그러나 부르주아의 승리가 반드시 부르주아의 정치적 지배를 뜻하는 것은 아니었다. 당시 부르주아들은 노동 빈민계급의 급진화가 사회혁명을 야기할지도 모른다고 생각해 구체제의 지배계급만큼이나 겁을 먹고 있었다. 자유주의자들은 그 시점부터 혁명 반대자로 돌아섰고, 구체제의 지배계급과 타협하여 권력을 유지하려 했다. 따라서 1848년 혁명은 부르주아 혁명이어야 했지만 정작 부르주아들은 혁명에서 물러났다. 이러한 사태의 발전으로, 이후 유럽은 정치적 보수주의와 반동의 분위기에 휩싸였다.

'국민들의 봄'이라 불리는 저 유명한 1848년은 문자 그대로 처음이자 마지막인 유럽 혁명이었다. 그것은 좌익(자유주의자)에게는 꿈의 순식간의 실현이었고, 우익(구체제의 지배계급)에게는 악몽이었으니, 유럽 대부분의 곳에서 낡은 체제들이 거의 때를 같이하여 무너졌다.

– 이하 『자본의 시대』(한길사, 2014)

1848년 프랑스의 2월혁명은 단기간의 폭발 끝에 실패로 돌아갔고, 본격적으로 진행된 경제 활황은 오직 발전에만 초점을 맞추도록 모든 사회제도들의 방향을 돌려놓았다.

> 그것이 그 시대의 기조어인 '진보'의 드라마였다. 즉 진보의 드라마는 거대하고, 계몽적이고, 자신에 차 있고 스스로 만족하며, 무엇보다도 피할래야 피할 수 없는 드라마였다.

이러한 사태의 발전을 두고 홉스봄은 산업혁명이 정치혁명을 삼켜버렸다고 표현하고 있다. 프랑스 파리가 사치의 상징이 되기 시작한 것은 이 시기부터였다. 유럽은 1890년대 중반부터 1차 세계대전에 이르기까지 20여 년 동안 번영기를 맞이했으며 오늘날까지 '아름다운 시대' La belle époque라고 불릴 정도로 풍요를 구가했다. 구스타프 클림트의 작품 〈키스〉는 이러한 시대의 산물이었고 앞서 살펴본 토마스 만의 『마의 산』 또한 이 시대를 배경으로 한다.

> 부르주아들의 세기에서 역설적인 것은 그들의 생활양식이 뒤늦게야 '부르주아적'이 되었다는 것, 이러한 변화가 중심에서가 아닌 주변에서 시작되었다는 것 그리고 이와 같은 독특한 부르주아적 생활양식과 방식은 잠깐 동안만 유행했다는 점이었다. 사람들이 그토록 자주 그리고 그토록 깊은 향수에 젖어 1914년 이전 시대를 '아름다운 시절'로 돌이켜보게 되는 것은 아마도 이 때문일 것이다.
> – 『제국의 시대』(한길사, 2014)

이 시대에 뚜렷하게 존재를 드러낸 집단은 오히려 프롤레타리아였다. 이들은 산업화의 결과로 그 수가 점차 불어났고, 점차 정치적 조직과 이론을 갖게 되었다. 마르크스주의는 다른 노동계급 이론에 앞서 대중 노동운동의 이론적 지침이 되었다.

자본주의가 켠 인류의 등불이 꺼져가고 있다

『제국의 시대』(1875~1914)는 19세기의 최종 국면을 다룬다. 이 시기에는 자유주의적 자본주의가 만들어낸 모순들이 전면화되었다. 무엇보다 스스로를 역사적 진보의 실현자로 생각했던 부르주아들은 노동자와 식민지 민중의 노동에 의존하는 기생 계급으로 변모하면서 역사적 정체성을 상실했다. 반면 대중적으로 조직된 노동계급은 자본주의의 전복을 요구했고, 여성과 노동 대중의 정치적 권리의 확대는 부르주아를 정치권력의 주변부로 밀려나게 했다. 물론 홉스봄은 부르주아 세계의 파국을 자본주의 역사 자체의 파국이라고 주장하지는 않는다.

『혁명의 시대』나 『자본의 시대』에서 홉스봄은 반복적으로 그 시대에 결코 혁명적이라 불릴 만한 기술적 돌파가 없었음을 강조한 바 있다. 이와는 대조적으로 『제국의 시대』에는 기술혁명 혹은 과학혁명이라 불릴 만한, 생산력이라는 측면에서의 발전이 분명히 존재했음을 강조한다. 그 결과 식민지 정복이 점차 활발해졌고, 1880년 무렵이 되면 세계는 하나의 지구 체제에 함께 묶인 두 부분, 즉 발전된 부분과 지체된 부분, 지배적인 부분과 종속된 부분, 부유한 부분과 가난한 부분으로 분리되어갔다.

정치적으로 19세기 부르주아 세계는 20세기에 들어와 볼셰비즘의 위협을 받게 되었다. 1917년 러시아혁명을 뒤따라 세계적으로 혁명의 물결이 나타났다.

> 19세기 서유럽의 역사가 프랑스혁명의 그림자 속에서 형태를 갖추어나갔던 것처럼, 제1차 세계대전 이래 세계의 역사는 현실적인 것이든 아니면 상상된 것이든 간에 레닌의 그림자 속에서 형태를 갖추어나갔다.
> – 이하 『제국의 시대』(한길사, 2014)

홉스봄은 반복해서 1880년경의 유럽이 세계를 지배하고 변형시킨 자본주의 발전의 핵심부였을 뿐 아니라 단연코 세계 경제와 부르주아 사회의 가장 중요한 요소였다고 주장한다. 홉스봄이 유럽중심적이라는 비판을 받는 이유다. 그는 중국과 아프리카 등을 '제2세계'라는 하나의 범주로 묶는데, 이 나라들의 공통점은 19세기 역사의 희생자라는 점이다. 바로 이 점을 강조하면서 그는 "20세기 후반의 세계는 여전히 부르주아의 세기이며, 특이 이 책의 주제인 제국의 시대에 의해 형성된 시대이다"[132]라고 강조한다.

홉스봄은 근대 3부작을 마무리하면서 결어로 다음과 같이 썼다.

> 20세기의 진보를 부정할 수는 없겠지만, 진보는 지속되는 상향선을 그

리는 것이 아니라 아마도 거대한 재앙의 가능성을 동반할지도 모른다고 예측하는 것이 훨씬 올바를 것이다. (…) 더욱 치명적인 세계대전, 생태학적 재앙, 인간이 더 이상 거주할 수 없는 세계를 만들지도 모르는 기술적 승리 등 어떠한 형태로든 나타나리라 생각되는 악몽들이 바로 그와 같은 것들이다.

그는 근대 3부작, 즉 단기 19세기를 마무리하고 1914년부터 1991년까지의 '단기 20세기'로 넘어가 이 시대를 '극단의 시대'로 개념화한다. 이 기간은 다시 1914~45년의 파국의 시대, 1945년 7월~1973년의 황금시대, 1973~91년의 산사태 내지 위기의 시대로 나뉜다. 1914년부터 1991년까지 77년의 기간 중에서 50년 정도는 전쟁과 혁명과 위기로 점철된 파국의 시기이다. 그에 따르면 그럼에도 20세기는 엄청난 경제적 폭발로 인해 석기시대 이래 일어난 사회혁명 가운데 가장 심각한 혁명을 경험한, 놀랄 만한 시기였다.

> T. S. 엘리엇에 따르면 "세상이 끝나는 소리는 쾅 하는 소리가 아니라 흐느끼는 소리이다." 단기 20세기는 두 소리를 다 내며 끝났다.
> – 이하 『극단의 시대』(까치, 2014)

그는 이 책의 서두를 T. S. 엘리엇의 말로 시작한다. 이어 영국의 외무대신인 에드워드 그레이가 1914년 영국과 독일이 전쟁에 돌입하던 날 밤, 화이트홀(런던 중앙의 관청가)의 불빛을 보며 했던 말을 소개한다. "유럽 전역에서 등불이 꺼져가고 있다. 우리는 등불이 다시 켜지는 것을 생전에 보지 못할 것이다."[133] 이들 인용구가 홉스봄의 이 시대에 대한 인식을 대변한다고 할 수 있을 것이다. 세계대전 없이는 단기 20세기를 이해할 수 없다. 1차 세계대전 때 영국은 남성의 12.5퍼센트를 군대에 동원했고 독일은 15.4퍼센트, 프랑스는 17퍼센트를 동원했다. 2차 대전 때는 총 경제활동 인구 가운데 군대에 간 비율이 20퍼센트에 달했다.[134]

그는 전쟁의 광기가 휩쓸고 간 이 시대에 대한 암울한 진단과는 대조적으로 청년문화와 민중문화가 전면에 등장했다고 분석한다. 특히 상층문화가 민중문화를 수용하는 현상이 20세기 극단의 시대의 특징이라고 본다. 청년문화는 풍속과 관습, 여가를 보내는 방식 그리고 상업예술의 혁명이라는 보다 넓은 의미의 문화혁명의 모체가 되었다. 청년문화는 민중적인 동시에 도덕률 폐기론적이었다. 특히 개인적 행위 문제에서 그랬다. 동년배 집단의 압력과 유행이 적어도 동년배 집단과 하위문화 내에서는 전에 못지않은 획일성을 부과했지만 말이다.[135]

제국의 시대에 들어와 처음으로 문화가 하층에서 상층으로 체계적인 영향을 미치기 시작했는데 이는 새로 발전하고 있던 서민예술의 강력한 영향을 통해서, 그리고 더할 나위 없는 대중 연예물인 영화를 통해서 이루어졌다. 그러나 양차 세계대전 사이에 대부분의 대중적·상업적 연예물은 여러 점에서 여전히 중간계급 헤게모니 아래에 있었거나 그 밑으로 들어갔다.

1950년대의 새로운 점은, 적어도 갈수록 세계적인 경향을 지배하는 앵글로색슨 세계의 상층계급 및 중간계급 젊은이들이 도시 하층계급의 음악과 옷, 심지어는 언어조차 자신의 모델로 받아들이기 시작했다는 데에 있었다. 록 음악은 가장 놀랄 만한 예였다. '리듬 앤 블루스'가 흑인 게토를 박차고 나와 젊은이, 특히 백인 젊은이의 보편적인 언어가 되었다. 과거의 노동계급 멋쟁이 청년들은 때때로 상류계층의 고급패션이나 보헤미안 예술과 같은 중간계급 하위문화로부터 자신의 스타일을 취했으나, 이제 기묘한 반전이 일어난 것처럼 보였다. 하층 젊은이를 위한 패션 시장이 독립성을 획득했고 귀족 시장의 상황을 지배하기 시작했다. 청바지가 유행함에 따라 파리의 고급 양복은 후퇴했다. 1965년은 프랑스의 여성의류 산업계가 스커트보다 바지를 많이 생산한 첫 해였다. 젊은 귀족들은 영국에서 그 계급에 속했음을 확실히 알 수 있는 억양을 버리고 런던 노동계급의 말투에 가깝게 말하기 시작했다. 높은 지위의 남자들은 한때 육체노동자, 군인 등에게서나 볼 수 있었던 전혀 품위 없는 남성적 말투를 모방해 외설적인 말을 대화 중에 거리낌 없이 사용하기 시작했다.

새로운 청년문화의 본질적 요소인 도덕률 폐기론은, 1968년 5월(흔히 68혁명이라 불리는 프랑스의 시위) 파리에서 즉각 유명해진 포스터에 실린 말 "금지하는 것이 금지된다"처럼 지적으로 표현될 때 가장 명백하게 드러났다. 이 시기의 슬로건처럼 페미니즘 진영에서도 "나는 나의 욕구의 현실성을 믿기 때문에 나의 욕구가 현실이라고 생각한다" "개인적인 것이 정치적인 것이다"라는 구호를 내세웠다.

'단기 20세기'는 아무도 그 해결책을 가지지 않았거나 심지어 해결책을 가졌다는 주장조차 하지 않는 문제들을 남기는 것으로 끝났다. 세기말의 시민들이 자신들을 둘러싸고 있는 전 지구적 안개를 뚫고 세 번째 천년기를 향해 나아갔을 때 그들이 확실히 아는 것은 오직 역사의 한 시대가 끝났다는 것뿐이었다.

홉스봄은 『극단의 시대』를 이렇게 마무리한다.

우리는 우리가 어디로 가고 있는지를 모른다. 우리는 역사가 우리를 이 지점까지 몰고 왔으며 왜 그러했는가를 알고 있을 뿐이다. 그러나 한 가지는 분명하다. 인류가 인정할 수 있는 미래를 가지려 한다면 그것은 과거나 현재를 연장함으로써 이루어질 수 없다. 그러한 기반 위에서 세 번째 천년기를 건설하고자 한다면 우리는 실패할 것이다. 그리고 실패의 대가는, 즉 사회를 변화시키지 않을 경우의 결과는 암흑뿐이다.

서강대 김동택 교수는 『국민일보』 칼럼 「세계의 석학과 명저 : 에릭 홉스봄 ⑤ '혁명·자본·제국의 시대'」에서 에릭 홉스봄에 대해 다음과 같이 적었다. "그는 과거 자유주의를 부활시키려는 신자유주의도, 이미 붕괴한 사회주의 국가들을 부활시키려는 혁명도 결코 현실적인 희망이 될 수 없다고 강조한다. 즉 과거에 가졌던 신념에만 의존하여 현실을 재단하는 것이 얼마나 허무하고 위험한 것인가를 경고하고 있다. 그럼으로써 그는 주어진 현재의 조건하에서 끊임없이 새로운 대안을 추구함으로써 미래 사회를 희망해야 한다는 점을 강력하게 제시하고 있다."

제러미 리프킨에서 홉스봄까지, 인류의 미래에 대한 석학들의 전망이 밝지 않다는 것이 우리 마음을 무겁게 만들기도 한다. 하지만 그럴수록 우리는 더 나은 삶과 나은 사회, 더 나은 세계를 꿈꾸고 계획하고 행동해나가야 한다.

에릭 홉스봄 4부작 읽는 법

에릭 홉스봄의 4부작은 『혁명의 시대』(1962), 『자본의 시대』(1975), 『제국의 시대』(1987), 『극단의 시대』(1994)로 프랑스 대혁명이 발발한 1789년에서 시작해 새로운 천년을 앞둔 20세기 말(1991)까지 조망하고 있다. 『혁명의 시대』 『자본의 시대』 『제국의 시대』는 한길사에서, 『극단의 시대』는 까치에서 출간되었다. 국내에서 이 책의 연구는 거의 이루어지지 않고 있어 참고할 만한 텍스트는 거의 없는 실정이다.

이제 좀 환해진 느낌,
눈부신 설국에 온 것처럼!

"고전의 대가들이 남긴 작품을 읽는다면 얼마 안 가 정신의 진보를 느끼게 될 것이다. 인생은 더욱 풍요로워지고 생활에 지친 감정도 날카롭게 일어선다. 나그네가 차가운 샘물로 목을 축이는 것과 마찬가지의 효과를 기대할 수 있다."

쇼펜하우어는 『문장론』에서 고전의 힘을 이렇게 갈파한다. 어렸을 적에 아버지는 '아는 것이 힘'이라며 배움을 독려하곤 했다. 서구 사회에서 과학적 사고를 일깨웠던 프랜시스 베이컨의 명제가 무려 400여 년의 시간을 뛰어넘어 가난한 나라의 아버지의 외침으로 깨어났던 것이다.

이번 시리즈를 쓰면서 주요 문장을 베껴 쓰는 '초서' 작업을 해나갔다. 초서는 고전에 대한 깊은 이해를 돕는, 많은 사람들이 공인한 훌륭한 방법이다. 기억에 남을 만큼 초서한 고전은 1권에 소개한 인도의 고대 경전인 『우파니샤드』로, 꼬박 나흘 동안 초서를 한 결과 분량이 200자 원고지 540매에 달했다. 아르놀트 하우저의 『문학과 예술의 사회사』는 400매, 페르낭 브로델의 『물질문명과 자본주의』는 395매, 더글러스 호프스태터의 『괴델, 에셔, 바흐』는 390매, 에릭 홉스봄의 4부작은 330매, 마르크스의 『자본론 1』은 250매 등이었다. 100선 모두를 합치면 초서 분량이 자그마치 1만 9,000여 매에 달한다. 한 권당 평균 190매 정도 초서한 셈이다. 이 책은 이 방대한 초서 원고를 토대로 나올 수 있었다.

'고전의 긴 터널을 빠져나오자, 진리의 고장이었다. 지식의 밑바닥이 하얘졌다.' 눈치 챘을 터이지만 이 문장은 "국경의 긴 터널을 빠져나오자, 눈의 고장이었다. 밤의 밑바닥이 하얘졌다"라는 가와바타 야스나리의 『설국』 첫 문장을 패러디한 것이다. 한 지인이 이번 시리즈를 마무리한 소감이 어땠는지 물은 적이 있다. 인류의 3,000년 문명사와 지성사에 축적된 지식과 지혜, 진리의 보고寶庫를 엿보고 좀 환해진 느낌이라고 할까, 눈부신 설국에 온 것처럼 말이다. 이제야 지성의 흐름을 조금 볼 수 있게 된 것 같다.

19세기 말에서 20세기 초에 걸쳐 풍요와 평화를 누리던 유럽, 특히 파리의 모습을 표현한 '벨 에포크'La Belle Epoque라는 말이 있다. '좋은 시절'이라는 뜻인데, 나에게는 책읽기의 즐거움과 괴로움을 만끽하게 해준 이번 시리즈를 작업한 시간들이 '좋은 시절'로 오래도록 기억될 것 같다. 서울대 인문고전 100선을 읽고 초서를 하고 칼럼을 쓰고 책을 집필한 40여 개월의 시간 동안 인류의 역사와 지식, 지혜, 현자들의 삶들이 마치 연속적인 꿈처럼 다가왔다. 꿈을 꾸고 깨어보면 때로 아쉽고 때로 까마득하고 때로 서운하고 때로 기억나지 않듯이, 100선을 읽고 글을 쓴 이 시간을 '한바탕 꿈'을 꾼 시간이었다고 말할 수도 있을 것 같다.

아울러, 시리즈가 한 권 한 권 출간될 때마다 첫 번째 독자가 되어 용기와 위로를 주고 묵묵히 작가의 길을 걷게 해준 어여쁜 아내 이미미와 4년여에 걸친 고된 편집 작업 속에서 묵묵히 시리즈의 완성도를 높여준 위즈덤하우스의 최연진 편집자, 시리즈를 기획한 연준혁 대표에게 다시 한 번 고마움을 전한다. 그리고 가난한 살림살이에도 늘 "배워야 산다"라며 지식의 세계로 이끌어준, 하늘나라에 계신 아버지와 병상의 어머니께 존경과 사랑을 담아 이 책을 바친다. 끝으로 이번 시리즈를 매개로 독자 여러분과 시공간을 초월해 인류 지성사의 궤적을 따라가며 대화를 나눌 수 있었던 것은 필자로서 최고의 영광이자 행복이라고 고백하고 싶다. 아듀Adieu!

| 참고문헌 |

1 마르셀 프루스트, 민희식 옮김, 『잃어버린 시간을 찾아서 3』, 동서문화사, 2010

2 마르셀 프루스트, 민희식 옮김, 『잃어버린 시간을 찾아서 3』

3 마르셀 프루스트, 민희식 옮김, 『잃어버린 시간을 찾아서 3』

4 마르셀 프루스트, 민희식 옮김, 『잃어버린 시간을 찾아서 3』

5 알랭 드 보통, 박종서 옮김, 『프루스트가 우리의 삶을 바꾸는 방법들』, 청미래, 2010

6 알랭 드 보통, 박종서 옮김, 『프루스트가 우리의 삶을 바꾸는 방법들』

7 알랭 드 보통, 박종서 옮김, 『프루스트가 우리의 삶을 바꾸는 방법들』

8 마라이 게르켄, 박미화 옮김, 『프루스트』, 생각의나무, 2010

9 알랭 드 보통, 박종서 옮김, 『프루스트가 우리의 삶을 바꾸는 방법들』에서 재인용

10 권혁건 외, 『나쓰메 소세키 작품 '마음' 연구』, 제이앤씨, 2003

11 오경, 『가족관계로 읽는 소세키 문학』, 보고사, 2003

12 나쓰메 소세키, 박유하 옮김, 『마음』, 웅진지식하우스, 2008

13 나쓰메 소세키, 박유하 옮김, 『마음』

14 나쓰메 소세키, 박유하 옮김, 『마음』

15 제임스 조이스, 이상옥 옮김, 『젊은 예술가의 초상』, 민음사, 2001

16 민태운 외, 『조이스 문학의 강의』, 동인, 2009

17 대니얼 J. 부어스틴, 이민아 옮김, 『창조자들 3』, 민음사, 2002

18 편영수, 『프란츠 카프카』, 살림, 2004

19 대니얼 J. 부어스틴, 이민아 옮김, 『창조자들 3』, 민음사, 2002에서 재인용. 원문은 프란츠 카프카, 정초일 옮김, 『카프카의 아버지께 드리는 편지』, 푸른숲, 1999.

20 최윤영, 『카프카, 유대인, 몸』, 민음사, 2012

21 최윤영, 『카프카, 유대인, 몸』

22 프란츠 카프카, 이덕형 옮김, 『변신, 시골의사』, 문예출판사, 2013

23 최주환, 『제국 권력의 야망과 반감 사이에서 : 소설을 통해 본 식민지 지식인 이

광수의 초상』, 소명출판, 2005에서 재인용. 원문은 김소운, 「푸른 하늘 은하수 : 인간 춘원의 편모」, 『삼오당잡필』, 진문사, 1955

24 최주환, 『제국 권력의 야망과 반감 사이에서 : 소설을 통해 본 식민지 지식인 이광수의 초상』

25 최주환, 『제국 권력의 야망과 반감 사이에서 : 소설을 통해 본 식민지 지식인 이광수의 초상』

26 최주환, 『제국 권력의 야망과 반감 사이에서 : 소설을 통해 본 식민지 지식인 이광수의 초상』

27 최주환, 『제국 권력의 야망과 반감 사이에서 : 소설을 통해 본 식민지 지식인 이광수의 초상』

28 전형준, 『루쉰』, 문학과지성사, 1997

29 루쉰, 김사준 옮김, 『루쉰 소설 전집』, 을유문화사, 2008

30 루쉰, 김진욱 옮김, 『아큐정전』, 마당미디어, 1996

31 이정호, 『『황무지』 새로 읽기』, 서울대출판부, 2002

32 이정호, 『『황무지』 새로 읽기』

33 이정호, 『『황무지』 새로 읽기』

34 이정호, 『『황무지』 새로 읽기』

35 안중은, 『T. S. 엘리엇의 시와 비평』, 브레인하우스, 2000

36 이정호, 『『황무지』 새로 읽기』

37 안삼환 · 이신구 외, 『토마스 만 : 전설의 스토리텔러』, 서울대출판문화원, 2011

38 임철규, 『눈의 역사 눈의 미학』, 한길사, 2004

39 윤순식, 『아이러니 : 토마스 만의 『마의 산』에서』, 한국학술정보, 2004

40 윤순식, 『아이러니 : 토마스 만의 『마의 산』에서』

41 윤순식, 『아이러니 : 토마스 만의 『마의 산』에서』

42 윤순식, 『아이러니 : 토마스 만의 『마의 산』에서』

43 김소임, 『사무엘 베케트』, 건국대출판부, 1995

44 사무엘 베케트, 오증자 옮김, 『고도를 기다리며』, 민음사, 2000

45 니코스 카잔차키스, 안정효 옮김, 『영혼의 자서전(하)』, 열린책들, 2008

46 사무엘 베케트, 오증자 옮김, 『고도를 기다리며』

47 사무엘 베케트, 오증자 옮김, 『고도를 기다리며』

48 임명진, 「『삼대』에 나타난 '자본'의 문제」, 『비평문학』, 2012년 3월호

49 이보영, 『난세의 문학 : 염상섭론』, 예림기획, 2001

50 노자, 오강남 옮김, 『도덕경』, 현암사, 2008

51 김웅권, 『앙드레 말로 : 소설 세계와 문화의 창조적 정복』, 어문학사, 1995

52 송기형, 『앙드레 말로 : 문학과 행동』, 건국대출판부, 1995

53 강경애, 『인간문제』, 문학사상사, 2006

54 이상경, 『강경애 : 문학에서의 성과 계급』, 건국대출판부, 1997

55 민병기, 『정지용 : 20세기 한국시의 성좌』, 건국대출판부, 1996

56 민병기, 『정지용 : 20세기 한국시의 성좌』

57 김홍근, 『보르헤스 문학 전기』, 솔, 2005

58 김홍근, 『보르헤스 문학 전기』

59 호르헤 루이스 보르헤스, 황병하 옮김, 『픽션들』, 민음사, 1994

60 양윤덕, 『보르헤스의 지팡이』, 민음사, 2008

61 이남호, 『보르헤스 만나러 가는 길』, 민음사, 1994

62 김채수, 『가와바타 야스나리의 『설국』 연구』, 보고사, 2004

63 김채수, 『가와바타 야스나리의 『설국』 연구』

64 김채수, 『가와바타 야스나리의 『설국』 연구』

65 김채수, 『가와바타 야스나리의 『설국』 연구』

66 김채수, 『가와바타 야스나리의 『설국』 연구』

67 한국서양사학회 편, 주경철 옮김, 『근대 세계체제론의 역사적 이해』, 까치, 1996

68 한국서양사학회 편, 주경철 옮김, 『근대 세계체제론의 역사적 이해』

69 한국서양사학회 편, 주경철 옮김, 『근대 세계체제론의 역사적 이해』

70 페르낭 브로델, 주경철 옮김, 『물질문명과 자본주의 2-2』, 까치글방, 2014

71 한국서양사학회 편, 주경철 옮김, 『근대 세계체제론의 역사적 이해』

72 아르놀트 하우저, 백낙청 외 옮김, 『문학과 예술의 사회사 4』, 창비, 2016

73 아르놀트 하우저, 백낙청 외 옮김, 『문학과 예술의 사회사 2』

74 장현숙, 『황순원 문학연구』, 푸른사상, 2013

75 장현숙, 『황순원 문학연구』

76 장현숙, 『황순원 문학연구』

77 이재용, 「국가권력의 폭력성에 포획당한 윤리적 주체의 횡단 : 황순원의 『카인의 후예』」, 『어문논집』, 58집

78 장현숙, 『황순원 문학연구』

79 클로드 레비스트로스, 박옥줄 옮김,『슬픈 열대』, 삼성출판사, 1997

80 클로드 레비스트로스, 박옥줄 옮김,『슬픈 열대』

81 주경복,『레비스트로스 : 슬픈 열대와 구조주의자의 길』, 건국대출판부, 1996

82 클로드 레비스트로스, 박옥줄 옮김,『슬픈 열대』

83 클로드 레비스트로스, 박옥줄 옮김,『슬픈 열대』

84 주경복,『레비스트로스 : 슬픈 열대와 구조주의자의 길』

85 클로드 레비스트로스, 박옥줄 옮김,『슬픈 열대』

86 주경복,『레비스트로스 : 슬픈 열대와 구조주의자의 길』

87 클로드 레비스트로스, 박옥줄 옮김,『슬픈 열대』

88 클로드 레비스트로스, 박옥줄 옮김,『슬픈 열대』

89 클로드 레비스트로스, 박옥줄 옮김,『슬픈 열대』

90 주경복,『레비스트로스 : 슬픈 열대와 구조주의자의 길』

91 클로드 레비스트로스, 박옥줄 옮김,『슬픈 열대』

92 조영준,『귄터 그라스의 양철북 : 독일 소시민사회의 해부』, 한국학술정보, 2004

93 귄터 그라스, 김영석 옮김,『양철북』, 청목, 2001

94 조영준,『귄터 그라스의 양철북 : 독일 소시민사회의 해부』

95 조영준,『귄터 그라스의 양철북 : 독일 소시민사회의 해부』

96 조영준,『귄터 그라스의 양철북 : 독일 소시민사회의 해부』

97 조영준,『귄터 그라스의 양철북 : 독일 소시민사회의 해부』

98 양태규,『양철북 읽기의 즐거움』, 살림, 2005

99 양태규,『양철북 읽기의 즐거움』

100 양태규,『양철북 읽기의 즐거움』

101 찰스 길리스피, 이필렬 옮김,『객관성의 칼날』, 새물결, 2005

102 찰스 길리스피, 이필렬 옮김,『객관성의 칼날』

103 김욱동,『『광장』을 읽는 일곱 가지 방법』, 문학과지성사, 1996에서 재인용.

104 김욱동,『『광장』을 읽는 일곱 가지 방법』

105 김욱동,『『광장』을 읽는 일곱 가지 방법』

106 마셜 매클루언, 김성기 외 옮김,『미디어의 이해 : 인간의 확장』, 민음사, 2002

107 송병선,『가르시아 마르케스』, 문학과지성사, 1997

108 오르한 파묵 등, 이영구 외 옮김,『노벨문학상 수상연설집』, 문학동네, 2009

109 아르민 헤르만, 이필렬 옮김,『하이젠베르크』, 한길사, 1997

110 조광익,「근대 규율권력과 여가 관광 : 푸코의 권력의 계보학」,『관광학연구』제 26권, 2002

111 미셸 푸코, 이장우 옮김,『담론의 질서』, 서강대출판부, 2007

112 리처드 도킨스, 홍영남 외 옮김,『이기적 유전자』, 을유문화사, 2010

113 리처드 도킨스, 홍영남 외 옮김,『이기적 유전자』

114 존 캐스티 · 베르너 드파울리, 박정일 옮김,『괴델』, 몸과마음, 2002

115 더글러스 호프스태터, 박여성 옮김,『괴델, 에셔, 바흐』, 까치, 1999

116 SBS/CNBC 인문학특강 '인류에게 미래는 있는가?'(2016년 7월 30일 방영) 중에서

117 왕명, 전형준 옮김,『변신 인형』, 문학과지성사, 2004

118 제임스 글릭, 박래선 옮김,『카오스』, 동아시아, 2013

119 제임스 글릭, 박래선 옮김,『카오스』

120 제임스 글릭, 박래선 옮김,『카오스』

121 제러미 리프킨, 이창희 옮김,『앤트로피』, 세종연구원, 2006

122 제러미 리프킨, 이창희 옮김,『앤트로피』

123 이희자,『박경리 소설의 서사와 갈등 양상 연구』, 박이정, 2014에서 재인용

124 이희자,『박경리 소설의 서사와 갈등 양상 연구』

125 김형자 외,『왜 다시 토지를 말하는가』에서 재인용, 태학사, 2007

126 김형자 외,『왜 다시 토지를 말하는가』

127 김형자 외,『왜 다시 토지를 말하는가』에서 재인용

128 이희자,『박경리 소설의 서사와 갈등 양상 연구』에서 재인용

129 이희자,『박경리 소설의 서사와 갈등 양상 연구』

130 갈릴레오 갈릴레이 외,『청소년이 읽어야 할 교양과학서 8』, 거송미디어, 2006

131 에릭 홉스봄, 정도영 외 옮김,『혁명의 시대』, 한길사, 2014

132 에릭 홉스봄, 김동택 옮김,『제국의 시대』, 한길사, 2014

133 에릭 홉스봄, 이용우 옮김,『극단의 시대』, 까치, 2014

134 에릭 홉스봄, 이용우 옮김,『극단의 시대』

135 에릭 홉스봄, 이용우 옮김,『극단의 시대』

이 책에 실린 인용문은 저작권 사용 허가를 받았습니다. 출간 당시 저작권자를 확인하지 못하여 부득이하게 허가를 받지 못한 인용문에 대해서는 추후 저작권이 확인되는 대로 적법한 절차를 진행하겠습니다.

서울대 권장도서로 인문고전 100선 읽기 ❸

초판 1쇄 발행 2017년 3월 30일 **초판 7쇄 발행** 2023년 10월 31일

지은이 최효찬
펴낸이 이승현

출판1 본부장 한수미
라이프 팀
디자인 윤정아

펴낸곳 ㈜위즈덤하우스 **출판등록** 2000년 5월 23일 제13-1071호
주소 서울특별시 마포구 양화로 19 합정오피스빌딩 17층
전화 02) 2179-5600 **홈페이지** www.wisdomhouse.co.kr

ⓒ 최효찬, 2017

ISBN 978-89-6086-330-9 04100
       978-89-6086-703-1 (세트)